网络与新媒体传播核心教材系列

# 大数据与舆论分析

汤景泰　崔　妮　著

复旦大学出版社

# 目录

导言 / 1

第一章　舆论传播系统 / 4
　一、认识舆论 / 4
　　（一）舆论的特性 / 4
　　（二）舆论的积极功能 / 6
　　（三）舆论的消极功能 / 8
　　（四）舆论与舆情 / 11
　二、舆论传播系统的构成要素 / 13
　　（一）公众 / 13
　　（二）信源 / 15
　　（三）议题 / 19
　　（四）媒介 / 22
　　（五）场域 / 26
　三、舆论传播系统的动态演化 / 30
　　（一）舆论传播的动力 / 30
　　（二）舆论传播的模式 / 35
　　（三）舆论传播的过程 / 41

第二章　舆论分析方法 / 46
　一、舆论分析的传统方法 / 46
　　（一）问卷调查 / 46

（二）深度访谈 / 48
　　（三）参与式观察 / 49
　　（四）传统内容分析法 / 50
二、民意调查与舆论分析的演进 / 51
　　（一）早期的初步探索 / 52
　　（二）系统性民调出现 / 53
　　（三）定量分析的兴起 / 54
　　（四）定性方法的融入 / 55
　　（五）数字时代和大数据的兴起 / 56
三、舆论大数据分析 / 58
　　（一）舆论大数据的基本特征 / 58
　　（二）舆论大数据的分析流程 / 60

## 第三章　舆论分析的数据源 / 65

一、传统媒体数据 / 65
　　（一）传统媒体数据的特性 / 66
　　（二）传统媒体数据的价值 / 67
二、社交平台数据 / 67
　　（一）社交平台数据的特性 / 68
　　（二）社交平台数据的价值 / 69
三、搜索数据 / 71
　　（一）搜索数据的特性 / 72
　　（二）搜索数据的价值 / 73
四、在线网络商业服务数据 / 73
　　（一）在线网络商业服务数据的特性 / 74
　　（二）在线网络商业服务数据的价值 / 75
五、网络调查数据 / 76
　　（一）网络调查发展趋势 / 76
　　（二）利用 AI 辅助网络调查 / 78
六、数据源的选取原则 / 79

## 第四章 舆论数据的收集、存储与管理 / 82
### 一、数据收集 / 82
（一）关键词设置 / 82
（二）API 收集 / 85
（三）网络爬虫收集 / 87
### 二、数据存储与检索 / 95
（一）数据存储类型 / 95
（二）数据存储原则 / 97
### 三、数据管理 / 99
（一）数据管理方案 / 99
（二）ELK Stack / 102
（三）ELK Stack 的部署 / 106
（四）数据治理 / 113

## 第五章 舆论文本数据处理 / 116
### 一、自然语言处理简介 / 116
（一）NLP 的基础任务 / 117
（二）NLP 的主要应用 / 121
（三）NLP 库 / 123
### 二、文本预处理 / 125
（一）数据清洗 / 125
（二）分词与去除停用词 / 129
（三）词性标注 / 131
### 三、特征工程 / 133
（一）特征提取 / 133
（二）特征创建 / 135
（三）特征选择 / 136
（四）特征转换 / 137
### 四、命名实体识别与关系抽取 / 138
（一）命名实体 / 138
（二）命名实体标注 / 139

（三）命名实体识别的方法 / 141
　　（四）命名实体识别的过程 / 143
　　（五）命名实体关系的抽取 / 145
五、事件抽取 / 149
　　（一）事件 / 149
　　（二）事件抽取的类型 / 150
　　（三）事件抽取的方法 / 152
　　（四）事件抽取的步骤 / 153
　　（五）事件抽取的示例 / 157

# 第六章　主体分析 / 160

一、意见领袖识别与分析 / 160
　　（一）意见领袖的识别方法 / 161
　　（二）意见领袖的类型分析 / 164
二、网络社群发现与结构分析 / 168
　　（一）社群发现 / 169
　　（二）社群类型 / 170
　　（三）社群结构 / 174

# 第七章　议题分析 / 181

一、议题识别 / 181
　　（一）基于关键词的方法 / 181
　　（二）基于主题模型的方法 / 182
　　（三）基于深度学习的方法 / 186
二、议题演化分析 / 190
　　（一）议题热度 / 190
　　（二）议题演化 / 196
三、议程设置分析 / 200
　　（一）议程设置理论 / 200
　　（二）网络议程设置分析 / 202

# 第八章 传播路径分析 / 205

一、议题起源分析 / 205
　　（一）议题起源分析中的关键点 / 205
　　（二）议题起源中的时间线分析 / 209

二、社会网络分析 / 210
　　（一）社会网络分析过程 / 210
　　（二）社会网络分析示例 / 211

三、动态网络分析 / 212
　　（一）动态网络分析的发展 / 212
　　（二）动态信息分析模型 / 214
　　（三）动态网络分析的主要步骤 / 218

四、多层网络分析 / 222
　　（一）多层网络分析的发展 / 222
　　（二）多层网络分析模型 / 223
　　（三）多层网络分析的主要步骤 / 224

# 第九章 情感与群体心理分析 / 228

一、认识情感分析 / 228
　　（一）情感与舆论传播 / 228
　　（二）情感分析的应用领域 / 231

二、情感分析方法 / 234
　　（一）基于规则的情感分析方法 / 234
　　（二）基于机器学习的情感分析方法 / 235
　　（三）基于深度学习的情感分析方法 / 235

三、情感分析应用类型 / 236
　　（一）情感极性分析 / 237
　　（二）情感类型分析 / 238
　　（三）多模态情感分析 / 240
　　（四）时间序列情感分析 / 244

四、群体心理分析 / 246
　　（一）情绪传染 / 247

（二）情绪极化 / 249
　　（三）群体洞察 / 250

## 第十章　话语框架与价值立场分析 / 252
　　一、框架理论 / 252
　　　　（一）认识框架 / 252
　　　　（二）框架传递 / 253
　　　　（三）框架竞争 / 255
　　二、话语框架 / 256
　　　　（一）话语分析法 / 257
　　　　（二）核心话语分析 / 258
　　　　（三）话语策略分析 / 259
　　　　（四）框架要素分析 / 261
　　　　（五）社会场域分析 / 262
　　三、社会思潮 / 263
　　　　（一）政治思潮 / 264
　　　　（二）经济思潮 / 266
　　　　（三）文化思潮 / 269

## 第十一章　谣言传播与事实核查 / 273
　　一、谣言传播 / 273
　　　　（一）谣言的兴起动因 / 274
　　　　（二）造谣策略 / 275
　　　　（三）谣言传播趋势 / 278
　　二、事实核查 / 281
　　　　（一）事实核查的过程 / 282
　　　　（二）事实核查的方法 / 283
　　三、社交机器人识别 / 288
　　　　（一）舆论传播中的社交机器人 / 289
　　　　（二）社交机器人的识别方法 / 290

## 第十二章 舆论专题分析 / 293
  一、舆论风险分析 / 293
    （一）风险分析的价值 / 293
    （二）舆论风险的类型 / 294
    （三）舆论风险分析的过程 / 298
  二、公共决策分析 / 302
    （一）情报收集和需求识别 / 302
    （二）提升公共决策的社会支持 / 304
  三、市场洞察 / 306
    （一）消费者洞察 / 307
    （二）竞争对手分析 / 308
    （三）趋势预测与机会识别 / 310

## 第十三章 数据出真知 / 313
  一、正当化的真实信念 / 313
  二、理性主义与经验主义的融合 / 314
  三、主观性与客观性的融合 / 315
  四、走向社会深处 / 317

术语表 / 319

参考文献 / 327

# 导　言

　　随着现代民主政治与信息技术的迅速发展,舆论的力量无处不在。它不仅影响政治决策和商业战略,还深刻地塑造着社会规范和文化价值观。

　　舆论是现代政治中不可或缺的一环。它系统地影响着政策的制定和政府的行动,政治家和决策者通过舆论分析来了解公众的需求和期望,并据此调整其政策方向。舆论对社会权力还具有监督作用。特别是在网络传播的环境下,信息传播更快、更广、更透明,丰富了公众表达意见的渠道,降低了公众的意见表达门槛,使得更多的普通民众能够参与到公共讨论中来,从而为社会监督提供了更多的视角和声音,由此增加了问题的可见性,并增强了舆论监督的力度和广度。

　　舆论在商业环境中也扮演了重要的角色。品牌形象和声誉是企业最宝贵的无形资产之一,而舆论可以直接塑造公众对品牌的感知。正面的舆论可以增强品牌忠诚度,吸引更多的顾客,而负面的舆论则会导致客户流失,甚至引起危机。舆论对消费者的购买决策也具有直接影响。在社交媒体和在线评价平台的影响下,消费者更容易受到他人观点的影响,这些观点可以形成一种强大的舆论导向,促使或抑制某些消费行为。此外,舆论对广告和营销策略的制定也有着重要的影响。企业在设计广告和营销活动时,需要充分考虑当前的舆论环境,选择与公众情绪和需求相符的信息和表达方式。对舆论环境的敏锐感知可以帮助企业更有效地与目标市场沟通,提高营销活动的效果。

　　舆论在塑造和改变社会文化规范方面也发挥着深远影响。作为社会文化适应的催化剂,舆论可以帮助新的思想和行为模式在不同文化中找到立足点,或促使传统观念进行必要的调整。长期的公共讨论可以帮助不同观点的人们理解彼此的立场，针对某些争议性较大的社会议题协助形成社会共识。不仅如此，随着信息的流通和观念的交流，舆论也参与了文化认同的重塑过程。通过传统媒体和网络的传播，人们接触到不同的文化故事和价值观念，可以帮助个体或群体在全球化的背景下重新定义自己的文化身份。在推动社会正义和变革方面，舆论同样发挥着非常重要的作用。公众对不公平和不正义行为的反应往往能迅速集结成强大的舆论压力，成为推动法律和社会政策变革的关键角色。

随着媒介的基础设施化与基础设施的媒介化，人类社会处在立体化多维度的数字化进程之中。量变引发质变，大规模、多样化的数据，使其对于人类的意义发生革命性变化，从而进入"大数据时代"。在这样一个新时代，数据体现出资源化、资产化、资本化的发展趋势，并成为人认知世界和自身的一种重要方式。

具体到舆论传播而言，在以互联网为主要场域的网络传播环境中，内容不再是舆论传播活动的唯一产物，各类"数字痕迹"为系统化、动态化研究舆论提供了宝贵的驱动力。基于数据，我们可以还原传播场域的整体环境、追踪舆论议题、识别关键节点、发现传播路径、梳理传播关系、厘清传播动力，并且结合传播活动的时空维度展开更全面深入的探讨，从而创新舆论分析范式。基于这一初衷，本书全面介绍了舆论分析的理论基础、前沿方法及其实际应用场景，致力于探索如何通过大数据分析来理解和利用舆论的力量，为读者提供了关于舆论分析的全景视图。具体而言，本书有如下特色。

首先，突出前沿性，全面介绍了舆论大数据分析的先进方法。本书密切追踪大数据分析技术发展，将传统的舆论研究方法与高效的数据分析技术相结合，不仅介绍了基础的数据处理方法，还涵盖了更先进复杂的技术。例如，书中详细介绍了如何使用NLP技术进行情感分析、主题识别等，如何利用深度学习技术来识别舆论传播模式、预测舆情演化趋势等。

其次，强调实用性，根据不同应用场景提供了全面而详尽的工作流程。本书从数据采集入手，系统介绍了数据采集的技术和策略，接着详细阐述了数据预处理和清洗的必要步骤。在分析方法方面，不仅介绍了传统的统计方法和机器学习技术，还特别强调了深度学习等技术的应用。此外，还基于真实世界的舆论分析场景，提供了丰富的案例研究和应用示例。这不仅可以帮助读者理解理论的实际运用，也有助于提升基于数据驱动的技术能力，对于市场洞察、公共决策等具有重要的指导价值。

再次,强化系统性,提供了舆论大数据分析的理论与实践框架。基于舆论分析的全套流程,本书精心设计的结构覆盖了从基础理论到高级应用的全过程,深入融合了数据科学与舆论学研究的相关成果,不仅让读者能够系统地掌握从舆论数据采集到分析再到研判的整个流程,而且在理论层面详细讨论了舆论的形成机制、传播路径和影响因素,揭示了舆论分析的复杂性和多维性。

正是因为上述特色,本书是一本适合大学生、数据分析师、公共决策者及市场研究者等群体的实用教材和参考书。本书的目的是在舆论学领域搭建一座学科交叉的桥梁,既帮助文科学生快速掌握舆论大数据分析的技能,又帮助数据分析师深入掌握舆论系统分析的关键。本书还配有相关的数字资源(https://gitee.com/jingtai_fdu/public-opinion-anaysis),供有兴趣的读者查询使用。

# 第一章

# 舆论传播系统

系统论是一种综合性的理论框架,强调整体性和相互作用。舆论是一个复杂的社会系统,包括了各种参与者、信息传播渠道、意见和态度等多个要素。它们之间相互影响、相互作用。通过系统论的视角,我们可以更好地理解舆论的复杂性和动态性,更深入地理解舆论的本质和特点,揭示舆论系统的运行规律。在本章中,我们重点介绍舆论的基础知识,并基于系统论一方面从静态视角探讨舆论传播系统的构成要素,另一方面从动态视角出发考察其演化的动力、模式与过程。

## 一、认识舆论

舆论(public opinion)是指在特定时间和空间内,社会公众对于特定事件、问题或议题所持有的意见、态度和看法的集合。它通常反映了社会中一部分人或大多数人的思想倾向和价值判断。舆论不是个体意见的简单叠加,而是在社会互动过程中形成的一种社会现象,具有一定的公共性和社会影响力。一直以来,舆论都被视为是一个非常复杂的政治和社会问题,涉及广泛的参与者、多样的动机、不同的传播渠道,而且对个人、社会和政治生活具有深远的影响。接下来,就介绍舆论的基础知识。

### (一)舆论的特性

1. 公共性

舆论的公共性是指舆论反映了社会公众在公共议题上的共同关切、共同态度和共同认知。首先,公共性体现在舆论通常围绕广泛关注的公共议题形成,这些议题涉及政治、经济、文化、社会生活等多个方面。公共性意味着这些议题具有跨越个体私利的特点,关系到社会集体的利益和福祉。其次,舆论的形成和表达需要公共空间的支持,如媒体、公共论坛、社交网络等。这些平台提供了信息交流的场所,使得个体的声音得以被社会其他成员听见和响应,进而形成广泛的社会共鸣。再次,舆论的公共性还体现在其对公共政策和社会决策的影响力上。公共决策者(如政府机构、政治领导人、公共机构等)在制定和执行决策时,通常需要考虑舆论的态度和要求,以提升政策的社会接受度和有效性。

舆论不仅是对特定议题的看法和态度的集合,还反映了社会的价值观和道德规范。这些价值和规范构成了公共生活的基础,指导着社会成员的行为和社会的发展方向。理解舆论的公共性,有助于认识到舆论不仅是简单的意见汇总,而且是一种在公共议题上形成的、具有广泛社会基础和影响力的社会现象。这种公共性使得舆论成为连接个体与社会、影响公共决策和社会变迁的重要力量。

2. 流动性

舆论的流动性指的是舆论在内容、强度、方向上随时间、事件发展和信息流动的变化而变化的特性。具体而言,舆论常常围绕特定的事件或议题形成。随着事件的发展和新信息的出现,公众的关注点、态度和看法可能发生变化。例如,一个政治事件的初期,公众可能对其持有模糊或中立的态度,但随着更多信息的披露,公众的舆论倾向会明确化,甚至发生180度的转变。舆论的形成还是一个多方互动的过程,公众的态度和看法通过媒体和社交平台表达后,可以影响其他个体的意见形成,也可以影响决策者和媒体的行为。这种互动和反馈机制使得舆论具有自我调整和演变的能力,增强了流动性。另外,随着社会的进步和文化的演变,公众的价值观和道德观念也在不断变化。这种长期的变化过程反映在舆论的流动性上,表现为对某些议题的看法的长期趋势性变化。例如,对于环境保护、性别平等等议题,随着时间的推移,公众的舆论趋向于积极和支持。

舆论的流动性要求决策者、媒体和公众持续关注信息流动和社会情绪的变化,以便更准确地理解舆论的发展。这也意味着在处理公共议题时,需要具备灵活性和适应性。

#### 3. 多样性

舆论的多样性体现在公众对于特定事件或议题持有的广泛而不同的意见、态度和看法上。社会由具有不同背景、经历、价值观和信念的个体组成,这些因素影响着个人对信息的解读和反应。因此,即使是面对相同的事件或信息,不同的人可能会有不同的理解和评价,从而形成多样化的舆论。不仅如此,社会的不同群体(如经济地位、职业、教育水平等方面的差异)可能对其利益和需求有不同的看法。这种社会分层和利益差异导致了对公共议题的多种解读和不同立场,进一步增加了舆论的多样性。另外,不同的文化背景提供了不同的价值观、习俗和信仰体系,这些差异也会导致对同一议题的不同看法。在一个多元文化的社会中,舆论的多样性尤为明显,反映了社会内部的文化多样性。

舆论的多样性是民主社会的一个重要特征,体现了社会的开放性和包容性。通过对不同声音的尊重和容纳,社会能够促进更加全面和深入的讨论,有助于做出更加公正和合理的决策。然而,舆论的多样性也带来了沟通和共识形成的挑战,要求社会各界在尊重多样性的同时,寻找共同基础,推动社会的和谐与进步。

### (二)舆论的积极功能

舆论历来被视为特别重要的政治和社会问题,是因为它的影响多样而深远。虽然舆论在反映集体意愿和指导决策方面发挥着重要的作用,但它也可能受到操纵,有时可能会阻碍理性决策或长远变革。了解舆论的功能,对于决策者、企业和社会有效地驾驭舆论并利用舆论的力量取得积极成果至关重要。但舆论的功能也是复杂的,从积极方面来说,主要有社会监督、社会整合等功能。

#### 1. 社会监督

舆论具有社会监督功能,是指舆论可以通过对社会现象、事件和问题的反映、批评和建议,对社会生活中的各种行为主体进行监督,促使它们规范行为、改进工作,维护社会公平正义。舆论监督是社会监督体系的重要组成部分,在维护社会公平正义、促进社会改革、推动社会进步方面发挥着重要作用。

舆论可以对权力进行监督,防止权力滥用。通过公开讨论和批评,舆论促使政府和公共机构的决策过程更加透明和负责任。这种监督不仅限于政府,也包括对企业、媒体等其他社会机构的监督,从而提高了公共行为的透明度。此外,通过关注和讨论社会问题,舆论揭示了需要关注和解决的社会弊端,促进了社会的自我审视和反思。强烈的社会舆论甚至还可以成为推动法律和制度改革的动力,特别是在揭露了社会不公后,舆论可以促进社会制度的完善。

通过集中展示公众对某一事件或政策的看法,舆论可以形成社会压力,促使政府或企业采取行动,解决公众关注的问题。可以说,舆论为各类组织提供了一个反馈机制。通过这一机制,政府可以了解其政策和行为在民众中的接受度,识别并解决实施过程中的问题。强烈的公众舆论甚至可以直接影响政策制定,促使政府部门在公共政策的制定中考虑公众的意见和利益,调整或改变政策方向。

舆论的形成和表达是社会主义全过程人民民主的重要组成部分,也是一个公民教育的过程。通过这一过程,公众可以学习和理解复杂的政治和社会问题,提高政治意识和社会责任感。因此,法律和制度应该保障公民的言论自由和监督权,为舆论监督的开展提供良好的环境。

2. 社会整合

舆论的社会整合功能是指它在促进社会成员之间的共识形成、增强社会凝聚力和维护社会稳定中所发挥的作用。这种功能通过多种方式体现,旨在促进不同社会群体之间的相互理解和尊重,加强社会的整体和谐。

舆论可以帮助社会成员就公共议题达成一定的共识。通过公开讨论和信息交流,不同的观点和立场得以表达,有助于社会成员之间发现共同点,缩小分歧。即使在存在争议的问题上,社会成员通过讨论也能够增进相互理解,为寻找妥协和解决方案提供可能。

舆论通过反映共享的价值观和信念,增强了社会成员的归属感和社会凝聚力。当公众对某些基本原则和目标达成广泛共识时,如对公平、正义的追求,舆论就促进了一种社会认同的形成,帮助个体感到自己是社会整体的一部分。

舆论的社会整合功能还体现在其对维护社会稳定的贡献上。通过提供一个平台,使得社会不满和紧张情绪得以表达和释放,舆论有助于缓解社会冲突。因此,舆论具有"社会减压阀"的作用。此外,对社会问题的公开讨论和批评也是社会自我调整和改进的机制,有助于解决潜在的社会矛盾,维护社会的长期稳定。

通过参与到舆论的形成和传播中,公民实现了对社会事务的参与。这种参与不仅体现了个人的政治权利,也是社会主义民主实践的一部分。舆论的活跃表明了一个社会的开放性和民主程度,并且促进了政治参与和社会监督,进一步加强了社会的整合。

舆论在传播和强化社会规范、价值观以及文化传统方面也发挥着重要作用。通过媒体报道、公共讨论等形式,舆论传递了什么是可接受的行为、什么是社会期望的行为标准,有助于新成员学习和适应社会规范,促进了文化的传承和社会的一致性。

3. 推动全过程人民民主

全过程人民民主是社会主义民主政治的本质属性。2022年10月,党的二十大报告把发展全过程人民民主确定为中国式现代化本质要求的一项重要内容,强调全过程人民民主是社会主义民主政治的本质属性,对"发展全过程人民民主,保障人民当家作主"作出全面部署、提出明确要求。全过程人民民主是一种新型的民主模式,它强调人民在民主过程中的全方位、全链条参与。舆论作为一种重要的社会力量,在推动全过程人民民主方面发挥着重要作用。

舆论可以通过多种渠道,如新闻媒体、社交平台等,向公众传递信息,引导公众参与公共事务讨论,激发公众的参与意识和行动,这有助于扩大公民参与的范围,让更多的人了解和参与到全过程人民民主中来。

舆论可以反映公众的意见和诉求,将公众的声音传递给政府和决策者,有助于政府了解民情,改进工作,更好地为人民服务。政府和决策者可以通过舆论了解公众的关切和需求,从而在政策制定过程中更加贴近民意,制定出更符合公众期待的政策。

舆论可以为协商民主提供平台,不同的观点和意见可以在舆论中得到表达,进而可以让不同利益群体进行平等对话、协商共识。这种多元观点的交流和互动有助于拓宽思维、提高决策质量,进而有助于化解矛盾,促进社会和谐。

**(三)舆论的消极功能**

不过,值得警惕的是,从消极方面来看,舆论也可能损害社会形象,误导人们的判断和决策,干扰正常的经济活动,甚至引发社会动荡。

1. 损害社会形象

错误的舆论往往会歪曲事实,抹黑社会形象。错误舆论的损害功能,会影响国家、各类组织及个体的社会形象。舆论有时是在偏见、误解或信息不完整的情况下形成,会对国家或地区的形象产生负面影响。这种情况在国际关系中尤为明显,当国际媒体报道某国的负面新闻时,无论这些报道是否完全准确或被夸大,都可能对该国的国际形象和声誉造成损害。长期而言,这种负面舆论可能影响国家的旅游、贸易、外交关系等多个方面。

企业和品牌形象也极易受到负面舆论的影响。一起事件,如产品质量问题或服务失误等,可能被迅速放大并在社交媒体上广泛传播,造成公众对该企业或品牌的信任度下降。在一些情况下,即使企业迅速采取措施纠正问题,负面舆论的影响仍可能长时间存在,损害企业的市场地位。

2. 误导社会公众

舆论在误导社会公众方面的不良影响表现在多个层面,既可以影响个人决策,也可以扭曲社会认知,进而影响公共政策的制定和执行。误导性的舆论往往包含或基于错误信息、未经证实的事实或片面的观点,导致公众在缺乏准确信息的情况下做出判断和决策。这种情况在健康、金融投资等领域尤为严重,会导致个人采取有害健康的行为或不合理的经济决策。另外,当舆论与个人已有的偏见或信念相一致时,会通过确认偏误进一步强化这些偏见,导致个体在面对相反信息时表现出抵触反应,拒绝接受新的或正确的信息。

政策制定者在面对误导性舆论的压力时,可能基于错误的公众认知来制定政策,导致政策不符合实际需要或无法有效解决问题。另外,误导性舆论可能导致公共关注点偏离真正的重要议题,迫使政府将有限资源分配给并非紧迫的任务,忽视更为重要或紧急的需求。

3. 激化社会对立

负面舆论会放大社会分歧。人们倾向于关注与自己观点一致的信息,忽略或贬低与自己立场相反的信息。这种选择性的信息曝光,通过社交媒体和特定的新闻渠道得到加强,导致不同观点的人群生活在信息孤岛上,缺乏交流和理解的机会。不仅如此,在舆论的作用下,确认偏误会导致个体对相反证据的忽视,使得社会分歧变得根深蒂固。

大数据与舆论分析

舆论中常常包含大量情绪化的言论，尤其是愤怒和恐惧等负面情绪，这些情绪很容易在群体中传播，激化已存在的矛盾和冲突。特别是在极端舆论中，对立方往往被视为不值得同情或理解的"他者"。这种去人性化的态度不仅加剧了社会对立，还可能导致对抗行动和暴力，如政治、种族、宗教等领域的负面舆论，会使得对立更加尖锐化，难以通过对话和妥协来解决。

为了在舆论中占据有利地位，各方往往将复杂的社会问题过度简化，并给对立方贴上标签，这种做法虽有利于动员支持者，但同时加剧了社会分裂，创造了新的对立面。再加上社交媒体的算法倾向于推荐用户可能喜欢或同意的内容，这种机制增强了群体内观点的一致性，同时也加深了不同群体之间的鸿沟。

4. 扼杀社会创新

舆论可能抑制新思想的提出和接受。舆论一般反映并加强社会的主流价值观，在这种环境下，从众心理会导致个体和组织在面对新思想和创新时持谨慎或抵触态度，担心偏离主流会带来负面评价或社会排斥。企业决策者和政策制定者在面对强烈舆论压力时，可能更倾向于采取风险较低的保守策略，而非尝试可能引起争议但具有潜在重大影响的创新方案。

舆论可能阻碍社会进步和变革举措的实施。在社会变革过程中，即便变革措施最终可能带来广泛的好处，早期的不确定性和对现状的改变往往会引发舆论的抵制。这种抵制不仅来自直接受影响的利益群体，也可能来自广泛的公众，特别是当变革与传统价值观或习俗相冲突时。另外，负面舆论可能导致政策制定和实施的延迟，因为决策者需要投入额外的时间和资源来应对公众的疑虑和反对，以寻求更广泛的社会支持。

舆论也会导致对创新者和变革推动者的个人攻击。那些提出和推动新思想、技术或社会变革的个体可能会遭受舆论的质疑、批评甚至攻击，这不仅影响他们的心理健康，还会导致社会排斥和孤立，抑制其他潜在创新者的积极性。在某些情况下，舆论对创新和变革的抵制还会转化为创新者和变革推动者的职业风险，从而对个人职业生涯产生长远的负面影响。

5. 扰乱社会秩序

不准确或夸大的信息传播可能导致公众对某些事件或问题的过度反应，如对疫情、自然灾害或经济危机的恐慌。这种恐慌情绪可以迅速通过社交媒体和其他信息渠道传播,导致民众抢购生活必需品、撤资逃避等非理性行为,扰乱社会秩序和经济稳定。另外,持续的负面舆论可能侵蚀公众对安全和稳定的感觉,即使在没有直接威胁的情况下,也可能导致公众的不安和焦虑,影响社会的整体心理健康。

"舆论审判"现象会对法律程序产生干扰,公众对某些案件的预先判断影响司法公正,并对犯罪嫌疑人的合法权利构成威胁。在政策实施过程中,如果舆论对某项政策持有广泛的负面看法,即使这些看法基于误解或信息不全,也可能导致政策执行遇到阻力,影响政府行动的有效性和效率。

在一些情况下,极端和激进的舆论可能激励或正当化暴力和极端行为,为社会极端主义团体提供舆论支持,威胁社会的和平与稳定。在极端情况下,负面舆论可能直接导致社会动荡,如抗议、示威活动升级为暴力冲突,损害公共财产和威胁民众安全。特别是当舆论激化了对某个群体的仇恨和偏见时,还可能导致针对这些群体的暴力行为。

### (四)舆论与舆情

舆情是一个具有中国特色的概念,通常是指公众对社会事务的态度和看法在一定时间和空间内的整体反映情况。舆情与舆论的区别主要表现在三个方面。

1. 舆情是宏观的,舆论是微观的

舆情是宏观的,它反映了社会公众的整体态度和看法。舆论是微观的,它反映了社会公众对某一社会事件或社会问题的具体态度和看法,两者在分析层次和关注重点上是不同的。

具体而言,舆情更多地指代社会公众在一定时间内对于广泛社会事务的情绪和态度的总和。它强调的是整体的、广泛的社会情绪与认知状态,如公众的满意度、不安感、期待等,这些情绪、态度和认知可以跨越多个议题和领域,所以舆情的分析往往需要综合考虑多个因素,包括社会经济条件、政治事件、文化背景等,以及这些因素如何共同作用于公众情绪的形成。因此,舆情分析提供了一个宏观视角,用于理解社会情绪认知的总体趋势和变化。在宏观层面上,舆情作为一种社会脉动的指标,对政策制定者和社会规划者具有重要的参考价值。通过分析舆情,决策者可以把握公众的整体情绪和需求，从而做出更符合社会期待的决策。

相比于舆情，舆论更侧重于公众对特定事件、议题或政策的具体意见和看法。它反映了社会公众在特定社会事务上的立场和态度，具有针对性和特定性。舆论的形成和表达往往伴随着对具体议题的详细分析和公开讨论。在这个过程中，不同群体和个体的观点得以明确表达，形成了丰富的视角和层次，为深入理解公众对特定议题的看法提供了微观视角。

2. 舆论是舆情的具体表现形式

舆论是社会意识的重要表现形式，是社会公众对社会事务的态度和看法，不同社会公众对社会事务的总体反应构成了舆情。

具体来说，舆情中蕴含的广泛社会情绪在面对具体事件或议题时，通过舆论这一形式得以集中表达。舆论因此成为理解公众广泛情绪和态度如何影响或反映在特定社会事务上的重要途径。舆情作为一种宏观的社会公众的心理与认知状态，通过舆论这一具体表现形式，对社会的认知、决策、政策制定等方面产生影响。同时，不同议题上形成的舆论又通过媒体等渠道反馈给公众，影响和塑造了舆情。因此可以说，舆情为社会提供了一种情绪、态度和认知的总体态势，而舆论则更具体地指导了社会关注的焦点和公众行动的方向。在这个意义上，舆论是舆情影响社会的一个重要途径。

3. 舆情是抽象的，舆论是具体的

舆论是具体的，是一定时间和空间内的社会公众对某一具体社会事务的态度和看法。舆情则是抽象的，它不受时间和空间的限制，并且理论上涵盖了所有的社会公众。

具体来说，舆情反映的是公众对社会整体事务的广泛情绪和态度，展示了一个宏观的、全局的社会心理状态与认知图景。因此，舆情更加抽象。另外，舆情是一种持续存在的社会心理与认知状态，可以跨越不同的时间段和地理区域，这种特性使得它更具有概括性和综合性，涵盖了所有可能的社会公众。与舆情的抽象和泛化不同，舆论总是围绕特定的社会事件、议题或政策形成的。这些事件或议题具有明确的时间和空间背景，因此舆论是具体的、有针对性的，其形成和表达总是与特定的社会、文化和政治背景紧密相关。这使得舆论不仅具体，而且具有明确的时空属性，不同的时间和地点可能会产生不同的舆论。

## 二、舆论传播系统的构成要素

舆论传播涉及了社会中广泛的多元主体,需要用科学、系统的视角来观照舆论。从系统论视角出发,舆论传播可以被视作一个复杂的有机系统,由多个相互关联且相互作用的要素构成,而且形成了复杂的作用机制。具体来说,舆论传播系统主要由以下要素构成:

公众(public):在特定社会、文化或政治背景下,对某一问题或一系列问题持有共同兴趣或关注点的人群,是舆论的主体。

信源(information source):包括个人、团体、组织或媒体等,它们产生并提供议题的信息内容。信源的可信度、权威性和影响力直接影响舆论的传播。

议题(public issue):指在公众讨论、媒体报道或政策制定过程中引起广泛关注和讨论的社会、政治或经济问题。这些问题一般涉及公共利益、政策变动、社会变革等方面,反映了社会的关切点和优先事项。

媒介(media):媒介是信息从源头到接收者之间的传输渠道,包括传统媒体(如报纸、广播、电视)和新媒体(如社交网络平台)。媒介的选择和使用方式对信息的覆盖范围、传播速度和接受效果有重要影响。

场域(field):舆论场域包括政治、经济、社会文化等方面的条件,这些因素为舆论传播提供了社会空间,影响舆论的形成与传播。

系统论强调的是各个要素之间的相互作用和整体性,认为任何单一要素的变化都可能影响到整个系统的运作。因此,在分析舆论传播时,需要综合考虑这些要素及其相互之间的动态关系。接下来,我们对其构成要素进行具体分析。

### (一) 公众

公众通常指在特定社会、文化或政治背景下,对某一问题或一系列问题持有共同兴趣或关注点的人群。公众不是一个固定不变的实体,而是根据不同议题和情境而变化的。在舆论传播中,公众既是信息的接收者,也是舆论形成和传播的主体。

在对于公众属性及特征的研究中,一直存在着两种截然不同的理路。

一派秉承"乌合之众"观,以法国社会心理学家勒庞(Gustave Le Bon)为代表,认为群体的形成是一种自然现象,个体在群体中会表现出一种相对较低级的、集体的、情感主导的心态,而不是理性思考和独立决策。美国记者、作家和政治评论员沃尔特·李普曼(Walter Lippmann)也坚持这种观点。在《舆论》一书中,李普曼认为,公众不能够形成自己关于复杂问题的观点,而是依赖于"刻板印象"或预先设定的概念来理解媒体和其他信息来源。在《幻影公众》一书中,李普曼进一步认为,公众基本上与政治过程无关。他认为,公众组织混乱、教育水平低下,没有任何真正的影响力。真正的民主需要少数知情专家团队的参与来代表公众做出决策。

这一派关于公众的主张具有较大争议,被视为是精英主义和反民主的思想,与之相对应的则是"有机公众"观。例如,法国社会学家加布里埃尔-塔尔德(Gabriel Tarder)认为,社会是由一系列相互重叠和相互联系的社会群体组成的,每个群体都有自己的一套信仰、价值观和规范。他还认为,这些群体中的个人通过模仿的过程相互影响,由此思想、行为和态度被传播和采纳。在这个意义上,他把公众看作是一个特定的社会群体或集体,他们分享某些想法或信仰,其成员通过模仿的过程相互影响。美国哲学家和教育家约翰·杜威(John Dewey)也是属于这一派别,他还曾为此与李普曼展开论争。杜威认为,公众不仅仅是个体的集合,更是一个社会动态实体,是民主社会中经由个体之间互动和交流所形成的。在杜威看来,公众是一群共享利益、关注和价值观的人,而且他还强调交流和公共讨论对于塑造公众对问题的理解以及让他们做出明智决策的重要性。

综合已有研究,结合舆论分析实际,在公众的舆论表达与传播中,尤其需要注意公众的下述特征。

(1) 多样性。公众由来自不同背景的个体组成,包括不同的年龄、性别、教育水平、职业、文化和社会经济状态等。这种多样性意味着公众对同一议题可能有着不同的看法、感受和反应。

(2) 动态性。公众的关注点和兴趣是动态变化的,会受到时事热点、社会事件、媒体报道等因素的影响。随着信息的更新和新议题的出现,公众的组成和关注焦点也会相应变化。

(3) 分散性与集合性。虽然公众由众多分散的个体组成,但在特定议题下,他们可以通过共同的兴趣或关注点聚集起来,形成一股集合的舆论力量。这种集合性体现了公众在某些情况下能够对社会议题产生广泛影响的能力。

(4) 有限的注意力。在信息过载的当代社会,公众的注意力是有限的。他们往往只能关注到有限数量的议题,这些议题通常是被媒体广泛报道的或在社交网络上引起广泛讨论的。

(5) 情感驱动。公众的舆论形成和表达往往受到情感因素的驱动。人们可能因为某个议题与自己的经历、价值观或情感状态相关联而产生共鸣,这种情感驱动可以极大地影响公众对议题的关注度和反应方式。

(6) 影响力的不均衡。在公众中,不同个体或群体对舆论的影响力并不均等。一些有影响力的个体,如名人、专家或意见领袖,因其在社会中的地位、知识水平或媒体曝光度而对舆论形成有更大的影响。

(7) 参与度的变化。公众对不同议题的参与度和活跃度存在显著差异。一些议题可能引起广泛讨论和高度参与,而其他议题则可能仅引起有限的关注。这种参与度的变化受到议题本身的性质、公众的价值观和媒体报道的方式等多种因素的影响。

### (二) 信源

1. 普通网民

普通网民是数量庞大、具有广泛代表性的参与者,通常通过社交媒体、论坛等平台分享信息。普通网民具有参与度高、传播速度快、情感表达强烈、观点多元等特点。他们在舆论场中发挥着主体作用,是信息的传播者,也是社会问题的反映者。

(1) 参与度高,表达方式多样。随着互联网的普及,普通网民拥有了更加便捷的表达渠道,可以通过社交媒体、论坛、博客等平台发表、分享信息。网民的参与度不断提高,表达方式也更加多样,包括文字、图片、视频、音频等。

(2) 信息传播速度快,范围广。互联网具有信息传播速度快、范围广的特点。普通网民发布的信息能够迅速传播,短时间内就能形成广泛影响。

(3) 情感表达强烈,观点多元。普通网民往往更加关注自身利益和切身感受,情感表达更加强烈,观点也更加多元。在一些热点事件或敏感话题上,网民的意见可能存在较大分歧,甚至引发争论。普通网民的判断力和辨别能力参差不齐,容易受到情绪的引导。一些虚假信息或煽动性言论可能会对网民的意见产生误导,甚至引发群体性事件。

(4) 关注社会民生,反映现实诉求。普通网民是社会生活的主体,他们更加关注与自身生活息息相关的民生问题,例如教育、医疗、就业、住房等。网民经常会在网络上表达自己的诉求和意见,对社会治理和公共政策制定产生影响。

2. 党政机关

党政机关发布的政策、法规、信息等具有权威性,能够对社会舆论产生重大影响。党政机关一般通过新闻发布会、官方网站、社交媒体等渠道发布信息,在舆论传播中扮演着多重角色。

(1) 信息发布。党政机关是权威信息的发布者,其发布的政策、法规、信息等具有权威性,能够为公众提供可靠的政策解读和事件信息。

(2) 舆论引导。党政机关可以通过舆论传播引导公众舆论,解释政策意图,回应社会关切,维护社会稳定。

(3) 政策解释。党政机关是政策的制定者和执行者,有责任和义务对政策进行解释,帮助公众理解和支持政策。

(4) 危机管理。在突发事件或热点事件发生时,党政机关需要及时发布信息,回应公众关切,稳定社会情绪,进行危机管理。

3. 媒体机构

媒体机构是舆论传播的重要渠道,其报道和评论能够影响公众对事件的认知和理解,其信息传播、舆论引导及监督等工作对社会发展和国家治理具有重要意义。

(1) 信息传播。媒体机构是信息和新闻的主要传播渠道,它们通过报纸、电视、广播、互联网等方式,向公众提供新闻报道、时事分析评论等内容。媒体的广泛覆盖和快速传播能力使其成为连接政府、组织和公众的重要桥梁。

(2) 公共监督。媒体通过调查报道、评论分析等形式,对政府、企业和其他社会组织进行监督。这种监督旨在揭露问题、提升透明度和促进问责制,保护公众利益。

(3) 舆论形成与引导。媒体通过报道特定的新闻事件和提供分析观点,影响公众对于事件的认知和理解,进而在一定程度上引导舆论的形成和发展方向。媒体的议程设置功能表明,媒体通过选择报道哪些新闻,影响公众认为哪些议题是重要的。

(4) 公共平台。媒体提供一个公共讨论和交流的平台,允许不同观点和声音被表达和听到,不仅促进了社会的多元化,而且有助于公共议题的讨论和全过程人民民主的推进。

4. 企业和商业机构

企业和商业机构可以通过发布声明、广告、公关活动等方式表达立场、传播信息,影响公众舆论。企业和组织在舆论传播中的角色和作用具有多样性和复杂性,主要体现在如下方面。

(1) 信息发布。企业和商业机构是产生和发布信息的重要来源。它们通过发布新闻稿、社交媒体更新、广告和官方声明等方式,向公众、客户和利益相关者传递关于产品、服务、政策和企业文化的信息。

(2) 品牌建设和形象塑造。企业和商业机构通过舆论传播活动,如公关(PR)策略和营销活动,积极塑造和维护其品牌形象。通过控制和优化传播的信息,它们力求在公众心中建立积极的品牌认知。

(3) 危机管理。在面临负面新闻、公众争议或其他危机情况时,企业和商业机构必须有效地管理舆论。通过及时、透明和负责任的沟通,它们可以减少危机对品牌和声誉的潜在损害。

(4) 市场营销和消费者行为影响。企业和商业机构通过舆论传播影响消费者的认知、态度和购买行为。通过广告、社交媒体营销、内容营销等策略影响舆论,可以提高品牌知名度、塑造消费者偏好并驱动销售。

(5) 公共关系和利益倡导。企业和商业机构利用舆论传播进行公共关系建设和利益倡导,参与到公共议题讨论中表达立场,或倡导特定政策和法律变更,以支持其业务目标和社会责任。

(6) 社会责任和可持续发展。越来越多的企业和商业机构通过舆论传播,强调其对社会责任和可持续发展的承诺。通过展示其在环境保护、社会福利和经济发展方面的努力,有助于建立公众信任和支持。

(7) 内部沟通。企业和商业机构还利用舆论传播工具和策略来加强内部沟通,促进员工参与和文化建设。内部通讯、企业社交网络和员工培训等,都是加强组织凝聚力和提高工作效率的重要工具。

(8) 互动与参与。通过社交媒体和其他在线平台,企业和商业机构与公众、客户和其他利益相关者进行互动。这种双向沟通机制不仅有助于收集反馈和改进产品,也增强了客户忠诚度与品牌亲和力。

5. 社会公益和非政府组织

西方社会理论通常认为,社会公益和非政府组织在舆论传播中扮演着独特且关键的角色,承担多种功能,对公众意见的形成、政策变化以及社会进步具有深远的影响,具体介绍如下。

(1) 意见倡导。社会公益和非政府组织经常就特定的社会问题、政策变化或权益保护发起倡导活动,成为这些议题的意见领袖。在西方,它们通过提供研究、数据和案例来支持其立场,影响公众观点和政策制定。

(2) 信息提供。这些组织提供关于特定主题或议题的深度信息,尤其是那些被主流媒体忽视或未充分报道的领域,并且通过报告、研究、社交媒体和其他平台来教育公众。

(3) 公众动员和参与促进。社会公益和非政府组织擅长使用各种手段(如在线宣传、公共集会、签名活动)来动员公众参与特定议题的讨论和行动,促进民众对社会问题的关注和参与,增强民主参与。

(4) 舆论监督。这些组织常常扮演监督政府和私营部门行为的角色,揭露不公、腐败对环境和社会的负面影响。它们通过披露信息、进行批评和提出替代方案,对社会负有监督责任。

(5) 影响政策。通过影响公众舆论,社会公益和非政府组织能够对政策制定产生影响,推动立法或政策变化。在某些情况下,它们能够成为重要政策改变的推动力。

(6) 社会凝聚和团结促进。这些组织通过共同的目标和价值观念,促进不同背景和信仰的人们团结起来,为共同的事业工作,强化社会凝聚力和团结精神。

但在现实中,每个国家的国情不同,需要辩证地看待。

6. 社交机器人

社交机器人是指利用人工智能技术模拟人类行为,在社交平台上进行互动交流的软件程序。近年来,随着人工智能技术的发展,网络上出现了大量社交机器人账号,自动发布信息、评论、转发等,在舆论场中发挥着越来越重要的作用。

(1) 信息传播。社交机器人可以快速、广泛地传播信息,在短时间内形成巨大影响力。

（2）意见领袖。社交机器人可以伪装成意见领袖，发布观点、评论等内容，影响公众认知。

（3）网络"水军"。社交机器人可以被用来制造虚假流量、刷评论、控评等，干扰正常舆论秩序。社交机器人在舆论传播中的广泛应用带来了严峻挑战。它们传播虚假信息，干扰正常舆论秩序，威胁信息安全和社会稳定。

在舆论的形成与演化过程中，上述主体会基于不同的利益、立场，形成多重复杂关系。

（1）领导与追随关系。这种关系是指在舆论事件中，某些主体凭借其权威性、影响力或资源优势，引导其他主体表达相同的观点或采取一致的行动。例如，政府部门、主流媒体、意见领袖等都可能在舆论事件中扮演领导角色。

（2）合作与竞争关系。当多个主体拥有相同的利益诉求时，他们可能会选择合作，共同推动舆论向有利于自身的方向发展。例如，在环境保护等公共议题上，多个非政府组织会联合起来共同发声。当多个主体拥有不同的利益诉求时，他们可能会在舆论场中展开竞争，争夺话语权和影响力。例如，在西方的政治选举中，不同政党或候选人可能会通过舆论来争取选民的支持。

（3）冲突与对抗关系。当某些主体的观点或立场发生冲突时，他们可能会在舆论场中展开争论，甚至引发对抗。例如，在涉及社会矛盾或敏感话题的舆论事件中，不同群体之间经常会出现对立和冲突。

（4）沉默与旁观关系。并非所有主体都会积极参与舆论表达和传播。一些主体可能会选择沉默，对舆论事件保持旁观态度。这可能是由于他们对事件不关心、不了解，或者担心表达自己的观点会带来风险。

以上关系类型并非固定不变，而是会随着舆论事件的发展和变化而动态演变。

### （三）议题

议题是舆论传播中的关键因素。它不仅可以定义公众讨论的焦点，促进对社会问题的认识，影响公共决策，还塑造了公众的认知框架，并有助于构建社会共识。

1. 议题建构

形成舆论议题的关键是议题建构。议题建构(issue building)是指将某个事件或问题定义为公众议题的过程,是公共关系学、传播学和舆论学等领域中的一个重要概念。议题建构是一个持续性的过程,要想在公共领域中建构出一个获得广泛共识的议题,需要经历多个步骤。

(1) 识别问题。即要识别出一个潜在的议题,能引起公众关注的问题或事件。

(2) 框架定义。一旦确定了问题,下一步就是对问题进行定义,使其成为一个具有明确含义和范围的议题,其中最重要的是以一种突出其重要性、紧迫性以及与公众和政策制定者相关性的方式来确定问题的框架。制定框架包括围绕问题展开叙述,包括其原因、影响和可能的解决方案,使其与更广泛的社会价值观和关注点产生共鸣。

(3) 议题传播与舆论塑造。通过各种渠道将议题传播给公众,引起公众的关注,并通过各种手段影响公众对议题的看法,使其朝着某一特定方向发展。常用的策略包括:新闻发布、公共教育、草根行动及公关活动等。

议题建构可以影响公众对某一问题的认知和态度,进而影响公共政策的制定和实施。成功地将某个议题纳入公众议程,还可以彰显组织的专业性和影响力,并吸引更多公众的关注和支持。不仅如此,通过对议题进行理性讨论和引导,可以促进不同利益群体的沟通和理解,避免矛盾激化,进而帮助化解社会矛盾,维护社会稳定。因此,议题建构是舆论实践中的一项重要策略。例如,吸烟是全球范围内严重的公共健康问题。据世界卫生组织统计,每年大量人口因吸烟导致死亡。20世纪中后期,随着人们对吸烟危害认识的提高,反吸烟运动逐渐兴起,并成为全球性的公共议题。以西方国家的反吸烟运动为例,其议题建构的过程主要可以分为四个阶段。

第一阶段:问题识别与框架定义。20世纪50年代,科学家们开始研究吸烟与健康之间的关系,并陆续发表了相关研究成果。这些研究表明,吸烟会导致肺癌、心脏病、中风等多种疾病,严重危害人体健康。

第二阶段:议题传播与舆论塑造。反吸烟组织积极传播吸烟危害的科学证据,提高公众对吸烟危害的认识。他们通过出版书籍、制作海报、开展宣传活动等方式,向公众展示吸烟的健康风险,呼吁人们戒烟。

第三阶段：利益集团动员。反吸烟组织积极动员各方利益集团参与到反吸烟运动中来，共同推动控烟政策的制定和实施。他们与医疗机构、学术团体、政府部门、企业等建立合作关系，形成强大的社会联盟，为控烟政策的制定和实施提供支持。

第四阶段：政策倡导。反吸烟组织积极参与政策制定过程，推动出台有利于控烟的法律法规。他们通过游说、请愿、示威等方式，向政府和决策者施加压力，促使他们采取行动解决吸烟问题。

反吸烟议题的建构取得了显著成效，对西方社会产生了广泛的影响。反吸烟宣传教育活动提高了公众对吸烟危害的认识，促使越来越多的人选择戒烟。许多国家和地区出台了控烟法律法规，限制吸烟行为，保护公众健康。在反吸烟运动的推动下，全球范围内吸烟率呈现下降趋势。由此可以看出，反吸烟议题的建构是一个多主体参与、多环节互动、多层次推进的复杂过程。通过持续努力，反吸烟运动取得了很大的胜利，公共健康水平得到进一步提升。

2. 议题分类

议题分类可以为决策者提供一个分析问题的框架。通过对议题进行分类，决策者可以更清楚地了解问题的各个方面，从而做出更明智的决策。更重要的是，对议题进行准确识别和分类也是风险监测与防控工作的重要基础。从近年来我国的舆论热点议题来看，主要可以分为以下几类：

（1）社会民生类。

教育问题：高考改革、教育公平、双减政策等。

医疗问题：医改、医患关系、医疗费用、药品价格等。

住房问题：房价、房租、棚改货币化、共有产权房等。

养老问题：养老金、养老服务、养老机构、老年人权益等。

社会保障问题：社保缴费、社保待遇、失业保障、农民工权益等。

（2）经济发展类。

经济增长：GDP 增速、经济结构调整、产业升级、新质生产力等。

就业问题：就业率、大学生就业、农民工就业、中小企业发展等。

收入分配问题：贫富差距、劳动报酬、最低工资标准等。

区域发展问题：东西部差距、城乡差距、乡村振兴等。

宏观调控政策：货币政策、财政政策、产业政策等。

（3）政治法治类。

反腐败：反腐倡廉、制度建设等。

司法改革：司法公正、队伍建设、依法治国等。

政法队伍建设：作风建设、纪律建设、素质提升等。

社会治理：基层治理、平安建设、信访制度等。

国家安全：国家安全法、涉外安全、网络安全等。

（4）国际关系类。

中美关系：经贸摩擦、台湾问题、南海问题等。

全球化：逆全球化、贸易保护主义、区域合作等。

国际热点事件：地缘政治冲突、动物保护、环境保护、气候变化、恐怖主义等。

（5）文化娱乐类。

影视作品：电影、电视剧、网络剧等。

明星艺人：八卦新闻、个人生活、社会影响等。

网络文化：网络热词、网络现象、网络生态等。

体育赛事：奥运会、世界杯、亚运会等。

娱乐活动：综艺节目、音乐节、游戏等。

（6）科技创新类。

人工智能：技术发展、应用场景、伦理问题等。

大数据：技术发展、应用场景、隐私保护等。

5G技术：技术发展、应用场景、产业链发展等。

生物技术：基因编辑、克隆技术、生物安全等。

航天科技：探月工程、火星探测、卫星发射等。

### （四）媒介

在舆论传播中，媒介是信息和观点从源头到受众之间的传输渠道。每种传播媒介都有其特点和优势，它们在舆论传播中的作用也各不相同。传统媒体通常被视为更正式和权威的信息来源，而新媒体则以其互动性、即时性和去中心化的特点，在当今社会中越来越重要。

1. 传统媒体

传统媒体主要包括报纸、广播（电台）和电视等，尽管在数字时代面临新媒体的挑战,但依然在多个方面对舆论形成和发展产生重要影响。

(1) 信息传播。作为信息的主要来源之一,传统媒体负责收集、加工和传播新闻和信息,为公众提供了解世界的窗口。它们通过报道国内外的新闻事件,提供了一个共享的信息基础,促进了社会的信息交流。

(2) 议程设置。传统媒体通过选择报道新闻事件和议题,对公众的注意力和议程产生影响,决定了哪些话题被公众视为重要,从而在一定程度上引导了公众讨论和政策制定的方向。

(3) 解释和框架建构。传统媒体不仅报道事实,还提供分析、解释和评论,帮助公众理解复杂的社会现象和政策议题。特别是通过特定的框架呈现新闻,媒体可以影响公众对事件的理解和态度。

(4) 公共监督。传统媒体扮演着社会监督者的角色,通过调查报道揭露不法行为、腐败和滥权等,保护公共利益,从而有助于提升政府和企业的透明度和可问责性。

(5) 社会教育。传统媒体通过广播电视剧、纪录片、新闻特写等形式,传播文化价值和社会规范,对公众的价值观和行为模式产生影响,塑造公众的意识形态和价值立场。

(6) 公共论坛。尽管新媒体提供了更多的互动平台,但传统媒体依然是公众讨论的重要场所。通过读者来信、评论栏目和访谈节目,传统媒体为公众提供了表达观点和交流思想的空间。

2. 社交平台

社交平台是指以社交关系为基础,为用户提供信息分享、互动交流、关系维护等服务的互联网平台,是目前网络舆论的主要场域。从舆论传播来看,社交平台的主要功能有如下四个方面。

(1) 信息发布和传播。社交平台不仅降低了信息发布的门槛,而且吸引了数量巨大、类型多样的用户,包括各类组织机构,可以通过文字、图片、视频等多种形式发布信息,使得每个个体和组织都可以成为信息的传播者。不仅如此,社交平台的信息传播速度快,用户可以通过转发、评论、点赞等方式快速传播信息,信息可以通过社交关系链传播到更广泛的人群中,触达更多潜在受众。

(2) 议程设置。社交平台可以通过发布热点话题、发起讨论活动等方式,吸引用户关注特定问题,引发公众讨论。平台用户还可以通过评论、转发等方式参与议题讨论,进一步扩大议题的影响力。

(3) 意见表达和民意反映。社交平台吸引了大量用户,提供了即时的互动和传播功能,用户可以随时发布自己的观点和意见,并与其他用户进行互动和讨论。这种即时互动和传播功能不仅使得信息能够快速传播,而且这种广泛的参与使得社交平台成为一个汇集各种声音和观点的场所。更重要的是,社交平台上的用户往往会形成各种社群,聚集在一起讨论特定的话题。这些群体的形成和活跃度使得社交平台成为一个集中表达和反映特定民意的场所。

(4) 社会动员和组织。社交平台上的用户可以根据共同的兴趣、目标或价值观念进行聚集和组织。这种群体聚集和组织的功能使得社交平台成为组织和动员大量人力资源的平台。社交平台还提供了即时通讯和协调的功能,用户可以通过私信、群聊或讨论区与其他成员进行实时交流和协作。这种即时通讯和协调的功能使得组织者能够快速传达信息、协调行动,并与成员保持紧密联系。另外,社交平台不仅可以在线上进行组织和动员,还可以促使用户在线下进行实际行动。

3. 知识分享平台

知识分享平台是指以知识分享为核心的互联网平台,用户可以在平台上发布、分享和获取知识内容。知识分享平台可以根据不同的标准进行分类,例如,根据知识类型,可以分为专业知识分享平台和生活知识分享平台。专业知识分享平台主要面向特定领域或行业的专业人士,提供专业知识和技能的分享和交流;生活知识分享平台则面向大众,提供日常生活相关的知识和经验分享。根据平台模式,可以分为问答平台、内容社区和学习平台。问答平台以问答形式进行知识分享,用户可以提出问题,寻求其他用户的解答;内容社区以内容发布和分享为主,用户可以发布各种形式的知识内容,如文章、视频、音频等;学习平台则提供系统的学习课程和资源,帮助用户学习和提升知识水平。

从传播功能来看,知识分享平台具有知识发布和分享、知识搜索和获取、知识交流和互动、知识沉淀和传播等功能。正是因为这些独特的功能,知识分享平台在当前的舆论传播中也具有独特的价值与作用。具体而言,这些平台吸引了大量的专家、学者和行业领袖参与问答,他们的专业背景和经验为平台提供了权威性的知识和见解,提高了信息内容的专业性和准确性。不仅如此,与其他社交媒体相比,知识分享类平台鼓励深入且全面的讨论。用户不仅分享简短的意见,而且提供详细的解释、背景信息和支持性证据,使得讨论能深入议题的核心。针对同一问题,不同背景的用户也可以提供多种视角,这种多元化的探讨方式有助于多维度地揭示问题。另外,用户在回答问题时倾向于引用数据、研究结果或其他形式的证据来支持他们的观点,由此促进了讨论的客观性和理性。再加上平台上的互动和反馈机制,也有利于用户发展批判性思维,对信息进行独立思考和评估。因此,知识分享平台在舆论传播中的表现相对更加专业、理性,且有深度。

4. 短视频平台

短视频平台是一种基于互联网的社交媒体服务,允许用户创作、分享和观看短视频内容。这些平台的视频通常时长较短,从几秒到几分钟不等,特别适合移动设备用户进行快速消费。一些短视频平台还提供直播服务,使用户能实时分享自己的生活或活动。综合来看,短视频平台易于使用,提供了简单直观的视频拍摄和编辑工具,使得用户即使没有专业的视频制作背景也能创作出有吸引力的视频内容。其内容也因此丰富多样,涵盖了娱乐、教育、生活方式、美食、旅游等多个领域。这些平台互动性也进一步增强,用户可以通过点赞、评论、分享等方式与视频创作者或其他观众互动,形成社区氛围。更重要的是,短视频平台普遍采用算法技术推荐个性化的视频内容,可以根据用户的观看历史、互动行为和偏好等进行内容推送。正是基于这些传播优势,短视频平台不仅使用户的表达门槛一步步降低,表达丰富度一步步升高,也使得新媒体的赋权能力一步步向大众释放,其影响应当不亚于当年微博的勃兴。可以说,社交平台与视觉传播的紧密结合,带来了又一次新的传播革命,众多网络舆论热点的首发阵地已经迅速从微博、微信转移到了短视频平台。

比较而言,短视频平台的舆论表达与传播具有高度视觉化的特征。在短视频平台,用户利用动态图片和视频直观地展示信息,使得复杂的概念或抽象的议题通过视觉元素被简化和具象化,再加上精心设计的视觉效果、颜色使用和动态编辑技巧,产生了强烈的视觉冲击力,能够迅速抓住受众的注意力。不仅如此,短视频内容常常采用故事化的叙事结构,使得议题不是干巴巴的陈述,而是通过情感化的方式引起受众的共鸣,从而加强了议题的情感影响力。另外,与文字相比,视觉语言具有更广泛的普遍性和跨文化交流能力。短视频通过视觉化的内容传递,能够有效跨越语言和文化障碍,实现全球范围内的信息传播和影响,从而推动了国际舆论热点的形成。

### (五)场域

舆论的形成与传播总要依托一定的社会空间,这就是舆论场域,即多元舆论主体在一定的社会环境中,围绕特定公共议题或事件进行互动、博弈和竞争的社会空间。在舆论场域的建构中,有下列值得关注的系统性社会建构力量。

1. 意识形态

意识形态是社会存在在人们头脑中的反映,是人们对社会关系和社会生活的总体看法和根本观点,是关于世界观和社会组织的一套信念与价值观。意识形态在舆论场域的建构中扮演着核心角色,不仅影响个人的认知和行为,也塑造了社会集体的行动和决策,进而建构着舆论的方向、深度和范围。

意识形态决定了哪些议题被视为重要,哪些可以被忽略,在很大程度上塑造了公共讨论的议程,以及公众对某一议题的关注度和理解方式。不仅如此,不同的意识形态提供了不同的解释框架,可以影响公众解读信息和事件。这种框架作用可以导致相同的信息在不同意识形态下被赋予不同的意义,进而影响公众的认知和态度。因此,在促进社会整合和共识形成方面,意识形态既有积极作用,也有潜在的分裂作用。一方面,共享的意识形态有助于团结社会成员,形成集体身份和共同目标;另一方面,不同意识形态之间的冲突可能导致社会的分裂和对立。正是基于这种作用,意识形态也塑造了舆论场域的性质,决定了哪些声音可以在公共领域中被听到,哪些被边缘化或排除,从而影响着舆论的多样性和开放性。

2. 政治权力

政治权力是指在一定社会组织内,特定个体或集体为实现共同目标、维护共同利益而拥有并行使的支配和控制他人行为的能力。这种权力既可以是正式授予的,如政府机构和官员的权力,也可以是非正式的,如民间团体或公众舆论对社会行为的影响力。政治权力在舆论场域的建构中发挥着支配性作用。

(1)政治权力通过控制媒体和信息传播渠道,能够影响哪些议题被公众关注,哪些被忽略。通过强调特定的议题,政治权力可以塑造公众的认知框架,引导公众关注和讨论政治权力希望突出的问题。

(2) 政治权力通过发表官方声明、政策解读等方式,对公众舆论进行引导,尝试塑造公众对特定事件或政策的看法和态度。这种引导可能增强政策的公众接受度或改变公众对某些问题的看法。

(3) 政治权力有能力对信息进行控制和过滤,决定哪些信息可以公开,哪些应该被限制或禁止。这种控制既可以通过法律和政策手段实现,也可以通过对媒体的直接或间接控制来执行。

(4) 政治权力通过建立和维护公共讨论的平台和机制,如社交媒体平台的管理政策等,影响公众讨论的空间和方式。这种建构既包括提供讨论空间,也涉及对讨论范围和方式的限制。

(5) 政治权力通过法律和制度为舆论场域的运作提供框架和支持。例如,言论自由、集会自由等权利的保障为舆论的自由流动和表达提供了法律依据,而对媒体的法律限制则对舆论构成约束。

需要注意的是,政治权力在舆论场域建构中的作用和功能体现了政治与媒体、公众之间复杂的互动关系。一方面,政治权力试图通过各种手段影响和引导舆论;另一方面,它也需要对舆论监督作出响应,以维护政治的合法性和效率。

3. 社会结构

社会结构指的是社会中不同群体之间以及群体内部成员之间基于特定属性或特征(如年龄、性别、职业、教育、经济地位、种族、文化等)形成的相对稳定的关系和排列方式。这种结构反映了社会的组织形态,包括群体之间的相互作用、地位层次和角色分配等方面。社会结构在舆论场域的建构中发挥着基础性的支撑作用。

(1) 社会结构的存在导致不同群体可能有着不同的兴趣、需求和观点,从而增加了舆论的多样性和复杂性。这种多样性体现了社会的广泛视角和丰富的信息来源,有助于形成更全面、深入的公共讨论。

(2) 不同的社会群体因其特定的社会地位、资源和信息获取渠道,对舆论的形成和传播有着不同的影响力。例如,社会地位较高的群体因其更广泛的社交网络和更好的资源获取能力而在舆论传播中发挥更大的作用。

(3) 舆论场域中不同社会群体之间的观点差异可能反映出社会的结构

性分裂和冲突。在某些情况下,这些分裂和冲突通过舆论的形式被加深,导致社会极化。不过,尽管存在分裂,社会结构在舆论场域中也有助于促进社会整合。通过公共讨论和交流,不同群体可以增进理解和尊重,找到共同点,建立跨群体的社会认同。

(4) 社会群体结构的变化(如人口结构的变化、社会流动性的增强等)会直接影响舆论场域的动态。随着社会变迁,新的群体崛起,带来新的观点和议题,从而改变舆论的内容和方向。

综合来看,社会结构在舆论场域建构中的作用体现了社会多样性和复杂性对公共讨论的深刻影响。通过理解社会结构的作用,可以更好地把握舆论的形成机制、传播路径和影响效果,为促进公共讨论的健康发展提供有力的社会学洞察。

4. 经济发展

经济发展水平及其变化不仅塑造了社会的物质基础,还深刻影响着社会结构、文化价值观和信息传播方式,进而影响舆论场域的形成和演变。

(1) 经济发展水平决定了信息传播技术的发展和普及程度,如互联网、移动通信和媒体产业的发展,为舆论的形成提供了物质基础和技术手段。另外,随着经济的发展,人们有更多资源投入到信息获取和传播中,增加了舆论场域的活跃度和多样性。

(2) 经济发展状况直接影响着公众最为关心的议题。在经济增长期,公众更加关注与经济相关的议题,如就业、收入分配、企业发展等;在经济衰退期,则更加关注社会保障、贫困问题等。经济发展还关联着环境保护、科技创新等广泛议题,影响着舆论场域内的讨论重点。

(3) 经济发展塑造社会结构,包括阶层分化、职业结构等,进而影响不同社会群体的利益诉求和观点。这种结构变化在舆论场域中反映为不同群体基于经济利益的讨论和争论。此外,经济条件也决定了社会资源的分配,进而影响不同群体在舆论场域中的话语权。

(4) 经济发展水平和经济自由度能够促进或限制舆论的自由和多样性。经济繁荣和市场经济的发展通常伴随着信息自由度的提高,为舆论的多样性和开放性提供条件。然而,经济不平等和资源集中可能导致媒体和信息渠道的控制权过于集中,影响舆论的多样性和公正性。

（5）经济发展水平影响公众参与公共讨论的能力和方式。经济条件较好的社会，公众通常拥有更多的时间和资源来获取信息、表达观点并参与社会活动。高度发达的经济还促进了民众教育水平的提高，进一步增强了公众在舆论场域中表达和辩论的能力。

总而言之，经济发展通过多种途径影响着舆论的形成、内容和传播。认识到经济发展对舆论场域的影响，有助于我们更全面地理解公共讨论的背景、条件和限制，以及如何通过经济手段促进健康、活跃和多元的公共讨论环境。

5. 文化传统

文化传统在舆论场域的建构中发挥着深远的影响，它通过塑造公众的价值观、信仰、行为规范和认知框架影响着舆论场域。

（1）文化传统为社会成员提供了一套共享的价值观和信念体系，这些价值观和信念决定了人们对事物的基本态度和评价标准。在舆论场域中，不同文化背景下形成的价值观会影响公众对议题的看法和立场，从而影响舆论的方向和性质。

（2）文化传统提供了一种认知框架，帮助人们理解和解释周围的世界。这种框架影响着信息的处理方式和解读过程，决定了哪些信息被视为重要，哪些被忽视，从而在舆论场域中形成特定的讨论焦点。

（3）文化传统定义了社会行为的规范和准则，这些规范和准则影响着个人在公共场合的言行举止，包括在舆论场域中的表达方式。这不仅影响着舆论的表达自由度，也影响着公众讨论的风格和形式。

（4）不同的文化传统有着不同的沟通和交流习惯，这些习惯影响着信息的传播方式和效率。例如，一些文化可能更重视直接和开放的交流，而另一些文化则可能更偏好间接和含蓄的方式，这将直接影响舆论的形成和传播路径。

（5）文化传统通过其包容性或排他性，可以促进或限制舆论场域中的多样性。开放包容的文化传统鼓励不同观点和声音的表达，促进舆论的多元化；而保守排他的文化传统则可能限制不同声音的出现，影响舆论场域的多样性。

（6）文化传统中存在的社会禁忌和敏感话题对舆论场域中的公共讨论有着重要影响。某些议题可能因为文化禁忌而成为舆论讨论的"雷区"，而对这些敏感话题的讨论应更加谨慎。

文化传统在舆论场域建构中的作用和功能体现了文化因素对公共讨论环境的深刻影响。理解文化传统的影响,有助于更好地把握舆论形成的背景和条件,促进跨文化交流和理解,构建一个更开放、健康和多元的舆论场域。

## 三、舆论传播系统的动态演化

### (一)舆论传播的动力

#### 1. 利益驱动

在舆论的生成与传播过程中,利益是一个核心机制,它指的是不同社会主体根据自己的利益目标和需求,试图通过影响舆论的形成和传播方向来实现这些目标。这一机制涉及各种利益相关者,包括政府、企业、媒体、社会团体、公民等,他们通过各种手段和策略参与到舆论的生成和传播中。这些主体表达的观点反映了其内在的利益和价值观,这些观点旨在维护或推进其自身利益。因此,观点的形成和表达是主体试图在公共领域中维护自身利益的一个自然延伸。通过公开表达观点,主体试图影响公众意见、塑造社会议程,甚至影响政策制定,以便于其利益得到实现或保护。

社会主体通过与公众共享其观点和价值观,试图构建或增强公众对其立场的认同,这种社会认同有助于形成支持其利益目标的强大舆论基础。特别是对于社会团体来说,通过表达特定观点,它们可以动员公众参与到其倡导的活动中,从而形成对其利益有利的社会行动和变革。因此,在舆论的生成与传播过程中,不同主体的利益会发生冲突。通过舆论的表达和交流,主体间进行一种无形的博弈,试图为自己争取更有利的舆论空间。同时,通过公开的观点交换,不同主体也有可能找到共同点和合作的机会,形成对多方都有利的共识和解决方案。

不同主体在舆论生成与传播中想要实现的利益是不同的。如政府可能试图通过舆论来获得公众对政策的支持或改善其公共形象。这包括强调政策成就、解释政策决策过程或通过公共关系活动来减轻政策失败的负面影响。对企业而言,则需要利用舆论来塑造品牌形象、推广产品或服务,以及管理危机情况下的公众反应。特别是因为舆论对消费者行为有重大影响,企业会密切关注并试图引导有利于自身的舆论方向。媒体追求新闻报道的热点,以吸引观众注意力和提高收视率或点击率。这会导致媒体在选择和报道新闻时,倾向于强调引人注目或引起强烈情绪反应的内容。社会团体通过舆论来推动特定的社会、环境或政治议题,以实现其变革目标或提高公众对某些问题的认识。公民个体通过参与舆论传播来表达自己的观点和需求,寻求与他人的共鸣或影响社会议题的讨论,或者成为意见领袖,进而获得更广泛的其他利益。

在利益驱动下,不同主体会采取多种策略和手段来影响舆论传播,以达到其目的、维护其利益。这些方式涵盖了信息的创造、传播、解释和反应等多个环节。例如,通过新闻发布会、官方声明、社交媒体帖子等方式,主动发布有利于自身立场的信息;举办公开活动、研讨会、论坛等,以增加自身观点的可见性;与媒体建立合作关系,通过广告、赞助内容等方式,保证其信息能够得到广泛传播;在面对可能损害其形象或利益的负面信息时,采取危机公关措施,如发布澄清声明、组织反击舆论攻势等。甚至在极端情况下,通过法律手段对抗不利舆论。总之,在利益驱动下,各方可能选择性地提供和解读信息,这就要求公众发展批判性思维能力,识别并评估不同信源提供的内容。

2. 情感驱动

根据心理学的研究,认知系统、情感系统和行为系统是表达行为的关键构成部分。认知系统与人的思考、理解和意识判断相关,它决定人对外界信息的认知方式。情感系统与人的情绪和感受相关,它给人的经验染上情绪色彩。行为系统与人的行为和交际相关,它决定人与外界的互动方式。这三大系统之间相互影响。认知会影响情感,比如积极思考会带来正向情绪;情感也会左右认知,比如忧郁会带来负面看法;行为的成败又会影响情感,比如成功会产生喜悦。三者共同决定了一个人的心理状态和对外部世界的反应。在舆论焦点事件中,情绪是公众进行舆论表达的主要驱动要素。

综合来看,愤怒、焦虑、同情、希望、厌恶等是舆论传播中比较典型的情绪类型,不同的情绪类型会驱使公众进行不同的舆论表达。例如,愤怒是公众在舆论危机事件中最强烈也是最常见的负面情绪之一,会对公众的舆论表达产生广泛影响。具体而言,愤怒会加强公众对事件或危机责任方的批评态度,使批评言论更具攻击性、针对性。愤怒会降低公众的理性思考能力,增强群体一致性,压制自身观点的差异性,从而使舆论容易受到煽动并产生群体激进行为。愤怒还会使公众将事件原因和责任过度归咎于特定对象,降低对责任方的信任度和同情心,从而持续强化敌对情绪,甚至会导致公众采取更极端的行动,如绝食抗议、阻断交通等破坏性行为。

除了愤怒等强度较高的情绪类型,一些扩散性较强的情绪引发的变量也值得注意。比如,恐慌具有一种传染性和强化性的特质,可能会引发集体性的紧张不安行为,并助推谣言的大肆传播,导致危机局势的恶化。具体而言,在紧张状态下,大脑更注意威胁信息,形成恐慌增强回路,使人误判环境危险,失去对环境的控制感,从而采取过激反应。媒体等也容易放大恐慌事件,加剧公众环境危机感知,这会进一步导致社会关系紧张,公众失去互信,从而陷入恐慌中。因此,恐慌本身就具有社会加强效应,可以在公众间快速蔓延,并放大危机感知,最终导致社会整体紧张状态,所以群体恐慌一旦发生,后果往往超过实际威胁程度。另外,恐慌情绪还会助推虚假信息的传播。恐慌驱使公众高度关注事件,收集并快速传播任何潜在的危险信息,但公众的认知能力其实无法短时间内处理海量信息,导致认知过载。再加上负面信息来源多样且互相冲突,公众难以判断真伪,导致不确定性增加。

从动态角度来看,情感因素对网络公众舆论表达的驱动机制非常复杂,它不仅会直接影响到个体的表达行为,而且还会在宏观层面塑造和引导公众的表达,这就涉及个体情感与社会因素之间相互作用的复杂过程,即情感的社会结构化。情感的社会结构化强调个人情感经验的社会根源,认为个人情感表达受文化规范和价值观念的制约,并反映特定的社会情感结构。[①] 具体而言,个体的情感表达和经验受到社会化和文化的深刻影响。不同社会和文化背景中,人们对情感的理解、表达方式和接受程度可能截然不同。社会化过程将个体融入社会体系,并传授适应特定文化背景的情感规范。社会结构中还存在各种情感标签和表征,它们影响着个体对情感的认知和表达。例如,社会结构中的文化、宗教、媒体等渠道会定义某些情感为积极或消极、合适或不合适,这些标签可以塑造人们对情感的态度和回应。总之,情感的社会结构化机制强调了情感与社会环境之间的相互关系。社会结构塑造了情感的表达方式和含义,而情感又通过社会互动和传播来影响社会结构和群体互动。在舆论焦点

---

① Turner, J. H., & Stets, J. E.(2005), *The Sociology of Emotions*, Cambridge University Press.

事件中，公众的舆论表达会受到情感的这些社会结构化特征支配。特别是圈层化的群体结构，会加强情感的体验和表达，个体通常倾向于与社交群体中的成员达成共鸣和一致，以满足社会认同感，这会进一步助推公众的舆论表达与集体行动。

3. 价值驱动

"价值"或"价值观"（value）被认为是个体层面一种"关于什么是'值得的'（desirable）的看法"，①会影响人们对行为方式或手段的选择。在舆论焦点事件中，各类主体参与进来是一种制造和传递意义的过程，也是建构符合利益价值的框架化过程，因而也成为舆论焦点事件中价值对公众舆论表达的驱动力所在。

综合近年来的舆论焦点事件来看，公众重视的价值主要可以分为以下类型。第一，自由与权利。公众高度重视个人自由和权利，舆论经常围绕保护和扩大这些自由和权利的议题展开，特别是当这些权利受到威胁或侵犯时。第二，平等与公正。平等和公正是另一类公众广泛关注的价值观，这包括性别平等、民族平等、社会公正和经济公平等方面。公众对于消除歧视、促进社会公正和公平的讨论与行动尤为关注。第三，安全与稳定。个人和社区的安全、国家安全以及社会稳定是公众普遍关心的问题。这包括对犯罪、恐怖主义、自然灾害、健康危机等威胁的反应，以及对维护社会秩序和稳定的支持。第四，环境保护与可持续发展。随着环境问题的日益突出，公众对于环境保护和可持续发展的价值观愈加重视。这包括对对抗气候变化、保护自然资源、推广绿色能源和可持续生活方式的关注。第五，福利与健康。公共福利和健康是公众关注的核心之一，特别是公共卫生危机（如新冠肺炎疫情）、医疗保健体系改革、老龄化社会等这些议题常常成为舆论的焦点。

价值观深刻影响公众对事物的理解和情感反应，进而决定舆论表达的方向和评判标准。具体而言，价值逻辑对公众舆论表达的影响可以从两个层面来理解。首先，价值观是判断事物的基础，个人对事件的理解和评价都基于内化的价值观念。个体的价值观可以被看作一种认知过滤器，影响着个体对信息的选择和注意力分配。具有特定价值观的人更倾向于注意和接受与其价值

---

① Kluckhohn, C. K. et al. (1962), "Values and Value Orientations in the Theory of Action", in T. Parsons and E. A. Shils, *Toward a General Theory of Action*, Cambridge: Harvard University Press, pp. 388-433.

观一致的信息,而忽略或拒绝与其价值观不一致的信息。因此,价值观可以导致认知偏见,影响他们对事件的理解和认知。

其次,价值观会通过建立认同群体、信息强化、共同行动和社交认同等方式,塑造公众的舆论表达。① 个体常常寻找与自己价值观一致的认同群体,基于特定的网络平台,围绕一些关键意见领袖(KOL),形成规模不等的社群圈层。当舆论焦点事件发生后,部分 KOL 及其粉丝的舆论表达与社会行动就会被激活,并通过链条式的扩散传播模式,推动舆情的激荡与反复。社群成员持有高度接近的价值观和社会立场,他们之间的互动依赖更多地基于立场认同和政治倾向,而非理性讨论。他们倾向于选择和传播那些与自身立场一致且容易产生共鸣的信息,而拒绝或贬低其他不同立场的信息,出现强烈的同质效应和群体思维,再加上社群成员依赖社交平台的算法推荐和过滤来选择信息和社群,又进一步在客观上加强了公众的圈层效应。

值得注意的是,在公众的舆论表达中,情感逻辑与价值逻辑会共同作用。个体的价值观在危机事件中会塑造他们的情感体验,包括情感的类型、强度和方向。从情感导向而言,个体的情感反应会受到价值观的直接引导。例如,对环保高度重视的人会在环境危机事件中感到愤怒和担忧,而忽视环保价值的人则无感。价值观也可以调节情感的强度,具有坚定价值观的个体往往表现出更加强烈的情感反应。此外,价值观还会引导个体的情感方向。

4. 关系驱动

关系逻辑主要是从传播路径方面决定着公众的舆论表达。在中国,"圈层关系"有着极强的人际互动性和社会驱动力。舆论传播基于复杂的社会人际关系网络,涉及的变量众多,而且变量之间的影响复杂多变,演化态势难以捉摸。研究舆论这样的复杂系统,经典传播理论已不适用,而是被网络传播动力学替代。网络传播动力学研究已经建立了一系列重要的模型和理论,用于描述各种舆论传播现象。这些研究考察了多种因素对传播过程的影响,如网络结构、连接权重和空间距离等,并强调了对实际传播过程的预测和控制研究,为复杂系统中其他一些动力学行为(例如网络同步和网络博弈等)的研究提供了新的思路和方法。

---

① Hornsey, M. J. (2008), "Social Identity Theory and Self-categorization Theory: A Historical Review", *Social and Personality Psychology Compass*, 2(1), pp. 204-222.

在舆论焦点的演化过程中,观点聚合与信息扩散并不是两个相互独立的进程,它们相互作用,以非线性的方式协同合作,共同推动每个事件的演化和发展。当特定事件进入个人的感知空间时,人们会根据自己的经验和观点形成一定的态度、情感和倾向,然后将这些个体观点呈现在虚拟的网络空间中。经由个体之间的关系网络,原本杂乱纷呈的个体观点随着个体间的交互行为不断收敛、聚合,进而逐渐消解个体观点之间的差异性,最终以相对一致的观点构成舆论表达。

这说明舆论传播既受到事件本身性质的影响,也受到传播关系结构的影响。以谣言为例,在舆论焦点事件中,谣言作为一种有害的伴生物迅速传播,对事态的发展产生负面影响,容易引发群体性的非理性情绪与行为,不利于危机事件的处理。如果任其发展,极有可能导致人心不稳,甚至社会不安。在危机演化过程中,谣言就存在一种"病毒式"传播的特殊现象。其扩散过程包括三个要素:发送者、接受者、媒介。[①] 类似于疾病的传播过程,疾病可以看作是信息,感染这个过程则可以被认为是扩散过程,媒介则类比于由感染者和受感染者共享的空气。当信息在媒介中传播,发送者、接受者就汇聚成一个关系网络。

在舆论焦点中,公众的情感与价值传播路径与方向也会受到已有关系结构的塑造。基于认知同质性——相似的知识结构、信息接触渠道和解释框架,易形成一致的情感反应和价值判断。熟悉和信任的关系网络中,个体之间互动频繁,容易产生情感与观念的同调。不仅如此,强烈的组织认同和集体归属感会增强组内成员的价值一致性。再加上社交媒体平台的算法根据用户属性推送同质信息,生成"信息茧房",也进一步提升了社群结构对情感与价值传播的路径塑造能力。

### (二)舆论传播的模式

在舆论传播中存在多种传播模式,这些模式反映了信息如何在个体和群体之间流动以及这些流动如何影响公众观点和行为。通过分析舆论传播的模式,了解舆论传播的关键因素和影响机制,可以揭示舆论如何塑造公众观点、

---

① Oh, O., Agrawal, M., & Rao, H. R. (2013), "Community Intelligence and Social Media Services: A Rumor Theoretic Analysis of Tweets during Social Crises", *MIS Quarterly*, pp. 407-426.

影响政策制定和社会变革。

1. 两级传播模式

两级传播（two-step flow of communication）模式由美国传播学家保罗·拉扎斯菲尔德（Paul Lazarsfeld）等提出。① 这个概念挑战了直接影响理论（即媒体信息直接影响大众的看法），提出信息在社会中的传播经常是通过两个步骤进行的：信息先从媒体传达给意见领袖，然后再由这些意见领袖传递给更广泛的群体。从理论主张来看，这种模式具有以下特点。

（1）意见领袖是在社会网络中具有较高影响力的个体，源自他们的专业知识、社会地位或与他人的密切联系。意见领袖对接收到的信息进行过滤、解释和加工，然后将其以更加个性化和适应听众需求的方式传达给其他人。

（2）两级传播模式认为，媒体对大众的影响是有限的，其直接影响主要作用于意见领袖，而普通群众更多是通过意见领袖间接受到媒体的影响。在观点的最终接受过程中，个人间的交流和意见领袖的影响力可能比媒体更加重要。

（3）两级传播模式强调了社会关系网络在信息传播中的作用，意见领袖通常位于这些网络的中心节点，能够有效地将信息传递给网络中的其他成员。个体在社会结构中的位置（如社会地位、群体归属）影响了他们作为意见领袖的潜力以及信息传播的效率。

（4）人们倾向于选择与自己现有观点和兴趣相符的信息和媒体内容，意见领袖在这一过程中起到关键作用，他们选择性地向其他人传播信息。接收者也倾向于接受符合其预期和价值观的信息，意见领袖的影响加强了这一倾向，因为他们通常被视为可信赖和权威的信息源。

（5）在从媒体到意见领袖，再到广泛群体的传播过程中，信息往往被重新解释和包装，以适应不同受众的需求和偏好。与直接从媒体接收信息相比，两级传播过程中的信息交流更具互动性，接收者有机会向意见领袖提供反馈，形成更为动态的沟通过程。

---

① Katz, E. (1987), "Communications Research since Lazarsfeld", *The Public Opinion Quarterly*, 51, pp. 25–45.

两级传播模式强调了信息传播过程中人际关系和社会结构的重要性,认为意见领袖在塑造公众观点和行为方面发挥着关键作用。尽管随着社交媒体的兴起,信息传播的途径和模式变得更加多样和复杂,但两级传播模式仍然是理解现代信息传播过程中人际影响力作用的有价值框架。

2. 多级传播模式

多级传播(multi-step flow of communication)模式扩展了两级传播模式,认为信息在社会中的传播不仅仅是通过单一的中介(如意见领袖)向大众传递,而且是通过多个层次、多个节点的传递过程。这个过程涵盖了更加复杂和动态的社会网络结构,信息在这个网络中通过多个节点和连接传播。[1] 从理论主张来看,这种模式具有以下特点。

(1)信息通过社会中错综复杂的人际网络传播,每个个体都可以是信息的接收者、传播者或兼而有之。个体在网络中的位置(如中心性、边缘性)和他们的社会关系(如密切程度、频繁互动)影响了信息传播的路径和效率。

(2)除了意见领袖外,还涉及多个层次的传播者,包括次级意见领袖和一般个体,每个层次的传播者都在信息传播过程中起到不同的作用,而且信息可能在不同的传播者之间多次"跳跃",在传播的每个阶段都可能经历重新解释和包装。

(3)在多级传播过程中,信息被多次处理和解释。随着信息的传播,其内容和形式可能会根据不同传播者的理解和目的而发生变化。这种迭代处理使得信息更加个性化和多样化,但也会导致信息的扭曲和误解。

(4)多级传播模式强调了信息接收者的参与度和互动性,个体不仅仅是被动接收信息,也积极参与信息的分享、评论和讨论。这种参与和互动加深了信息的影响,同时也促进了社会网络中信息传播路径的形成。

(5)多级传播过程是高度动态的,受到社会网络结构变化、个体行为模式以及外部环境因素(如媒体环境、社会事件)的影响。信息传播的速

---

[1] Katz, E. (1987), "Communications Research since Lazarsfeld", *The Public Opinion Quarterly*, 51, pp.25-45.

度、范围和影响力随时都在变化,反映了社会网络内部和外部因素的复杂互动。

(6)在多级传播模式中,影响力被分散到多个节点和层次,不同的个体和群体都可以在特定情境下成为信息传播的关键节点。这种影响力的分散使得传播过程更加民主化,但同时也使得控制信息流动和影响力变得更加困难。

多级传播模式通过描绘信息在复杂社会网络中的传播过程,提供了对现代信息传播机制更为细致和全面的理解。这种模式强调了信息传播的多样性、动态性和参与性,反映了在数字时代背景下,个体和群体如何在信息传播过程中相互作用和影响。

3. 沉默的螺旋

沉默的螺旋(spiral of silence)是由德国政治学家伊丽莎白·诺埃尔-诺伊曼(Elisabeth Noelle-Neumann)在20世纪70年代提出的一种假说。① 该假说试图解释在公共环境中,为什么人们在持有少数意见时往往选择保持沉默。该假说认为,人们在表达个人意见时,会对社会环境中的意见倾向进行评估,如果感觉自己的观点与主流或多数人的观点不符,出于害怕被孤立的恐惧,他们可能会选择沉默,不表达自己的真实看法。具体而言,该假说所描述的舆论传播模式主要包括以下特点。

(1)个体会对公众环境中的意见氛围进行持续的观察和评估,尝试判断哪种观点是占主导地位或被广泛接受的。这种感知不一定与实际情况完全一致,但对个体的行为选择有重要影响。

(2)沉默的螺旋的核心是人们天生害怕社会孤立,这种恐惧会驱使他们在公共讨论中避免表达可能导致自己被边缘化的意见。因此,当个体感知到自己的观点可能不受多数人支持时,他们倾向于保持沉默。

(3)随着时间的推移,持主流意见的人更有可能公开表达自己的看法,而持少数意见的人则更可能沉默,导致主流意见看起来更加占优势。这种现象进一步强化了公众对于哪些观点是主流或者占多数的感知,形成了一种自我加强的螺旋过程。

---

① Noelle-Neumann, E. (1974), "The Spiral of Silence: a Theory of Public Opinion", *Journal of Communication*, 24(2), pp.43-51.

（4）媒体在形成和强化公众对于意见氛围的感知中扮演着重要角色，尤其是在呈现哪些观点是社会主流或者多数意见时。媒体的报道倾向和强调可以影响人们的意见表达行为，通过突出某些观点而忽略其他观点，媒体会推动沉默的螺旋。

（5）在社会多样性和异质性较高的环境中，沉默的螺旋效应可能会有所减弱，因为多元化的社会环境提供了更多表达不同观点的空间和容忍度。另外，不同的社会群体和文化背景可能对沉默的螺旋有不同的反应和适应策略。

沉默的螺旋揭示了社会公共讨论中的一个重要现象，即人们在表达意见时的心理机制和社会动力学。这种理论有助于理解舆论的形成过程，以及为何某些观点在公共讨论中变得更加显著，而其他观点则逐渐消失。

4. 信息茧房/网络回音室

信息茧房（information cocoon），又称为网络回音室（echo chamber），是指人们在信息获取和交流过程中，趋向于接触和消费与自己现有观点和信念相一致的信息，而避免接触到可能挑战或反对自己观点的信息的现象。① 这种现象在社交媒体和网络环境中尤为明显，用户通过算法推荐、选择性关注等方式，形成了一个信息上的自我加强回路。从传播模式的角度来看，信息茧房有以下主要特点。

（1）信息茧房内的信息具有高度的同质性，成员倾向于分享、讨论和强化彼此已有的观点和信仰，减少了观点多样性和思想碰撞。用户在这样的环境中主要接触到与自己立场一致的信息，很少曝光不同或相反的观点。

（2）在社交媒体和搜索引擎中，个性化的算法推荐系统根据用户的历史行为和偏好，向用户推送他们可能感兴趣的内容，由此加强了用户的既有认知和偏好，减少了多样性意见的接触机会，从而进一步加剧了信息茧房效应。

（3）信息茧房内部的成员因为接触到的是高度一致的信息，容易形成强烈的群体共识和团体认同感。这种加强了的共识和认同感会导致群体内

---

① Cinelli, M., De Francisci Morales, G., Galeazzi, A., Quattrociocchi, W., & Starnini, M.（2021），"The Echo Chamber Effect on Social Media", *Proceedings of the National Academy of Sciences*, 118(9), e2023301118.

部对外部信息的排斥,增强信息茧房的封闭性。

(4) 长期处于信息茧房中,个体的观点逐渐极化,对不同观点的理解和容忍度可能下降。这种现象不仅加剧了社会观点的分化,也使得不同观点群体之间的对话和理解变得更加困难。

(5) 信息茧房的形成和维持不仅仅是由算法推荐引起的,也是用户自身选择性曝光和选择性接受行为的结果。用户主动寻找和分享符合自己观点的信息,避免与自己观点相悖的信息,形成了自我加强的信息循环。

(6) 信息茧房可能减少了持有不同观点和背景的人群之间的实质性交流和互动,导致社会碎片化和隔阂加深。由于缺乏有效的跨观点交流,理解和共识的构建变得更加困难。

信息茧房现象在网络社会中普遍存在,它揭示了现代信息传播和社交媒体环境中的一系列挑战,包括信息过滤、观点极化和社会分化等问题。理解、认识舆论传播中的信息茧房效应,有助于我们进一步深化对舆论传播复杂性的认识。

5. 病毒式传播

病毒式传播(viral spread)是一种信息、观点、产品或文化现象迅速通过网络和社会传播的过程,类似于病毒在人群中的传播方式。这种传播模式通常依赖于个体之间的社交网络和现代通信技术,特别是通过社交媒体平台,内容能够在短时间内被广泛分享和传播。病毒式传播具备以下特点。

(1) 病毒式传播依赖于个体之间的连接,每个人都是信息传播网络中的一个节点。信息通过网络中个体的相互连接快速扩散,每个接收信息的个体都可能成为信息进一步传播的源头。

(2) 病毒式传播的内容具有自我复制的特性,即人们在接收到内容后,会自发地将其分享给其他人,从而实现信息的快速复制和传播。

(3) 由于每个个体都可能向多个人传播信息,因此病毒式传播的过程呈现出指数级的增长模式,一条信息能在极短的时间内达到广泛的传播效果。

(4) 社交媒体平台提供了便捷的分享机制,如转发、点赞、评论等,这些功能进一步加速和扩大了病毒式传播的速度和范围。另外,社交媒体的算法往往会推荐热门内容给更多用户,从而进一步增强内容的可见性和传播潜力。

(5) 成功的病毒式传播内容通常能够激发强烈的情感反应,如幽默、惊讶、愤怒或共鸣,促使人们更愿意分享。用户参与生成内容的过程,如评论、创造相关"梗"等,也是病毒式传播的一部分,这增加了传播的动态性和参与度。

(6) 病毒式传播的过程往往具有高度的不可预测性,难以事先判断哪些内容能够成为病毒式传播的对象。另外,传播的自发性意味着它不完全受到原始发布者的控制,传播路径和效果受到网络结构和社群反应的影响。

(7) 病毒式传播的内容可以多种多样,包括文本、图片、视频等,不同类型的内容适应于不同的社交网络和受众群体。随着传播过程的发展,内容本身可能会被修改或重新包装,以更好地适应不同的社交环境和受众需求。

在病毒式传播模式中,信息或行为的吸引力、传播者的影响力、传播渠道的有效性、受众的接受度等因素都会影响信息或行为的传播效果。通过分析这些因素,可以识别舆论传播的关键影响因素,可以预测舆论传播的潜在趋势。例如,哪些信息或行为更容易在人群中传播,哪些人群更容易受到舆论影响等。

### (三)舆论传播的过程

舆论传播的过程通常涉及多个阶段,每个阶段反映了舆论形成和变化的不同方面。这个过程不仅包括公众意见的形成,还包括这些意见如何通过社会互动得到强化、传播以及最终可能导致社会行动或政策变化。

1. 问题识别阶段

在问题识别阶段,舆论的传播主要集中在如何将某一事件或议题引入公众视野、如何激发公众的初步关注,以及信息传播的初步模式。这一阶段是舆论形成和演化过程的起点,对后续舆论的方向和范围有重要影响。

(1) 触发事件。舆论通常围绕一个或一系列具体的触发事件形成,这些事件因其新闻价值(如紧迫性、重大性、独特性等)引起公众和媒体的注意,相关信息一般来自官方声明、新闻报道、社交媒体帖子、目击者分享等多种渠道。

(2) 信息迅速扩散。由于数字媒体和社交网络的广泛使用,相关信息和讨论可以在短时间内迅速传播到广泛的受众。最初可能由局部群体或社区关注的事件,通过媒体的报道和社交媒体的分享,很快成为更广泛的公众讨论焦点。

（3）公众聚焦。在问题识别阶段，公众的关注点往往集中在事件的事实细节上，比如如何发生、发生了什么、涉及人员等基本信息。公众对于事件的初步反应可能包含强烈的情绪色彩如震惊、同情或愤怒，这些情绪反应有助于吸引更多的关注和讨论。

（4）初步的框架构建。媒体报道和公众讨论开始为事件构建一个或多个初步的框架或叙事，这些框架有助于公众理解事件并形成初步看法。在此阶段，媒体和公众讨论开始对事件中的人物和组织进行角色定位，如受害者、英雄、责任方等。

（5）热点形成。随着讨论的深入，某些方面的信息或角度成为公众讨论的热点，这些热点标志着舆论关注的重点开始形成。在初步的关注和讨论基础上，公众和媒体开始探讨事件的背景、原因、影响和可能的解决方案，为舆论的进一步演化奠定基础。

2. 共同意见形成阶段

在舆论的共同意见形成阶段，公众基于初始的信息和讨论对事件或议题形成更加明确和固定的观点和态度。这一阶段的舆论传播体现了信息处理、观点交换和意见形成的复杂过程，涉及信息的深入分析、个体与群体心理的互动以及社会影响力的作用。

（1）信息的深化与扩散。随着对事件或议题的兴趣增加，个体和群体会主动寻求更多信息，包括背景、深度分析、不同观点等，以获得更全面的理解。公众可能不再仅依赖单一信息源，而是通过多种渠道获取信息，包括主流媒体、专家博客、社交媒体、论坛讨论等。

（2）观点的交换与互动。社交媒体成为意见交换和讨论的重要平台，用户可以发表自己的看法、评论他人观点、分享相关内容，促进了观点的交换和互动。在线和线下的群体讨论增多，人们在社交圈、工作场所、公共论坛等场合讨论事件或议题，通过交流促进了观点的形成和变化。对事件或议题的情绪反应（如愤怒、同情、恐惧等）在观点形成中起到关键作用，强烈的情绪可以促进观点的快速形成和传播。

（3）观点的形成与巩固。在讨论的过程中，公众的态度发生变化，从最初的不确定或中立态度转变为更明确和坚定的立场。意见领袖和有影响力的个体在这一阶段扮演重要角色，他们的观点和分析对他人产生显著影响，促进观点的形成和传播。个体在形成观点时,会受到认同感和从众心理的影响,倾向于与自己认同的群体保持一致,进而推动了观点的巩固和舆论的集结。

3. 观点集结与极化阶段

在舆论的观点集结与极化阶段,公众对某一事件或议题的看法开始明显倾向于某一方或某几方,舆论场出现较为明确的分化,观点集结成不同的阵营,而这些阵营之间的差异可能会随着时间的推移而加剧,导致舆论的极化。这一阶段的舆论传播体现了群体认同的加强、信息"回音室效应"的显现以及社会对立的形成等方面。

(1) 群体共识的形成。随着讨论的深入,某些观点开始获得较广泛的支持,形成群体共识。这些共识一般围绕特定的价值观、政策立场或事件解读而集结。意见领袖、专家或知名人士在这一阶段的作用更加明显,他们的立场和分析可以显著影响公众的观点集结,促使更多人围绕相似的观点聚集。在社交媒体平台上,通过标签、话题或社群的形式,具有相似观点的个体找到彼此,加强了群体认同感,促进了观点的进一步集结。

(2) 群体极化的出现。在社交媒体和特定媒体渠道上,个体倾向于接触、传播与自己观点一致的信息,这种选择性曝光导致信息的单向放大,加剧了观点的极化。随着观点的集结和极化,不同观点的群体之间的交流减少,对立的观点很难得到充分的讨论和理解。在极化的环境中,讨论往往伴随着强烈的情绪,对立方的负面攻击和人身抨击更为常见,这进一步加剧了分歧。

4. 影响与反馈阶段

在舆论的影响与反馈阶段,已形成的舆论开始对社会、政策和个体行为产生明显影响,同时,从这些领域得到的反馈又会进一步推动舆论演化。这一阶段的舆论传播体现了舆论与社会互动的动态过程,包括舆论对决策的影响、社会行动的触发以及通过不同渠道进行的反馈循环等。

(1) 影响决策。强有力的舆论可以促使政府和决策者调整现有政策或制定新政策,尤其是当舆论集中关注某一社会问题或公共利益时。政府为了维护公众信任和社会稳定,往往需要对舆论表现出的需求和期望做出回应。对企业而言,舆论也可能影响其品牌形象、消费者行为和市场策略。负面舆论可能迫使企业进行公关危机处理、产品改良或服务调整,以回应公众关切。

（2）触发社会行动。舆论可以激发公众采取行动，包括抗议、示威、签名活动等，特别是在涉及广泛社会关切的议题上，这些行动也会进一步放大舆论的社会影响。围绕特定议题形成的强烈舆论有时可以促进社会运动的形成。媒体继续对舆论及其引发的社会行动进行报道，这些报道不仅提供了舆论影响的反馈，也可能引导舆论的进一步演化。社交媒体平台上，个体和群体对舆论影响的讨论和评价形成即时反馈，这些互动反馈有助于认识舆论的社会接受度和影响力。

5. 演化与再形成阶段

在舆论的演化与再形成阶段，已经形成的舆论不断地适应新的信息、社会变化和公众反馈，从而进入一个新的演化周期。这个阶段的传播特征体现了舆论动态自我更新的能力，以及它如何响应社会环境的变化。

（1）随着新的信息或数据的出现，公众可能需要重新评估和解读原有的议题，导致舆论的演化。这些新信息可能来自最新的研究发现，也可能是事件的进一步发展或相关政策的变化。不仅如此，随着时间的推移，原有议题可能会因新的事件而更新，或因相关议题的出现而拓展。这种更新和拓展促使舆论进入再形成阶段，形成新的讨论焦点。另外，社会环境的变化，包括政治、经济、文化的变迁，也会影响舆论的方向和重点。舆论需要适应这些变化，以保持其相关性和影响力。

（2）在演化阶段，公众讨论会变得更加深入和多元，探讨更广泛的视角和更深层次的问题。通过社交媒体、民意调查、公共论坛等渠道，公众、政府和媒体之间形成持续的反馈循环。即使舆论进入演化与再形成阶段，其对社会行为、政策制定和文化价值观的影响仍然持续存在，并且可能会随着舆论的演化而变化。

需要注意的是，舆论的生成与演化是一个信息、心理、文化、技术和政治等多重因素相互作用的复杂社会过程，而且它既可以是自然形成的，也可以是被有意识地引导和塑造的。因此，在舆论传播过程中，上述这些阶段不是线性发展的，而是一个动态循环的过程，可能在不同阶段之间来回调整，其具体表现则是多种要素博弈、互动和对话的结果。

第一，舆论的生成与演化是多元主体博弈的结果。在舆论场中，不同的社会主体包括政府机构、媒体、企业、非政府组织、社会团体和个人,都试图根据自己的利益、目标和价值观来影响公众的意见和态度。这种影响力的施加和响应构成了一场复杂的社会博弈,其中涉及信息的传播、解释、接受和反馈的多维过程。

第二,舆论的生成与演化是个体心理与群体行为互动的结果。在舆论的生成与演化过程中,个体的心理特征、认知偏差和情绪反应与群体的社会动态、文化背景和信息环境相互交织,共同塑造了舆论的方向和变化。

第三,舆论的生成与演化是现实问题与历史传统对话的结果。舆论不仅受到当前社会事件和问题的影响,而且深深植根于一个社会的历史、文化和价值观之中。

# 第二章

# 舆论分析方法

本章探讨舆论分析过程中用到的各类方法。问卷调查、深度访谈、参与式观察与传统内容分析法都各有其价值,但随着技术方法的不断成熟,大数据分析已经成为舆论分析的主流。对于舆论大数据分析,应该基于其基本特征,针对舆论分析的目标,采用科学规范的数据分析流程,不断提升舆论分析的科学性。

## 一、舆论分析的传统方法

传统的舆论分析方法集中应用于民意调查活动中。民意调查又称舆论调查、民意测验,是指通过多种类型的调查方式,对一定范围内的人群进行调查,以了解他们的意见和态度,并对社会舆论或民意动向进行分析和研究的一种社会调查方法。民意调查的目的,在于了解社会公众对某一社会事件或社会问题的意见和态度,以反映社会公众的真实需求,为政府决策提供参考。民意调查的范围可以是全国、省、市、县、乡镇等,也可以是特定的群体,例如青年、妇女、老人等。民意调查的方法有很多种,接下来我们进行具体介绍。

### (一)问卷调查

问卷调查是指通过向被调查者发放问卷,以收集目标群体意见和态度的一种社会调查方法。问卷调查在各个领域都有广泛的应用,例如市场调查、社会调查、舆情调查等。问卷调查形式多样,可以采用纸质问卷、电话问卷、网络问卷等形式。问卷调查的成本相对较低,适合大规模调查。问卷调查的结果易于统计分析,可以快速获得调查结果。

1. 问卷调查的步骤

有效的问卷调查需要经过精心设计和计划,其关键步骤包括:

(1)明确研究目的。在设计问卷之前,首先需要明确调查的目的和目标,特别是要解答的研究问题、调查的范围和预期使用调查结果的方式等。

(2)定义目标群体。确定调查的目标受众是谁,以决定样本的选择方法和问卷的分发策略。

(3)设计问卷。具体包括:选择合适的问题类型(如开放式问题、封闭式问题、量表评分等),问题要直接、明确、无偏见,并且能够合理组织问题的顺序,通常从一般到具体,从简单到复杂,并避免问卷过长。

(4)试测问卷。在正式分发之前,对问卷进行预测试,以检查问题的表述是否清晰,以及是否存在可能导致偏差或误解的问题。

(5)确定样本大小和抽样方法。基于研究目的和资源,确定样本的大小和抽样方法(如随机抽样、分层抽样等)。

(6)分发问卷。选择合适的分发方式(如在线调查、面对面调查、电话调查等),并力求覆盖目标群体。

(7)数据收集和管理。收集问卷数据,并确保数据的准确性和完整性。

(8)数据分析。使用适当的统计方法分析数据,解释结果,一般使用描述性统计分析、相关性分析或回归分析等。

(9)撰写研究报告。编写研究报告,介绍研究目的、方法、主要发现、结论和建议。

2. 问卷调查的特点

问卷调查是了解社会公众意见和态度的重要方法,具有代表性、科学性、及时性等优点。问卷调查通过科学的抽样方法,能够选取具有代表性的样本进行调查,从而反映社会公众的真实意见和态度。另外,问卷调查能够及时进行,以反映社会公众的最新意见和态度。

但不可忽视的是,问卷调查也存在一定的局限性。第一,样本误差。问卷调查的样本误差是指调查结果与总体实际情况之间的差距。样本误差大小取决于抽样方法、抽样规模和调查方法等因素。第二,问卷设计的好坏也会直接影响调查结果的准确性,特别是一些引导性、歧义性的问题会严重影响调查质量。第三,数据分析方法的选择和运用也影响调查结果的准确性。

例如,2016年美国总统大选期间,美国多家民意调查机构的问卷调查结果显示,民主党候选人希拉里的支持率领先于共和党候选人特朗普。然而,最终的选举结果却是特朗普获胜。这表明,问卷调查的结果并不能完全反映实际情况。

### (二) 深度访谈

深度访谈是一种定性研究方法,通过一对一的深入访谈,详细探讨受访者的个人观点、信仰、动机、感受或态度。这种方法对于深入了解复杂问题的舆论调查尤为重要。

1. 深度访谈的步骤

(1) 明确研究目标。在开始之前,清晰地定义访谈的目的和研究问题,确定访谈的焦点和范围。

(2) 选择和定义目标群体。基于研究目的,确定想要访谈的目标群体。

(3) 设计访谈大纲。虽然深度访谈注重自然对话,但要事先准备一个访谈大纲,以力求所有关键主题都能被覆盖。大纲应包括开放式问题,促进受访者自由表达。

(4) 招募参与者。根据目标群体,采用合适的策略招募参与者。提升参与者的多样性,以便收集到广泛的观点。

(5) 获取同意。在访谈开始前,向参与者解释研究目的、程序、他们的权利以及任何可能的风险,并获取他们的书面同意。

(6) 进行访谈。在舒适的环境中进行访谈,使用访谈大纲引导对话,同时保持灵活性,根据访谈的流程调整。鼓励受访者深入分享,通过倾听和提问深入探讨话题。

(7) 记录和整理数据。访谈时记录重要信息,最好是录音,事后转录成文本,保证数据的准确性和完整性,以便于分析。

(8) 数据分析。使用定性分析方法(如主题分析、内容分析等)处理访谈数据,识别模式、主题和关键概念。

(9) 报告和解释发现。基于分析结果编写报告,包括研究方法、主要发现、分析和解释,以准确反映参与者的观点和经验。

2. 深度访谈法的特点

(1) 灵活性强。深度访谈可以根据被调查者的回答情况,灵活调整访谈内容,以深入了解被调查者的真实想法,探索对话中出现的新路径和新话题,从而收集到其他调查方法无法获取的信息。

(2)信息量大。深度访谈可以收集到被调查者的深层次意见和态度,提供意见背后的背景,揭示原因和方法,从而能够对社会舆论进行深入分析。

(3)可信度高。深度访谈可以建立融洽的访谈关系,被调查者更愿意提供真实的回答,从而获得更丰富的定性数据,对于了解某些公众意见或行为背后的原因非常有价值。

不过,深度访谈也存在一定的局限性,主要表现在:深度访谈的成本较高,适合小规模调查。深度访谈需要较长的时间进行,不适合快速调查。另外,访谈者的在场和互动会带来偏见,有些受访者也可能不愿意在一对一的环境中分享真实的意见。另外,与定量数据相比,对深度访谈定性数据的解释也更加主观。

### (三)参与式观察

参与式观察是指通过参与被研究者的日常生活,直接观察他们的言行举止和行为方式,从而了解他们的真实想法和态度。参与式观察在各个领域都有广泛的应用,例如社会学、人类学、心理学、教育学等。

1. 参与式观察的主要步骤

(1)确定研究目标和问题。明确希望通过参与式观察来解决的研究问题或达到的目标。

(2)选择研究场所和参与者。基于研究目标,选择一个或多个研究场所。确定作为观察者将参与的角色和程度,以及选择与研究相关的参与者。

(3)获取访问权限和伦理批准。在开始研究之前,获取研究场所的访问权限。如果需要,还应从相关伦理委员会获得批准,并遵守所有伦理指南,包括参与者的知情同意。

(4)设计观察计划。制定一个详细的观察计划,包括观察的时间、地点、频率和具体的观察事项。同时,决定记录观察结果的方法,如笔记、录音或摄影。

(5)参与和观察。根据计划开始参与和观察,保持开放和敏感的态度,注意观察和记录人们的行为、互动、语言和非语言沟通等。

（6）详细记录。在观察过程中，及时详细地做笔记。这些笔记应包括具体的描述、反思、个人感受和初步的分析。

（7）材料分析。观察结束后，对收集的材料进行系统分析，可以使用定性分析方法，如主题分析或编码，来识别模式、主题和关键见解。

（8）写作和报告。基于分析结果，撰写研究报告。报告应详细描述研究方法、观察过程、主要发现和分析，以及研究的局限性和未来研究方向。

2. 参与式观察法的特点

（1）真实性强。参与式观察能够深入了解被研究者的真实生活，避免受被研究者主观意识的影响，进而获得更准确的调查结果。

（2）综合性强。参与式观察能够收集到被研究者的多方面信息，包括言语、行为、表情、肢体语言等，进而能够对社会舆论进行深入分析。

（3）动态性强。参与式观察能够捕捉到被研究者的动态变化，了解他们的行为模式和心理状态，进而对社会舆论的形成和发展进行深入研究。

参与式观察法也存在一定的局限性。具体来说，参与式观察需要较长的时间，不适合快速调查，参与式观察的结果受研究者的主观影响较大，另外，还可能侵犯被研究者的隐私，需要注意伦理问题。

## （四）传统内容分析法

传统内容分析法是一种通过对文本、图像、音频、视频等内容进行收集和抽样分析，以了解社会舆论的态度、情绪、倾向等的社会调查方法，在社会学、心理学、传播学、新闻学等多个领域都有广泛的应用。

1. 内容分析法的步骤

（1）确定研究问题和目标。明确希望通过内容分析解答的问题或达到的目标，以指导整个研究的设计和实施。

（2）选择样本。基于研究问题，决定分析哪些文本材料，包括确定样本的选择标准、抽样方法（如随机抽样、方便抽样）以及样本的规模。

（3）定义编码单位和分类体系。决定将文本中的哪些元素（如词汇、短语、句子或段落）作为单独的编码单位。基于研究问题，开发一套分类体系或编码方案，用于系统地标记文本中的信息，一般包括主题、概念、情感等。

（4）编码。编制一个详细的编码手册，其中包括编码单位的定义、分类体系和具体的编码规则,以保证编码过程的一致性和可靠性。如果研究涉及多名编码员,还需要对他们进行训练,让他们理解编码手册并能够准确地应用编码方案。在正式编码前要进行试编码,以测试分类体系的有效性和编码手册的清晰性,然后根据试编码的结果调整编码方案和手册。最后,根据最终的编码方案和手册,系统地分析和编码所有选定的文本材料。评估编码过程的可靠性,通常通过计算编码员间一致性(如 Cohen 的 Kappa 系数)来完成。

(5)统计分析。对编码后的数据进行分析,得出研究结论。统计技术分为描述性统计和推断统计。描述性统计用于描述数据的基本特征,如平均值、中位数、标准差等。推断统计用于推断样本数据到总体数据的规律,如 t 检验、方差分析等。

(6)报告研究结果。撰写研究报告,详细介绍研究方法、过程、发现和结论,讨论研究的限制和对未来研究的建议。

2. 内容分析法的特点

(1)客观性强。内容分析法基于对客观存在的文本、图像、音频、视频等内容进行分析,避免受研究者主观意识的影响,相对而言可以获得更准确的结果。

(2)定量分析。内容分析法通过定量分析的方式进行,能够进行数据比较和统计分析,从而提高调查结果的可靠性。

(3)范围广泛。内容分析法可以对各种形式的文本、图像、音频、视频等内容进行分析,适用于各种研究对象,可以应用于各种研究领域,满足不同的舆论调查需求。

不过,内容分析法也存在一定的局限性。具体而言,内容分析法只能对公开发表的文本、图像、音频、视频等内容进行分析,受研究对象的选择影响,代表性可能存在问题。另外,内容分析法会受到研究者的主观意识影响,导致分析结果存在偏差。

## 二、民意调查与舆论分析的演进

无论东西方,在古代虽然并没有形成现代意义上的舆论概念,但都重视掌握舆情民意,并衍生出多种独特方法。在中国古代,就有一种独特的"采诗"传统。采诗，是古代中国官府组织的民间歌谣收集活动。采诗活动最早可追溯到周代，当时周天子会派遣采诗官到各地收集民间歌谣，以了解民情民意。采诗官在收集歌谣时，会注意歌谣的形式、内容和流传范围等因素。收集到的歌谣，会交由专门的机构进行整理和编辑，《诗经》就是这种采诗活动的成果。这些歌谣是民众自发创作的，反映了民众的真实思想、情感和生活状况。因此，通过收集民间歌谣，可以了解民众对社会、政治、经济等方面的看法和态度。另外，这些歌谣具有通俗易懂、朗朗上口的特点，容易被民众接受和传播。

在古代西方，尤其是在希腊城邦和罗马帝国统治时期，以及后来受教会影响的中世纪，统治者也对掌握舆情民意感兴趣。例如，在雅典，公众集会是公民表达意见的直接方式，这些集会允许市民就各种问题进行讨论和投票。在戏剧表演中，也经常涉及当时的政治和社会问题，并借此衡量公众对这些问题的反应。与希腊人类似，罗马人也有公民聚集和讨论公共事务的论坛。另外，群众在角斗场或战车比赛等活动中的反应，也往往被视为市民对政府态度的指标。到了中世纪，教会经常利用布道的方式来衡量和影响公众舆论。

到了现代社会，随着商业和政治的迅速发展，舆论调查和分析发生了重大演变。这一演变可分为几个关键阶段，每个阶段都有鲜明的特点。

### （一）早期的初步探索

最初的民意调查兴起于美国，是非正式的，缺乏系统性，采用的主要是观察公众行为、散发传单之类的初级民意测验方法。早在18世纪，美国就出现了类似普查的调查书籍，记录谁投票和怎么投票。在杰斐逊政府期间（1801—1809），开始了常规性的党内投票者倾向清点活动（canvassing of voters）。1824年7月，哈里斯堡的《宾夕法尼亚人报》在读者中进行了第一次"无党派偏见的"大选模拟投票。北卡罗来纳州的《罗利星报》也进行了一次类似的调查，并得到相似的结果。这次调查被视为是现代民意调查业出现的标志性事件。但在这一时期，民调活动主要由新闻媒体开展，受访者大多是这些媒体的读者或随机访问的路人，样本挑选比较随意，代表性也不足。

### (二）系统性民调出现

20世纪初,随着社会复杂性和多样化的发展,大众传媒(如报纸和广播)发挥着越来越大的影响力,民意调查领域发生了重大转变。在这一时期,衡量公众舆论的方法从轶事分析和带有偏见的方法,过渡到更具科学性和结构化的系统性民意调查技术。其中,关键的创新在于科学抽样方法的发展。民调人员开始认识到,从人口中精心挑选的少量样本可以准确反映广大公众的意见。不仅如此,这一时期的民意调查也开始使用带有标准化问题的结构化问卷,使得数据收集更可靠,也更具可比性。与之同时,民意调查也变得更加频繁,涉及的主题也更加广泛,从政治偏好到社会态度,反映出公众和学术界对量化民意的兴趣日益浓厚。在此基础上,报纸和当时刚刚兴起的电台广播也开始定期报道民意调查结果,使民意调查成为传统媒体和公众议题的重要部分。

从方法策略来看,这一时期的民意调查已经开始综合使用多种方法。最初,多数民意调查都是当面进行的。访问员接受过培训,力求以中立的方式提问并准确记录回答。随着电话的应用,民意调查人员开始使用电话调查技术,从而扩大了调查范围,提高了数据收集效率。在调查数据分析中,通常采用基本的统计技术来分析收集到的数据,其重点是将答复量化,并以百分比等易于理解的形式呈现。

《文学文摘》的总统竞选民调失准事件,推动了调查方法的革新。《文学文摘》是一本美国的流行杂志,曾多次准确预测了美国的总统大选。到了1936年的总统竞选时,《文学文摘》又进行了一次大规模的民意调查活动。他们将选票寄给从电话簿与车牌号登记名单中挑选出来的1 000万人,并收到了200多万人的回应。结果显示,有57%的人支持共和党候选人艾尔弗·兰登,而时任总统富兰克林·罗斯福支持率仅为43%。然而,实际投票结果却是罗斯福以61∶37的压倒性优势,击败了兰登!这次失败被归咎于非随机抽样和反应偏差。一是问卷的回收率只有22%,没有收集到更广泛的民意;二是把调查对象定为"电话用户和汽车拥有者",而在事实上压低了收入较低者的比例。与之相对应,盖洛普使用规模较小但经过科学筛选的样本却成功预测了1936年的大选结果,从此该所因其更精确的民意测验方法在美国名声大振。盖洛普采用的随机抽样方法,有利于投票者有平等的机会被选中。与以往较为随意的抽选方法相比,这种方法是一大进步。

总体而言,20世纪上半叶是民意调查的变革时期,其特点是采用更科学的方法,并将民意调查纳入传统媒体。这一时期为现代舆论研究奠定了基础,强调了方法的严谨性、抽样的代表性和数据收集标准化的重要性。从这一时期汲取的经验教训,尤其是有偏见的抽样和分析所带来的隐患,对当前的民意调查仍有借鉴意义。

### (三)定量分析的兴起

20世纪中期,在技术进步与大众传媒的推动下,民意在制定政策和商业战略方面发挥了日益重要的作用。随着战后社会集体意识的增强,民意调查也变得更加全面,涵盖了国家和国际范围内更广泛的主题。舆论分析与社会学、心理学和政治学等学科有了更深入的交集,从而在调查中采用了更多的跨学科方法。这一时期的机构参与度也迅速提高,大学、政府机构和私营公司都设立了专门的机构来开展民意调查与分析。

民意调查方法因为政治竞选和商业应用的复杂性增强也变得愈加完善。1948年美国总统大选中,包括盖洛普在内的众多民意调查预测托马斯·杜威将战胜哈里·杜鲁门,但最后结果却是杜鲁门爆冷胜出,这促使调查方法更加谨慎和完善。

从方法上来看,这一时期的调查方法越来越强调统计的严谨性和代表性,随机抽样技术日臻完善。分层抽样和分组抽样等方法被开发出来,概率抽样的概念已成为调查方法的基石,以确保人口中的每个成员都有一个已知的、非零的概率被选中。不仅如此,为提升不同调查和不同时期问卷的一致性和可靠性,民调行业共同努力使调查问卷标准化。这一时期还引入了纵向研究,对相同的变量进行长期研究,从而有助于深入了解公众的观点和态度是如何随着时间的推移而变化的。另外,随着电话的普及,电话调查成为收集数据的常用方法,与面对面的访谈相比,电话调查可以更快、更经济地收集数据。

在这一时期,利用民意调查进行的市场研究也开始兴起。公司开始依靠调查来了解消费者偏好和市场趋势,从而影响广告和产品开发。此外,该时期还开始了大规模的社会研究调查,如综合社会调查,提供了有关社会趋势和公众态度的宝贵数据。

总体来看，20世纪中期是民意调查发展的关键时期，其特点是方法的进步、统计的严谨性以及调查范围和规模的扩大。这些发展大大提高了民意调查的准确性和可靠性，为今天所使用的复杂调查分析技术奠定了基础。

**（四）定性方法的融入**

到了20世纪后期，民意调查与舆论分析领域开始认识到定量方法的局限性。越来越多的人认识到，虽然统计数据为了解民意"是什么"提供了宝贵的见解，却往往无法解释"为什么"。因此，人们开始采用定性方法，旨在了解民意背后更深层次的原因、动机和情感。

这一时期，分析人员开始将定量方法（如调查和民意测验）与定性技术（如深度访谈和焦点小组）相结合，以更全面地了解民意。焦点小组成为一种流行的工具。这些小组由不同的人组成，讨论特定的话题，从而可以深入了解公众舆论和行为的细微差别。有的还进行一对一访谈，以更深入地探讨受访者的观点。内容分析也成为重要的方法，分析人员越来越重视考察人们谈论问题的方式以及所使用的语言，分析媒体、演讲和其他交流形式的内容，并认为这是了解公众情绪的关键。一些分析人员还开始采用人类学方法，深入社区或群体，观察自然环境中的参与者并与其互动，以了解社会和文化背景如何影响舆论。还有分析人员大量使用案例研究法，对特定事件、群体或问题进行详细研究，以了解舆论中的复杂现象。此外，还有的结合多种方法和数据来源，以验证和丰富研究结果，加强分析的可靠性。

在电视以及互联网的影响日益扩大的情况下，定性方法被广泛用于了解媒体和传播对公众舆论的影响，推动了对社会心态和公众情感的重视。在政治方面，政治心理学不断发展，使用定性方法了解个人信仰和心理因素如何影响政治观点和行为。在市场营销方面，品牌开始更加注重了解消费者的生活方式、体验和情感联结，而不仅仅是统计消费者的概况。在社会运动与文化研究中，研究人员也重视使用定性方法研究社会运动的兴起和影响，探索背后的文化和社会变革。

总体来说，在20世纪末，定性方法的融入标志着舆论分析的重大进步。它反映了一种转变，即不仅考虑意见的统计普遍性，还考虑这些意见更深层次的、更主观的基础。这种方法提供了对公众态度和行为更丰富、更细微的洞察,对于全面了解复杂的舆论现象具有重要价值。

### (五) 数字时代和大数据的兴起

进入21世纪以后,数字时代的到来和大数据的出现给民意调查和舆论分析领域带来了一场革命。数字技术、互联网、社交媒体和大数据分析工具的发展极大地改变了民意调查和分析理解舆论的方式。所谓大数据,指的是超出传统数据库和软件工具处理能力的极大数据集。这些数据集通常由多个来源高速生成,并包含以不同格式存在的海量信息。舍恩伯格认为,大数据是指从各种各样的来源不断高速涌现的多样化的巨量信息资产。① 业界通常用五个"V"来描述大数据的特征。

大(volume):大数据的第一个特征是数据量巨大。传统的数据量是以KB、MB、GB来计,而大数据的量级则是TB、PB、EB甚至ZB。如此庞大的数据量,对于传统的数据库和数据处理技术来说,是一个巨大的挑战。

快(velocity):大数据的第二个特征是数据产生的速度快。传统的数据是静态的,而大数据则是动态的,甚至是实时的。例如,社交媒体上的数据、金融交易数据、传感器数据等,都是实时产生的。

多(variety):大数据的第三个特征是数据类型多样。传统的数据是结构化的,而大数据则是结构化、半结构化和非结构化数据并存。结构化数据是指具有固定格式和结构的数据,如数据库中的数据。半结构化数据是指具有一定的结构,但不够严格的数据,例如XML、JSON等数据格式。非结构化数据是指没有固定的格式和结构的数据,例如一些文本、图像、视频等数据。

真实(veracity):大数据的第四个特征是数据的真实性需要评估。大数据的来源多种多样,数据的质量也参差不齐。因此,如何确保数据的真实性和可靠性,是数据分析的基础。

价值(value):大数据的第五个特征是数据价值密度低。大数据虽然蕴含着巨大的潜在价值,但真正有价值的数据只占很小一部分。因此,如何从海量数据中提取出有价值的信息,是数据分析面临的最大挑战之一。

---

① [英]维克托·迈尔-舍恩伯格、肯尼斯·库克耶著:《大数据时代:生活、工作与思维的大变革》,周涛译,浙江人民出版社2013年版,第9—15页。

在大数据时代,互联网的广泛使用使网络调查和民意测验成为收集舆论数据的主要方法。社交媒体平台已成为丰富的舆论数据来源,通过分析帖子、评论、点赞和分享,可以实时洞察公众情绪。大数据分析技术处理海量数据的能力使研究人员能够分析以前无法处理的复杂舆论模式和趋势。智能手机的普及也为数据收集开辟了新途径,包括移动调查和基于位置的民意测验。更重要的是,人工智能与机器学习的融合,让先进的算法和机器学习技术越来越多地用于分析和解释大型数据集,从而提供了对舆论的细微洞察。举例来说,巴拉克·奥巴马在2008年和2012年的美国总统竞选中使用大数据分析来制定竞选策略和定位目标选民,均大获成功。在英国脱欧或COVID-19大流行等重大全球事件中,使用Twitter和Facebook数据来考察公众舆论也变得非常流行。亚马逊等电子商务平台利用大数据分析消费者行为、偏好和趋势,对营销策略和产品开发产生了重大影响。

从方法策略上来看,数据挖掘和预测分析重要性凸显,利用算法对大型数据集进行筛选,可以找出可预测未来舆论趋势的模式和相关要素。情感分析技术发展迅猛,采用自然语言处理技术分析和量化文本数据中表达的情感,尤其是来自社交媒体和在线论坛的情感,已经成为标配。舆论分析在实时性上也实现了飞跃,可以利用数字工具实时跟踪舆论,以便即时、动态地了解公众态度。从模式上来看,舆论分析中的众包策略也逐渐形成,通过在线平台和社交媒体,利用网民的力量也可以收集不同的意见和观点。当然,数据使用道德和隐私保护也成为新的问题。随着数据收集的兴起,人们越来越关注道德问题、隐私问题和数据保护法规。

可以看出,到了21世纪,由于数字技术和大数据的影响,舆论分析领域变得更加动态、复杂和微妙。这些进步不仅扩大了研究的范围和规模,也带来了新的挑战,特别是数据收集和分析的道德性与准确性有关的挑战,这反映出不断变化的数字环境对理解和分析舆论的影响。

综合来看,舆论分析发展的每一个阶段都反映了技术、方法的进步,以及传播和媒体性质的变化。从早期的非正式方法到21世纪复杂的数据驱动方法,舆论分析领域不断进行调整,以提供对公众更准确、更全面、更细致入微的理解。随着媒介化社会的深度发展,技术、伦理和创新研究方法的融合将继续改造舆论分析的格局。

## 三、舆论大数据分析

### （一）舆论大数据的基本特征

舆论大数据主要反映了公众对于特定事件、主题或产品的看法、情绪和态度，这种数据类型主要有如下特征。

1. 规模大

舆论大数据的显著特点是其庞大的数据量。随着社交媒体、新闻网站、论坛和博客的普及，每天都有大量的文字、图片、视频和音频数据被创建和分享。这些数据积累起来，构成了海量的数据集合。再加上互联网打破了地理和时间的限制，全球用户24小时不间断地产生内容，使得舆论数据的规模持续扩大。

2. 多样性

舆论大数据的多样性指的是数据在来源、类型、格式和内容上的广泛性，这一特征对于理解舆论的广度和深度非常重要。

（1）来源多样。舆论大数据来源于多种平台，包括社交媒体（如Twitter、Facebook、微博）、在线新闻网站、博客、论坛、评论区等。每个平台有其独特的用户群和互动方式，提供了不同视角的数据，而且这些数据不仅来自普通用户的日常交流和讨论，还包括政府机构、非政府组织、商业公司和媒体机构的公开发布和宣传材料。

（2）类型多样。大部分舆论数据是文本形式的，如帖子、评论、微博、推文等。除了文本，还包括图片、视频、音频等多媒体数据，这些数据类型可以提供文本数据所不具备的情感和语境信息。

（3）格式多样。舆论数据包括结构化数据，如在线调查、问卷等收集的数据，易于直接分析。但大部分舆论数据是非结构化的，特别是来自社交媒体的内容，需要通过自然语言处理等技术进行分析。

（4）内容多样。舆论大数据覆盖了从政治、经济、社会、科技到娱乐、体育等几乎所有领域的话题，反映了公众对于不同事件和话题的广泛情感和立场。

（5）语言和文化多样。互联网是全球性的，因此舆论大数据包含了多种语言的内容。不同文化背景的用户对相同的事件有不同的解读和反应，需要在分析时考虑到文化差异。

（6）时空多样。公众对同一事件的看法和情绪随时间而变化,需要分析数据的时间序列来理解这些变化。另外,不同地区的用户也可能对相同话题有不同的反应,而地理位置信息可以提供重要的分析维度。

3. 实时性

舆论大数据的实时性是指数据的生成、收集和分析过程能够快速响应时间变化,及时反映公众对于不同事件和主题的看法。这一特征对于理解社会动态、监测舆情走势以及做出快速决策具有重要价值。

（1）社会事件、新闻报道和公共讨论的发生可以迅速引发舆论的变化。舆论大数据能够捕捉到这些变化,为分析人员提供即时的数据源。通过实时监测工具,组织和个人可以立即获得公众对特定事件或主题的反应,使得响应措施更加及时有效。

（2）舆论具有时间敏感性,特别是对于突发事件,需要相关组织能够快速了解事件的公众反响,及时调整应对策略。另外,这种实时性也要求分析师跟踪舆论的变化趋势,识别新兴话题和意见领袖,从而把握舆论动态。

（3）与传统的数据相比,舆论大数据呈现为一个持续更新的数据流,可以提供连续的时间线索。这就为分析提供了丰富的时序数据,支持复杂的时间序列分析。

4. 真实性

舆论大数据的真实性特征关乎数据来源的可信度、所包含信息的准确性和真实反映公众意见的程度。在互联网时代,尽管大数据技术为我们提供了前所未有的能力来捕捉和分析公众舆论,但真实性的问题却成为一个重要挑战。

（1）在数据来源的多样性与可信度方面,数据有的来自官方发布的声明、报告等,也有的来自个人、媒体机构和其他非官方渠道的公开发言或评论。官方来源通常被认为更可信,但非官方来源提供了更广泛的视角。另外,社交媒体和论坛等平台上的用户生成内容(UGC)是舆论大数据的重要组成部分。这些内容的真实性受到用户个人诚信度的影响,可能包含误导性信息或虚假信息。

（2）网络空间中虚假信息的传播速度快、影响范围广,对舆论大数据的真实性构成了挑战。特别是所谓的"水军"(付费发布信息的个人或团体)和机器人账号(自动化程序生成的内容)可以扭曲舆论数据,影响数据的真实性和准确性。

## （二）舆论大数据的分析流程

从大规模的、多样化的数据中提取有价值的信息、洞察和知识，进行舆论大数据分析，包括了一系列复杂且相互关联的步骤（图2-1）。

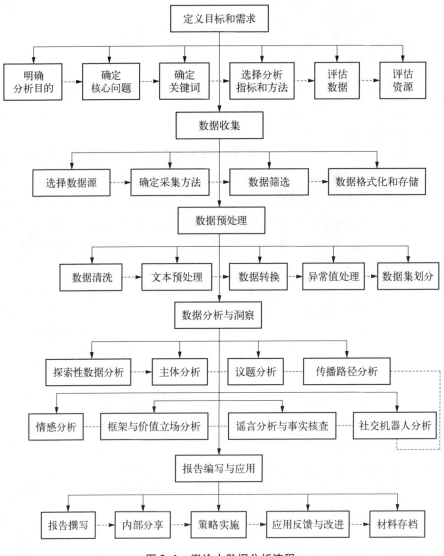

图 2-1　舆论大数据分析流程

1. 定义目标和需求

在舆论大数据分析过程中,定义目标和需求阶段是工作的起点。这一阶段的目的是确立分析的方向和范围,为后续的数据收集、处理和分析工作奠定基础。

(1) 首先需要理解为什么进行这项分析,是为了解公众对某个事件的反应、监测品牌或产品的公众形象,还是为了预测某些趋势或行为的变化?基于分析动机,然后明确具体的分析目标。例如,如果是为了监测品牌形象,则目标是了解公众对最近一次产品发布的看法。

(2) 识别分析需要解答的核心问题,如"公众对我们的新产品有什么看法"或"近期哪些话题与我们的品牌相关度最高",然后将核心问题拆解为更具体、可操作的子问题,以便于后续进行针对性的数据收集和分析。

(3) 确定分析中需要关注的关键词、短语和主题,设定分析的时间范围,确定需要关注的特定地理区域或市场,为数据收集阶段做好准备工作。

(4) 根据分析目标和核心问题,选择可以量化的指标,如情感倾向、话题热度、影响力评估等。确定适用的数据分析方法,如情感分析、趋势分析、网络分析等,以及是否需要使用特定的数据分析工具或软件。

(5) 评估可用的数据源是否能满足分析需求,包括社交媒体平台、新闻网站、论坛等。确定是否具备进行分析所需的技术和人力资源,包括数据分析师、分析工具、计算资源等。

(6) 评估所选数据源的质量和可用性,以及可能存在的数据偏见或限制,保证分析遵循数据隐私法规和伦理标准,避免侵犯个人隐私。

2. 数据收集

在数据收集阶段,主要工作内容是确定和获取与分析目标相关的数据,在整个舆论分析中属于基础性工作,需要精心规划和执行,以求收集到的数据既丰富又相关,从而为后续的数据分析打下可靠的基础。

(1) 根据定义的分析目标和需求,选择合适的数据源进行数据收集。常见的数据源包括社交媒体平台(如微博、微信公众号、Twitter、Facebook)、在线新闻网站、论坛、博客等。在选择过程中,要尽量保证所选数据源能够提供高质量、相关性强的数据,并且覆盖分析所需的时间范围和地理区域。

(2) 许多社交媒体平台和网站提供 API,允许用户按照特定条件自动收集数据。对于没有提供 API 的网站,可以开发或使用现成的网络爬虫工

大数据与舆论分析

具来自动收集数据。在某些情况下,可能需要手动收集数据,尤其是当数据量较小或数据分散在不同的平台上时。

(3)使用预先定义的关键词、短语和主题作为筛选条件,以保证收集的数据与分析目标相关。另外,根据分析需求,也可能需要按照特定的时间范围或地理位置来筛选数据。

(4)将收集到的数据转换为统一的格式,以便于后续的处理和分析。然后进行初步的数据清洗,去除明显的无关数据和重复数据,减少后续处理的工作量。

(5)根据数据量和分析需求,选择合适的数据存储工具,如数据库(SQL 或 NoSQL)、数据仓库或数据湖等。在存储过程中采取措施保护数据安全和个人隐私,并遵守相关的法律法规。

(6)详细记录数据收集的过程和方法,包括数据源、收集时间、筛选条件等,以提升分析的可重复性和透明度。为收集到的数据创建数据字典,说明数据的来源、结构、字段含义等,方便后续分析和团队合作。

3. 数据预处理

在舆论大数据分析过程中,数据预处理的目的是将原始数据转换成适合分析的格式,提高数据的质量,减少噪声,并使数据更加一致和标准化。

(1)数据清洗,主要工作是去除重复项,处理缺失值,删除无关数据等。

(2)文本预处理,主要工作是分词、去除停用词、词干提取、词形还原(国际舆论数据适用)以及标准化文本等。

(3)数据转换,主要工作是进行特征提取、编码和格式化等。

(4)异常值检测与处理,主要工作是通过统计分析方法识别数据中的异常值或离群点,并根据异常值的性质和分析目标,决定是删除、替换还是保留。

(5)根据分析需求,将数据划分为训练集、验证集和测试集,以便于模型的训练和评估。如果使用了多个数据源,需要将它们整合到一致的格式和结构中,以进行统一分析。

(6)详细记录数据预处理的每一步操作和决策,保证分析过程的可重复性和透明性。保存预处理后的数据副本,以便于后续分析和复查。

数据预处理是舆论大数据分析中不可或缺的一环,它通过提高数据的质量和一致性,可以有效提升后续数据分析与模型构建的质量。

4. 数据分析与洞察

在舆论大数据分析过程中,数据分析与洞察是核心环节,即通过应用各种统计和自然语言处理技术,从处理好的数据中提取有价值的信息,识别模式和趋势并最终生成洞察,帮助决策者理解舆论的现状、趋势和动态,以及它们对目标对象(如政策、产品、品牌等)的潜在影响。

(1)探索性数据分析(EDA)。对数据集进行统计描述,如计算平均值、中位数、标准差等,以获取数据的基本分布情况。利用图表(如柱状图、折线图、散点图等)可视化数据,帮助识别数据中的模式、趋势等。

(2)主体分析。针对舆论传播与影响舆论传播的多元主体,构建社交网络,分析网络结构,识别关键用户(如意见领袖等)和重要舆论社群。

(3)议题分析。使用算法识别文本数据中的舆论议题,并分析各议题下的关键词。进行热点事件检测,识别数据中的热点事件或突发事件,分析其影响范围和持续时间。分析不同时间段内主题的流行趋势,识别上升或下降的议题,分析数据随时间变化的趋势,识别周期性模式、长期趋势或季节性变化。

(4)传播路径分析。基于时序数据,通过分析转发、评论、提及等行为,构建用户之间的关联关系,形成一个网络图谱,考察信息是如何从一个节点传播到另一个节点的,从而揭示舆论传播的路径和规律,评估舆论传播的影响力和效果。

(5)情感与社会心态分析。对文本数据进行情感分析,判断其情绪倾向(正面、负面或中性)。在此基础上,将文本分类为特定的情绪类别,如愤怒、喜悦、悲伤等,识别典型的社会心态。

(6)框架与价值立场分析。对舆论中所使用的话语和叙述方式进行分析,识别舆论背后隐藏的认知框架,揭示不同利益方和观点之间的差异与冲突,以及舆论中的隐含假设和逻辑,考察不同利益方的价值取向、关注重点以及舆论中的冲突和共识,发现潜在的意识形态立场。

(7)"水军"识别与社交机器人分析。通过分析用户的行为模式和特征,利用数据挖掘技术构建模型,对"水军"和社交机器人进行分类和识别,发现潜在的网络欺诈和舆论操纵行为。

(8)谣言分析与事实核查。对舆论中所涉及的信息和事件进行核实与验证,分析可疑信息的内容、来源、传播路径等,辨别舆论中所传播的谣言,发现谣言传播的模式和趋势。

（9）提炼洞察，识别机会和风险。对关键发现进行深入分析，探究其背后的原因、动机和潜在的影响，并基于分析结果，识别潜在的机会和风险，为决策提供支持。

5. 报告编写与应用

报告编写与应用是将分析结果和提炼的洞察转化为对组织有实际影响的行动的关键步骤。这一阶段的目标是确保分析成果能够被决策者理解、接受，并应用于实际决策中，从而驱动组织的战略方向设定与具体决策。

（1）构建清晰的报告结构，一般包括摘要、背景、方法论、主要发现、洞察、建议、结论等部分。需要强调的是，报告中要提供足够的细节描述数据来源、分析方法和过程，以提升报告的透明度和可信度。另外，可以使用直观的图表和图形突出显示分析的关键发现和洞察，提升报告的生动性与通俗性。

（2）组织内部会议，向团队成员展示分析报告和建议，并在分享会上收集参与者的反馈和意见，用于进一步优化分析结果和建议。

（3）基于分析报告和洞察，为组织的战略决策与风险应对等提供数据支持。根据报告目标对象的实际情况提供建议，拟定具体的行动计划和执行策略，明确责任人、时间表和预期目标。

（4）根据组织批准的策略和计划，在实际业务或项目中执行。持续监控实施效果，评估分析建议的有效性和实施计划的进展情况。

（5）从实施过程和结果中收集反馈，了解哪些建议有效，哪些需要调整。根据反馈对分析方法、报告内容和行动计划进行调整和优化，提高未来分析工作的效率和效果。

（6）将分析报告、领导批示材料、执行计划等资料存档，便于未来参考和学习。另外，可以通过内部知识管理系统或定期分享会，将分析的经验和教训共享给更广泛的团队成员。

报告编写和应用是实现舆论大数据分析价值的最后一步，需要通过有效的沟通和协作，让分析成果能够被正确理解和应用，从而驱动实际的业务改进和决策优化。

# 第三章

# 舆论分析的数据源

随着信息技术的不断发展,舆论数据的来源更加多元,对分析人员理解和评估舆论数据的真实性和可信度产生了影响。本章探讨舆论分析的各种数据来源,考察每种数据源的独特优势和局限性。了解这些,可以帮助分析人员根据具体需要选择合适的数据与分析方法。总体而言,数据源的选择应根据研究问题、分析所需的广度和深度而定。通常情况下,应坚持可靠性、代表性、多样性、合法性与经济性等原则。

## 一、传统媒体数据

传统媒体拥有广泛的受众,能够覆盖不同地区、不同阶层,对公众的思想和行为产生较大的影响,而且通常具有较高的权威性。近年来,随着新媒体的兴起,传统媒体的地位虽然受到了一定程度的挑战,但仍在社会舆论的形成和传播中发挥着关键作用。

从舆论分析的角度来看,传统媒体的数据具有诸多优点。第一,传统媒体具有较高的权威性,其发布的信息具有较高的可信度。因此,传统媒体数据能够反映社会舆论的总体趋势和主流意见。第二,传统媒体的覆盖面广,能够反映不同地区、不同阶层的舆情。因此,传统媒体数据能够为舆论分析提供更全面的视角。当然,传统媒体数据也存在一定的局限性。部分媒体可能存在政治、意识形态或商业偏见,影响对问题的报道和解释。

### (一) 传统媒体数据的特性

**1. 数量巨大**

从数据体量来看,传统媒体数据量庞大,且增长迅猛。特别是随着互联网的普及和新媒体的兴起,传统媒体的数据来源更加多样化,数据量也呈现爆发式增长趋势。更重要的是,这些传统媒体数据具有历史深度,存有大量的历史档案,可以为纵向研究和历史分析提供丰富的资料。另外,传统媒体往往还具备全球规模,这种内容的全球性质放大了其数量价值。

**2. 类型多样**

传统媒体内容包含多种形式,包括文字(报纸、网络文章)、音频(电台广播)、视频(电视新闻、在线流媒体)和图像(照片、信息图表);还包括各种体裁,从硬新闻和调查性报道到观点专栏、社论、专题报道和娱乐新闻,而且还实现了多媒体融合,特别是在数字媒体中,将文字、视频和互动元素相结合的多媒体内容已成为一种趋势。

**3. 更新速度快**

传统媒体新闻周期短、节奏快,报道更新频繁,特别是数字媒体和24小时新闻频道的出现进一步加快了这一速度。随着网络直播的发展,通过现场报道和即时在线更新,媒体内容得以实时制作和传播,从而迅速反映和影响公众舆论。不仅如此,传统媒体对全球事件、紧急情况和社会趋势的反应速度也更快。

**4. 质量参差不齐**

声誉卓著的传统媒体恪守新闻标准和职业道德,以可信度著称。然而,传统媒体数据质量参差不齐,会受到多种因素的影响,包括媒体的专业性、报道的准确性、数据的真实性等。另外,传统媒体机构虽然通常有严格的事实核查和编辑流程,但快速发布新闻的压力有时会导致错误或未经核实的报道。

**5. 结构规范**

从数据格式来说,传统媒体数据通常采用标准的数据格式,这使得其数据容易被不同系统和软件识别和处理。另外,传统媒体的数据通常包含固定的字段,如发布时间、标题、正文、作者等,并且通常存在一定的关系,如上下文关系、类别关系、时序关系等,数据管理和组织的结构性较强。

6. 可用性高

由于传统媒体数据通常具有标准的数据格式,便于与其他数据进行整合和分析,从而提高了数据的价值和可用性。另外,传统媒体内容也通常带有时间戳,并按照时间顺序排列,便于进行历史或纵向研究。

**(二) 传统媒体数据的价值**

1. 反映社会规范和价值

传统媒体是社会文化的晴雨表,通常反映了普遍的文化规范、价值观和社会变革。因此,分析传统媒体内容可以洞察社会趋势和公众态度的转变。

2. 反映官方立场和态度

传统媒体通常会报道官方关注的事件和话题,在报道中表达官方的立场和态度,能够反映官方的政策导向。因此,通过分析传统媒体的数据,可以了解官方关注的重点领域和问题,官方对某一事件或问题的看法和态度,以及预测官方未来的政策走向。

3. 反映议程设置和框架

传统媒体在很大程度上影响着公共讨论中哪些话题被认为是重要的。因此,媒体广泛报道的问题往往成为公众认为最重要的问题。媒体如何对问题进行定格——所使用的背景、语气和视角,会影响公众对这些问题的看法和观点。这种框架效应也可以改变公众对新闻事件和社会问题的理解和反应方式。

4. 有助于历史和纵向分析

传统媒体偏向于记录和报道重大历史事件,由此保存了社会态度、规范和优先事项的演变,并揭示了公众舆论和社会问题的变化历程。另外,传统媒体通常保存有大量的内容档案,这些档案通常都已数字化并编制了索引,使长期纵向研究成为可能。

## 二、社交平台数据

社交平台是提供给用户的在线社交互动、分享信息的网站或应用程序,典型的平台如微信、微博、抖音、Facebook、Twitter、Instagram 等。在社交平台,用户可以创建个人资料,并与其他用户建立联系;用户可以分享各种信息,包括文字、图片、视频等;用户还可以参与各种社交活动,如聊天、群聊、论坛等。

从舆论分析的角度来看,社交平台的数据时效性强,信息更新速度快,能够及时反映社会热点事件和公众舆论的变化。不仅如此,社交平台的用户数量众多,覆盖了不同年龄、职业、地域的群体,也能够反映社会舆论的多样化。更重要的是,社交平台上的信息传播还具有远超传统媒体的互动性,用户可以通过评论、点赞、转发等方式参与信息的传播和讨论,有助于舆论分析更加深入。因此,社交平台数据在舆论分析中具有不可替代的价值。

**(一)社交平台数据的特性**

1. 海量数据,即时增长

主流社交平台的用户规模庞大,用户的活动频繁。数量庞大的用户以发帖、评论、点赞和分享的形式贡献内容,而且随着用户数量及其在这些平台上活动的增加,数据量也在持续增长。社交网络用户每天产生的数据量可达数十亿条,甚至上百亿条。不仅如此,社交平台上的数据产生速度非常快。用户在社交平台上的每一次互动都将产生数据,这些数据会实时更新到社交平台的数据库中。

2. 种类繁多、格式复杂

从话语模态来看,社交平台数据种类繁多。从纯文本数据看,包括帖子、评论、点赞、状态更新以及各种表情符号和贴纸;从音视频数据看,包括图片、音频、视频、直播流。此外,还有指向外部内容的各种超链接以及投票、测验和互动故事等互动性内容。就内容属性而言,社交平台提供了包括个人资料、社交关系、行为轨迹、意见与情感表达等多种类型的数据,以及多种元数据类型,包括时间戳、位置标签和设备信息。这些数据类型既有结构化数据,也有非结构化数据,而且还可以细分成多种不同的文本格式、图像格式、视频格式与音频格式。

社交平台上的大部分数据都是非结构化的,尤其是文本和视觉内容,并不遵循预定义的格式,而且这些内容往往结合了多种格式,如"文本+图片"或"视频+字幕",由此增加了数据分析的复杂性。同时,社交平台上的内容并非一成不变。随着时间的推移,帖子可以编辑,评论可以添加,参与度指标也会发生变化,从而使数据变得动态多样。

3. 代表性偏差大

从用户角度而言,由于网络社群的圈层化发展,不同社交平台针对的用户群体差异较大,可能存在年龄偏差、地域偏差、教育水平偏差、收入水平偏差等。从数据来源角度来看,社交平台的用户规模庞大,但用户的活跃度却不尽相同。如果数据来源仅限于活跃用户,则代表性也可能较差。从数据收集来看,社交平台数据的收集也存在一定的偏差。例如,一些社交平台会根据用户的兴趣爱好进行信息推送。因此,社交平台数据并不能完全代表更广泛的人群,如果不在舆论分析中考虑到这一点,就会失之偏颇。

4. 收集便利,法律和道德敏感性高

大多数社交平台数据都可以公开访问,一些平台还提供了 API,可通过 API 访问大量数据,收集起来相对容易。但值得注意的是,社交平台数据收集的体量和速度会给存储带来挑战,这需要强大的数据存储、处理和实时分析系统。另外,收集和使用社交媒体数据,需要考虑法律和道德因素,特别是用户隐私和数据保护法规。

5. 数据质量差异大

与传统的调查或民意测验不同,社交媒体通常能捕捉到更多自发的、未经过滤的意见表达,这更能反映真实的民意。但不可忽视的是,社交媒体也会强化回音室效应,造成两极分化,使公众舆论出现偏差。不仅如此,虚假信息和社交机器人账户等问题也给社交平台数据质量带来了严峻挑战。

综合来说,社交平台数据的特点是数量大、类型多、速度快,可提供动态、实时的民意快照。然而,这些数据的质量却受到真实性、准确性和代表性的影响。在用社交媒体数据进行舆论分析时,必须考虑到这些特点。

### (二) 社交平台数据的价值

1. 多维度用户画像

社交平台数据可以丰富用户画像维度。其数据涵盖了用户的个人资料、社交关系、行为轨迹、观点表达、情感表达等多方面信息,可以帮助构建用户的多维度画像。例如,通过分析用户的个人资料,可以了解用户的基本信息、社会属性、生活习惯等;通过分析用户的社交关系,可以了解用户的社交网络结构、社交行为模式等;通过分析用户的观点表达,可以了解用户的态度、观念、价值观等。

社交平台数据有助于提升用户画像准确性。其数据的海量规模和时效性,可以帮助获取更全面、更真实的用户信息,从而提升用户画像的准确性。例如,通过分析用户在社交平台上的行为数据,可以发现用户真实的兴趣爱好、消费习惯等,而这些信息很难通过其他渠道获取。

2. 即时洞察公众态度

由于社交媒体固有的关键特性,通过社交平台数据即时洞察公众态度成为可能。社交媒体用户通常会在事件发生时做出反应,从而可以提供其态度和情绪的即时快照。社交平台永远在线的特性,意味着数据会不断产生,从而为公众舆论提供持续的洞察力。社交平台的用户来自不同的人群,许多人积极分享他们的观点、喜好、厌恶,这些共同构成了丰富的公众态度数据集。再加上信息在社交媒体上的传播通常是迅速而广泛的,可以放大公众的态度,使趋势和普遍情绪迅速显现,而且社交平台还提供了反馈回路,用户可以对新的信息内容继续做出反应并进行分享,从而强化或挑战普遍的态度和观点。

3. 探析社会政治和文化思潮

思潮是指在一定时期和一定范围内,人们对某种事物或问题的普遍看法、观点和意见,可以体现社会政治、文化、经济、科学等方面的发展趋势和变化。社交平台是人们表达自我、交流信息的重要平台,这些信息体现了人们的思想、态度和价值观,从而反映社会、政治、文化思潮的变化。不仅如此,社交平台还被用来组织抗议、集会和运动,可以放大社会政治运动,使其在大范围内广为人知,#BlackLivesMatter 等运动的传播就是例证,这使得社交平台数据也成为社会政治活动的关键指标。

4. 社交网络分析

通过分析用户在社交平台上的连接和互动关系,构建用户社交网络,分析社交网络的连通性、聚类性、中心性等特征,可以了解舆情信息传播的路径和影响力。特别是在社会公共事件中,通过分析用户在社交平台上的言论和互动,可以了解事件的热度、舆论走向和关键意见领袖,有助于预测事件的发展趋势和可能的风险点。社交平台的数据是动态的,随着用户的行为变化,社交网络的结构也会随之变化。通过分析这种结构变化,可以掌握相应社群的发展趋势。

5. 品牌认知监测与管理

基于社交平台数据的品牌认知监测和管理在企业舆情工作中非常有效。社交媒体平台是消费者直接表达对品牌的意见、体验和感受的空间,这种直接反馈对于了解消费者的品牌感知非常有价值。点赞、分享、评论和提及等提供了可量化的参与度指标,有助于衡量品牌在公众中的认知度。分析社交平台中涉及品牌的情感内涵,可以更精准地把握公众对品牌的认知与期待。另外,基于机器学习算法还可以分析品牌认知演化的趋势,从而预测未来的风险或机遇。

6. 趋势识别和监测

社交平台使用户能够即时对事件、新闻和趋势做出反应,用户通过转发、评论、点赞和分享内容等方式积极参与舆论焦点事件,产生了反映当前公众意见和情绪的实时数据。这些点赞、分享、评论和标签不仅反映了个人观点,还促成了更大的趋势可见并可追踪,从而成为监测舆论变化的绝佳工具。另外,社交平台包含文字、图片、视频和链接,每种内容都能提供不同层面的公众舆论和趋势洞察。再加上社交媒体可以实现语境洞察,可以为更细致的趋势分析增加额外的数据层。因此,当与先进的数据分析相结合时,社交媒体就会成为触摸公众舆论脉搏和捕捉新兴趋势的有力工具。

## 三、搜索数据

搜索数据通常来自百度、谷歌、必应等互联网搜索引擎或专业搜索工具,这些数据为衡量公众兴趣、关注点和情绪提供了一种独特而强大的手段,其实时性、自发性和广泛性可以补充调查或社交平台等其他数据源,提供更全面的民意视角。例如,2008年5月,谷歌中国在官方博客"谷歌黑板报"发布的一篇名为《哀悼与团结的曲线》的博文这样写道:

> 汶川大地震这场三十年来降临在华夏大地上最大的一次灾难,令整个中国陷入巨大的震惊与无比的悲痛之中,仅仅在几天之前,"地震"仿佛还是一个与你我无关的字眼,"汶川"也不过是厚厚的地图集中一个无人知晓的偏僻的所在。而在今天,一切都改变了。当我们依照惯例整理和分析谷歌搜索引擎的流量数据时,一条从未见过的曲线出现

在我们面前,当意识到发生了什么事情时,我们的眼睛湿润了。

博文所附的图片显示,在 2008 年 5 月 19 日下午 14:30 分左右,谷歌中国区搜索流量几乎降至 0。这种罕见的流量锐减原因是,汶川"5·12"大地震发生后,在舆论倡议下,顺应"头七"悼念的民俗,我国在 5 月 19 日举行了公祭活动。谷歌的搜索数据图成为全民响应默哀三分钟的真实记录。

### (一) 搜索数据的特性

1. 客观性强

搜索数据是用户主动输入的自己感兴趣或有需求的信息,所以与调查或社交媒体帖子中的回复不同,搜索查询通常是无偏见和自发的,更真实地反映了公众的好奇心或关注点。另外,搜索数据不受人为干扰,搜索结果是根据搜索引擎的算法计算出来的。因此,搜索查询的频率和性质可以表明公众当前重视或关注的问题,特定主题的高搜索量通常反映了公众兴趣或关注度的提高。

2. 结构性强

搜索数据通常以 JSON 或 XML 等格式存储,这些格式具有较强的结构性,能够描述数据的属性和关系。例如,我们可以通过搜索数据的格式化,快速识别搜索词、搜索量、搜索时间等属性。搜索数据还具有较强的关联性。例如,用户在搜索"苹果"时,可能会同时搜索"苹果手机""苹果电脑"等相关词汇。这些关联可以帮助我们深入了解用户的搜索意图和需求。

3. 时效性强

一方面,用户会通过搜索引擎了解舆情热点事件,检索词能够及时反映不同地域、不同群体对事件的关注度、态度等。搜索趋势也会随着事件的演化而迅速变化,因此是跟踪公众对新闻、政策变化或危机的反应的有用工具。另一方面,搜索引擎通过爬虫技术从互联网上收集网页内容,并根据搜索引擎的算法计算搜索结果,也能够及时反映社会热点事件和公众舆论的变化。

4. 代表性强

使用搜索引擎的人群广泛而多样,包括不同的年龄、社会经济背景和地理位置,这种广泛的覆盖面可以提供更具代表性的兴趣和关注点。与人们对特定社交媒体平台或调查的接触度不同,搜索引擎是许多人,特别是中产阶层日常生活的一部分,这种频繁使用有助于收集更全面的数据。另外,人们使用搜索引擎探索大量的主题,也可以借此更广泛地了解公众的关注点。

**(二)搜索数据的价值**

1. 预测性政治分析

搜索数据可以显示公众对不同政治话题的关注程度。通过观察搜索量的变化,可以了解公众对某个政治问题的兴趣,并据此预测公众可能的行为和选择。搜索数据可以反映公众的舆论倾向和态度,人们在搜索中使用的关键词可以揭示他们对政治问题的立场和看法。通过分析这些数据,可以预测公众对特定政治议题的支持或反对程度。在西方,搜索数据还常用于预测选举结果。通过分析与候选人相关的搜索查询、社交媒体讨论和新闻报道,可以获得有关候选人受欢迎的程度和选民倾向等信息。基于这些数据可以建立模型和算法,预测选举结果或候选人的选民支持率。

2. 助力危机监测与灾难响应

在危机和灾难事件发生时,人们通常会通过搜索引擎寻找与事件相关的信息。通过分析这些搜索数据,可以及时获取事件的关键信息、趋势和舆论倾向,帮助决策者了解事件的发展和影响。人们在搜索中使用的关键词可以揭示他们遇到的问题、担忧和需求,帮助决策者了解受灾地区的需求和优先事项。此外,通过分析搜索数据,可以帮助识别并追踪谣言和恶意传播。

3. 追踪文化兴趣与社会趋势

人们在搜索中使用的关键词可以反映他们对特定文化和社会话题的兴趣、需求和偏好。通过分析这些数据,可以了解公众对不同类型的文化产品、艺术、娱乐、时尚等的看法,从而预测和反映文化兴趣和社会流行趋势。

## 四、在线网络商业服务数据

在线网络商业服务,如网络电商、网络出行、网络住宿、网络点评等,通常包括客户在商业网络上的消费、互动、偏好、反馈和行为模式等信息。这些来自在线商业服务的数据因其丰富性、真实性和全面性,在舆情分析中具有不可估量的价值。它提供了对公众情绪、行为和偏好的全面了解,对企业声誉、市场竞争以及政府的应急管理决策具有不可忽略的价值。例如,在2022年俄乌冲突开始之初,大量乌克兰的房间在 Airbnb 平台被预订一空,成为一种"特殊捐款"的方式。

### (一)在线网络商业服务数据的特性

1. 数据体量大

网络在线服务平台每天都会产生大量的数据,包括用户交易记录、搜索行为、评论和评分等。以网络电商为例,数以亿计的用户在平台上进行浏览、搜索和交易,每个用户的行为都会产生多个数据点,包括浏览记录、购买记录、支付信息等。网络在线服务数据的更新速度也非常快,用户在进行购物、预订和交易时,数据会实时生成和更新。

2. 数据类型多样

网络在线服务数据包括文本、图像、视频等多种形式的内容,提供了更丰富的信息来源。不仅如此,网络在线服务数据还涵盖了多种类型的数据。具体而言,除了结构化的数据,如交易记录和用户信息,还包括半结构化的数据,如评论和评分,以及非结构化的数据,如用户生成的文本和图片。这些不同类型的数据需要采用不同的处理和分析方法,以从中提取有意义的信息。另外,网络在线服务数据涵盖了多个维度的信息。除了用户的基本信息,还包括商品信息、交易信息、用户行为信息等。这些维度的数据相互关联,共同构成了庞大的数据网络。

3. 数据质量挑战大

网络在线服务数据的质量存在较大挑战。例如,虚假评论、刷单行为等问题会影响数据的准确性和可信度。在线服务数据的一致性也是个大问题,它们可能来自不同的渠道、平台或系统,这些数据会存在格式不一致、命名不一致、单位不一致等问题。此外,数据在不同时间点上的更新和变化也可能导致数据一致性的挑战。另外,网络在线服务数据还存在数据偏倚的问题,即数据中存在某种倾向性或不平衡性。例如,在用户评价数据中,可能存在极端评价的偏倚,或者在商品属性数据中,某些属性的数据分布不均衡。数据偏倚会导致分析结果的偏误,影响对特定问题的准确理解。

**(二)在线网络商业服务数据的价值**

1. 风险预警

在线网络商业服务平台积累了大量用户的行为数据,包括购买记录、搜索行为、评价和评论等。这些数据可以提供关于用户需求、偏好和行为模式的信息。在社会公共事件中,当出现突发事件或紧急情况时,用户的购买和搜索行为会发生变化,例如出现抢购、囤货、寻找紧急需求产品等行为。通过分析这些数据,可以及时察觉到异常的用户行为模式,从而进行风险预警。另外,这些在线平台通常会记录用户的地理位置和移动轨迹数据。在社会公共事件中,这些数据可以用于分析用户的流动和聚集情况,了解人群的迁徙模式和趋势。当发生突发事件或紧急情况时,通过分析用户的地理位置和移动轨迹数据,可以及时识别人群聚集、交通拥堵等风险情况,并进行相应的预警和调度。

2. 舆情监测

在线网络商业服务数据可以用于监测和分析公众对焦点事件的态度和情感倾向。在社会公共事件中,用户可能会通过评论来表达对事件的关注、不满或需求。这些评论和反馈可以提供有关事件影响范围、用户体验和满意度的信息。通过分析相关数据,可以了解公众对事件的关注程度、焦点问题等,进而有助于管理者及时调整传播策略,引导舆论走向,有效应对危机事件。

3. 市场研究和竞争分析

在线网络服务平台是消费者自由表达对产品和服务的意见、偏好和体验的地方,这种未经过滤的反馈,对于了解客户满意度和市场空间非常有价值。分析平台上的互动行为及其内容,可以揭示消费者如何使用产品、他们的生活方式选择和决策过程,进而有助于了解消费者行为,发现市场空白和产品开发的潜在领域。不仅如此,基于在线网络服务平台,企业可以获得竞争性情报,监控竞争对手的活动表现,了解他们的营销策略、客户参与度和产品受欢迎程度,并且通过数据分析,在影响力、参与率和受众满意度等方面与竞争对手对标。

值得一提的是,在舆论分析过程中,在线网络商业服务数据通常是辅助使用,并且在使用过程中要特别慎重。涉及用户的个人信息和行为数据,必须严格遵守相关的数据隐私法规和合规要求。在进行数据收集、存储和分析时,需要确保用户的隐私权和数据安全,并遵循适用的法律法规。

## 五、网络调查数据

### (一)网络调查发展趋势

在技术进步和不断变化的网络行为助推下,网络调查持续创新发展,实现了更大的覆盖范围、更高的参与度和更复杂的分析能力,能够更准确、更全面、更及时地洞察舆论。

1. 移动优化

移动调查的优势在于可以随时随地进行调查,方便用户参与,提高调查效率。因此,移动调查在网络调查技术中占据越来越重要的地位。有鉴于此,网络调查针对移动平台进行了诸多优化,包括使用响应式设计,让调查问卷在不同屏幕尺寸的设备上都能正常显示;使用图标和简洁的文字,让调查问卷的界面更加清晰易懂;调查的问题和选项简短易懂,适合在移动设备上的阅读;使用本地存储,让用户在没有网络的情况下也能完成调查等。

2. 整合人工智能

将人工智能(AI)融入网络调查,也是数据收集和分析领域的一大进步。在人工智能驱动下,调查问题个性化成为可能。智能算法可以根据受访者之前的回答实时定制调查问题,通过动态方法力求每位受访者的体验都与他们的兴趣及之前的回答相关。自适应调查也在探索之中,机器学习模型可在受访者给出回答时对其进行分析,并调整调查轨迹,重点关注特别相关的主题或跳过无关的部分。理解开放式回答更为容易,自然语言处理技术可用于分析和解释开放式回复,而且还可以使用机器学习算法从文本数据中提取有意义的见解,这对分析定性反馈特别有用。不仅如此,人工智能驱动的聊天机器人或虚拟助理还能以对话的方式进行调查,从而提高参与度和所收集数据的丰富性。

3. 强化互动和多媒体内容

新的网络调查技术越来越多地利用互动和多媒体内容来增强调查体验

并收集更丰富的数据。例如,动态问卷采用滑块、可点击图片或拖放回复等互动元素,使调查过程更具吸引力。交互式调查可以利用受访者的回答引导他们通过不同的路径完成调查。在网络调查中,视觉辅助方式更丰富,问卷可以将视频或音频片段作为问题的一部分,信息图表、图像和交互式图表可用于更清晰地传达复杂信息或使问题更吸引人。

4. 增强抽样技术

现代网络调查工具允许分层抽样,即根据共同特征(如年龄、地点)将人口划分为子群体(层),并从每层中抽取随机样本,以提升主要人口群体的代表性。网络调查中强化的配额控制可有力保证样本反映目标人群的某些特征,如性别或年龄分布。小组招募和管理也进行了有效改进。在线调查小组现在可以通过社交媒体、应用程序和定向广告等多种渠道进行招募,从而接触到更广泛、更多样化的受访者群体。先进的算法可管理小组成员的参与情况,防止过度使用某些受访者,以免造成结果偏差。另外,基于大数据的预测分析用于建模和预测可能的意见分布,可以据此调整抽样策略,有助于锁定代表性不足的特定群体。

5. 应用区块链技术

将区块链技术融入新的网络调查方法是一项前沿发展,因为区块链固有的特点,可以为网络提供一些独特优势。调查数据一旦记录在区块链上,就无法更改。这种不可更改性确保了数据的完整性,对于敏感或高风险的调查尤为重要。区块链为所有交易提供透明的审计跟踪,实现了数据真实性的完全可追溯性。另外,通过区块链传输的数据是加密的,可以有效保护受访者隐私和敏感信息,而且区块链的分散性意味着调查数据不会存储在单一位置,降低了数据泄露和未经授权访问的风险。因此,使用区块链技术可以提高调查过程的可信度。

网络调查技术的新发展使得调查可以覆盖更广泛、更多样的受众,不仅可以触达偏远地区的人群,而且还可以轻松跨越地域界限,有效收集国际数据。不仅如此,调查的动态适应性也在迅速增强,可以根据临时调查结果对调查进行实时调整,使分析人员能够探索新出现的主题或立即澄清模棱两可的回答。在数字环境不断发展的背景下,这些新方法改进了舆论收集、分析和解读的方式,对于跟踪快速发展的事件、增强对新趋势的反应能力尤为重要。

## (二) 利用 AI 辅助网络调查

在网络调查过程中应用人工智能技术,可以显著提升问卷设计的质量,使调查更加高效、精确,并提高响应率。

1. 自动生成问题

在网络调查过程中,应用人工智能来自动生成问卷内容是一种提高调查问卷设计效率和质量的先进方法。这一过程主要涉及利用自然语言生成技术、机器学习模型和数据驱动的洞察来形成针对性的、高质量的问卷问题。一般步骤如下:

(1) 在自动生成问卷内容之前,AI 系统需要被训练或配置以理解调查的目标和背景,这需要分析历史调查数据、相关领域的文献或预先定义的目标描述,以保证生成的问题与调查目的紧密相关。

(2) 利用如 GPT 等预训练的大型语言模型,通过微调模型来适应特定的问卷内容生成任务。这种方法可以利用模型对广泛语言和上下文的理解,生成自然且具有针对性的问卷问题。通过不断地输入实际调查数据并反馈到模型中,还可以进一步优化问题生成的质量和准确性。

(3) AI 可以分析现有的调查数据或相关数据库,识别关键主题、趋势和知识空白,据此自动生成探索这些领域的问题,实现数据驱动的问题生成。另外,基于实时数据分析结果,AI 能够动态调整问卷内容。例如,根据早期受访者的回答趋势添加新的、更具针对性的问题。

2. 优化问卷结构

在网络调查过程中,应用 AI 来优化问卷结构可以显著提升调查的有效性和参与度,改善调查体验。

(1) 利用机器学习模型分析历史调查数据,预测哪些问题更有可能引起受访者的兴趣或提供有用信息。基于这些预测,AI 可以帮助设计者优化问题的顺序,将最重要或最能激发参与的问题放在问卷的前面。这种方法能够减少中途退出的情况,提高完成整个问卷的比例。

(2) 利用 AI 算法,根据受访者的反应和参与度动态调整问卷的长度。对于那些愿意提供更多反馈的受访者,可以增加更深入的问题;而对于快速浏览的受访者,则可以缩短问卷,保留最关键的问题。这种自适应调整问卷长度的策略能够平衡数据收集的需要和调查用户体验,提升数据质量。

(3) 利用 AI 帮助分析和选择最佳的视觉元素(如图片、图表、颜色方案等),以增强问卷的吸引力和可读性。特别是可以通过测试不同的设计元素,找出最能提升用户参与度的选项。

(4) 利用AI分析问卷设计中可能导致偏差的因素,如问题顺序效应、选择偏好等,然后提出调整方案以减少这些偏差的影响。

3. 提高问卷的可理解性和清晰度

(1) 可以使用AI分析问卷语言的复杂度,自动识别并简化过于复杂或专业的词汇和句子结构,使之更易于大众理解。还可以应用AI工具来评估问题的清晰度,包括检查模糊不清的表述或可能引起多种解释的语句,并提出改进建议。

(2) 利用AI分析问卷中的语义一致性,让相关问题在用词和表述上保持一致,避免因不一致导致的理解偏差。另外,可以利用AI考虑上下文的相关性,通过上下文提示帮助受访者更好地理解特定问题的背景或意图。

(3) AI可以帮助识别和调整可能因文化差异而引起误解的问题表述,力求问卷对不同背景的受访者都是友好和包容的。对于多语言的问卷,AI可以辅助进行更为准确的翻译和本地化,保证问卷在不同语言版本中保持意义的一致性和清晰度。

## 六、数据源的选取原则

对于舆论分析来说,每种数据源都有其优缺点。数据源的选择应根据研究问题、分析所需的广度和深度以及典型需求而定。通常情况下,将这些数据源进行整合,创建更全面的数据集,可以提供比单独的调查或大数据源更细致的受访者行为偏好和态度视图,进而更全面、更细致地了解舆情民意。

1. 可靠性

舆论分析的目的之一是为决策提供依据,因此可靠性是选取数据源的基本要求。选择可靠的数据源可以提升数据的准确性和可信度,这意味着数据应该来自可信的来源,并经过严格的数据收集和验证过程,从而减少数据错误、失真或虚假信息的风险,提高分析的准确性。可靠的数据源应该提供可追溯性和验证性,这意味着数据来源应该能够明确说明数据的收集方法、样本选择过程和数据处理过程,通过透明度保证能够验证分析结果,增加分析的可信度。另外,舆论分析的结果会对相关组织或个人的声誉和信用产生影响,选择可靠的数据源有助于维护舆论分析的声誉和信度。

2. 代表性

代表性是舆论分析的基础。舆论分析的目的是了解目标群体的意见和态度,数据源必须能够代表目标群体。代表性是保证分析结果的准确性、可靠性的关键。因此,在舆论分析过程中,首先要警惕偏见。数据源的偏差会导致分析结果的偏见,如果数据源仅来自某个特定群体,则分析结果无法反映目标群体的整体意见和态度。其次,要警惕片面性。数据源的单一性会导致分析结果的片面性。再次,还要警惕误导性,数据源的虚假性会导致分析结果的误导性。因此,在具体选择数据源时,特别应注意考虑目标群体的人口学特征、地理分布以及社会经济状况等。

3. 多样性

通过选择多样化的数据源,可以获得来自不同群体、不同背景和不同立场的观点,避免对某一特定群体或观点的偏见,并获得更全面、客观的分析结果。舆论分析旨在发现舆论的趋势和模式,通过使用多样性的数据源,可以捕捉到不同群体和社会组织之间的差异和相似之处,有助于识别不同观点的共识点和冲突点,以及不同群体之间的态度和行为差异。多样性的数据源还可以带来新的洞察。通过涵盖不同的社交媒体平台、不同的在线论坛和不同的参与者群体,可以发现新兴的观点、趋势和话题,从而有助于保持对舆论变化的敏感性,并及时调整相关策略和决策。当然,选择多样性的数据源还可以减少样本偏差对舆论分析结果的影响,提高可信度。

4. 合法性

选择数据源时,应确保数据的收集和使用符合隐私保护的伦理原则和法律法规。个人隐私权是受到法律保护的权利,擅自收集、使用或公开个人数据会侵犯个人隐私权。因此,在选择数据源时,应尊重个人隐私,遵守相关的隐私保护法律法规,并采取适当的数据安全措施,确保数据的安全性和保密性。在选择数据源时,还应尊重版权和知识产权。某些数据可能受版权保护或属于特定的知识产权所有者。未经授权或违反版权和知识产权的使用会引起法律纠纷和侵权行为。因此,选择数据源时,应确保数据的使用符合版权和知识产权的规定,并遵守相关的法律法规。

5. 经济性

舆论分析通常需要收集大量的数据,并进行数据处理和分析。数据源的选择应该注意节约成本和资源,提高效率和效益,选择那些能够提供与研究目标和问题相关的数据,避免资源浪费在与研究目标无关的数据收集上,注意数据的质量、有效性、实用性和适用性,并综合多个数据源以获得更全面的分析结果。从时间角度而言,数据源的收集和处理需要花费大量的时间和精力。如果数据源过多,会消耗大量的时间和精力,影响分析效率。因此,也应坚持经济性原则,选择必要、性价比高的数据源,提高分析的效率和成本效益。

# 第四章

# 舆论数据的收集、存储与管理

通过收集、存储和管理大量的舆论数据,可以为舆论分析提供丰富的数据资源,是整个舆论分析过程的基础。本章重点探讨收集和存储大数据的方法与策略,介绍了主要的数据收集方法,如应用程序接口(API)和网络爬虫,以及存储和管理大型数据集的方案,并特别引入了基于 ELK Stack 的开源解决方案。

## 一、数据收集

在舆论大数据分析中,数据是海量的,且源自多种来源,需要借助大数据技术进行收集和处理。为了提高准确性和有效性,需要制定统一的数据收集标准,以提升数据的一致性和完整性,并且要通过多种渠道收集,以提高数据的多样性和准确性。总而言之,数据收集是舆论大数据分析的基础性工作。只有做好数据收集工作,才能为舆论分析提供高质量的数据。

根据数据收集方式的不同,舆论大数据收集方法可以分为两类:一类是实时收集,及时掌握舆论动态。另一类是非实时收集,即收集历史数据。根据数据来源的不同,舆论大数据收集方法可以分为 API 收集、网络爬虫收集等,但两类方式都需要设置全面且精准的关键词。接下来,我们分别进行介绍。

### (一)关键词设置

在舆论大数据收集过程中,关键词的选择会直接影响收集到的数据是否准确反映了研究目的和问题。因此,正确设置关键词是保证数据相关性和质量的前提。

1. 确定关键词的步骤

（1）定义分析目标和问题。首先需要明确调查或研究的具体目的,是关注某个特定事件、话题趋势,还是监测特定品牌或产品的舆论。根据分析目的,界定需要关注的话题范围,有助于后续更有针对性地选择和精简关键词。

（2）初步关键词生成。团队内部进行头脑风暴,列出所有可能与分析话题相关的关键词和短语。查看行业内竞争对手或相关领域的研究和讨论,了解他们使用的关键词。另外,也可以利用关键词研究工具来发现相关关键词及其变体。这个过程有三个关键点。

第一,详细定义事件类型。首先,明确需要监测的事件类型,是产品发布、公司重大公告、政策变动还是公共事件?然后为每种事件类型设定特定的关键词。例如,如果监测科技产品发布,关键词则包括"发布""新产品""发布会"等。

第二,识别涉及主体。确定事件涉及的主体,如政府机构、公司、个人等。要注意包括所有相关主体的名称及其常见变体和缩写。例如,如果监测有关"苹果公司"的信息,关键词应包括"苹果""Apple",产品名如"iPhone""MacBook"。

第三,结合地理和时间标签。如果事件或主题具有地理特定性,加入相关的地名作为关键词,如"上海""巴黎"等。对于时间敏感的事件,考虑添加具体时间或时段,如"2024 选举""夏季奥运会"。

（3）关键词筛选与扩展。对初步列表中的关键词进行相关性检查,保证每个关键词都与分析话题紧密相关。然后进行搜索意图对齐,分析关键词的搜索意图是否能捕捉到目标受众的查询。另外,需要注意添加相关的同义词和长尾关键词,以覆盖更广泛的数据。

（4）关键词测试。在实际的数据收集平台上运行小规模的测试,检查所选关键词是否能有效捕获到相关数据。然后分析测试结果,评估关键词的覆盖范围和准确性,再根据需要进行调整。

（5）优化和迭代。根据收集到的数据和分析结果不断优化关键词列表,剔除表现不佳的关键词,添加可能遗漏的新关键词。随着话题的发展和舆论的变化,注意定期更新关键词列表,提升数据收集的持续相关性和有效性。

（6）文档化和标准化。建立一个关键词管理框架，对所有使用的关键词进行文档化，包括它们的定义、使用场景和效果评估。在需要的情况下，分享关键词设置的经验，帮助团队成员理解和运用有效的关键词策略。

2. 关键词设置技巧

（1）使用布尔逻辑组合关键词。使用布尔逻辑来组合关键词，是提高大数据收集准确性和效率的重要方法。布尔运算符包括三种类型——AND、OR、NOT，使用它们能够组合、限定或排除关键词，以精确地控制搜索结果。

AND 运算符用于组合多个条件，要求结果必须同时满足所有指定的条件。例如，如果分析主题是气候变化与经济影响的关系，可以查询"气候变化 AND 经济影响"，这样可以保证所有返回的数据都同时涉及这两个方面。

OR 运算符用于扩展搜索结果，包含任一条件。例如，如果想分析关于气候变化的各种视角，可以使用"气候变化 OR 全球暖化"，这样可以获取包含任一术语的讨论，从而覆盖更广泛的话题。

NOT 运算符用于排除不想要的条件。如果想分析气候变化但不想包括与政治相关的讨论，可以使用"气候变化 NOT 政治"，从而过滤掉那些与政治相关的讨论。

（2）使用引号进行精确匹配。当将关键词放在引号内时，搜索系统只会返回包含那个精确词语的结果，所以在关键词设置中使用引号，可以保证短语的完整性，对于提高搜索结果的相关性非常有帮助。例如，设置"气候变化影响"（不带引号）会返回包含"气候""变化"和"影响"三个词的任何组合的结果，这些结果不一定非要形成连贯的短语，而设置"气候变化影响"（带引号）则只有包含完整短语"气候变化影响"的文档会被检索出来。

（3）识别同义词和相关术语。涉及专业领域时，关键词应包括行业内常用的专业术语。例如，在医疗健康领域，"高血压"还需要考虑"血压高""高血压病"等表述。另外，在跨文化的研究中，相同的事物在不同文化或地区可能有不同的称呼。例如，不同地区对"汽车"的称呼有所不同，需要注意辨别。同一关键词在不同语境下也可能有不同的含义，要注意使用的关键词在特定研究语境中是恰当的。例如，如果需要收集关于苹果公司最新手机的舆论反馈,选择"苹果 iPhone""Apple 手机"等作为关键词更佳。避免使用单一的"苹果",否则会有很多关于水果的无关信息。

3. 使用关键词研究工具

关键词研究工具可以帮助发现与主题密切相关的关键词和短语。这些工具通常基于大数据分析,提供用户搜索频率、相关性、竞争程度等信息。

(1) Google 关键词规划师。这是 Google AdWords 的一部分,主要用于广告计划,但也非常适合进行关键词研究。它可以显示不同关键词的搜索量和搜索竞争程度,也可以帮助找到特定领域与事件的关键词。

(2) Ahrefs。这个工具更适合深入的 SEO 分析,包括关键词探索、网站排名跟踪和反向链接分析。它的关键词探索工具能提供大量的关键词建议、搜索量和点击率等数据。

(3) SEMrush。类似于 Ahrefs,SEMrush 提供广泛的关键词研究功能,包括关键词难度评分和 SERP 分析,由此帮助确定哪些关键词最适合用于舆情监测。

### (二) API 收集

API 是指通过调用 API 接口来获取数据的一种方法。API(Application Programming Interface)是应用程序接口的缩写,它是一种软件接口,用于两个软件之间进行通信。在舆论大数据分析中,应用程序接口收集是一种常用的数据收集方法。通过调用 API,可以从各种网站、平台和应用程序中获取数据。

1. API 数据收集的特点

(1) 高效性。API 允许无缝访问外部数据源,如社交媒体平台、网络服务和物联网设备,使应用程序能够以标准化的方式从这些数据源检索和处理数据,自动完成数据收集,效率高,节省时间和人力。

(2) 可靠性。由于 API 是由官方提供的,因此通过 API 获取的数据通常更加可靠和稳定。另外,API 的使用遵循数据提供方设定的规则和限制,减少了因违反使用条款而导致的数据访问中断风险。

(3) 准确性。API 提供了与不同软件应用程序和数据源交互的标准化方式,可以根据需要定制化查询参数,如时间范围、关键词、地理位置等,从而精确地获取目标数据,而无须进行复杂的数据清洗和预处理工作。

不过,通过 API 收集数据虽然有很多优点,但也存在一些限制。许多应用程序接口,尤其是公共应用程序接口,会对特定时间内的请求数量设置速率限制,减慢数据收集过程,限制可收集的数据量。应用程序接口可能只提供一个数据源的部分数据,会导致数据集不完整,无法完全代表综合分析所需的信息。在使用第三方提供的应用程序接口时,数据访问需要依赖这些提供商,应用程序接口政策的变化、服务的中断可能阻碍数据收集。另外,不同的应用程序接口具有不同的结构、格式和协议,需要花费大量精力对来自多个来源的数据进行整合和标准化。最后,虽然有些应用程序接口是免费的,但通常大多都需要付费,特别是主流社交平台的大容量数据访问。

2. 应用示例

接下来我们以微博为例,介绍如何通过 API 收集微博数据。

步骤一:注册微博开发者账号。

首先,需要注册一个微博开发者账号。注册成功后,会获得一个 App Key 和 App Secret。

步骤二:获取微博 API 接口地址。

根据需要收集的数据类型,选择相应的微博 API 接口。例如,要收集微博上的热门话题,可以使用"获取热门话题"API 接口。

步骤三:发送 API 请求。

使用 HTTP 请求发送 API 请求。请求中需要包含 App Key、App Secret 和 API 接口参数。

步骤四:解析 API 响应。

解析 API 响应,获取数据。以下是基于 Python 的示例代码:

```python
import requests
# 微博开发者账号信息
app_key = "YOUR_APP_KEY"
app_secret = "YOUR_APP_SECRET"
# API 接口地址
```

```
api_url = "https://api.weibo.com/2/statuses/public_timeline.json"
# API 接口参数
params = {
    "access_token": "YOUR_ACCESS_TOKEN",
    "count": 10,
}
# 发送 API 请求
response = requests.get(api_url, params=params)
# 解析 API 响应
if response.status_code == 200:
    data = response.json()
    for 微博 in data["statuses"]:
        print(微博["text"])
else:
    print(response.status_code)
```

该代码可以收集10条最新的微博热门话题。在实际应用中，可以根据需要修改代码，收集其他类型的数据。需要注意的是，有些 API 需要申请权限才能使用，在使用 API 时，需要遵守使用协议。另外，API 可能会更新，需要及时关注更新信息；有的 API 会限流，需要控制请求频率。

### （三）网络爬虫收集

网络爬虫（web crawler）也称为网络蜘蛛（web spider），是一种按照一定的规则，自动地抓取万维网信息的程序或者脚本。网络爬虫的工作原理是先从一个或多个 URL 开始，根据预先定义的规则提取页面中的内容和链接，并将这些链接添加到待爬取的 URL 队列中。接着，爬虫会从队列中取出一个 URL，并重复上述过程，直到队列中没有 URL 为止。特别需要注意的是，要以合法的方式进行网络爬取，尊重网站的 robots.txt 文件，遵守其服务条款，并考虑隐私权和版权问题，并且不应使网站服务器超载。

1. 网络爬虫收集数据的特点

(1) 广泛性。网络爬虫能够访问并抓取互联网上几乎所有公开可访问的数据,包括各种社交媒体平台、新闻网站、论坛、博客和官方公告等,覆盖广泛的主题和领域。更重要的是,网络爬虫不仅可以收集文本数据,还能抓取图片、视频、PDF文档和其他多媒体格式的数据,使得爬虫能够为特定的分析需求提供丰富的数据类型。另外,通过网络爬虫,可以收集到从网站建立之初到当前的历史数据,为进行时间序列分析和趋势分析提供了可能。

(2) 灵活性。网络爬虫可以根据具体的需求进行定制化开发,也就是说可以设计爬虫来专门抓取特定格式的数据,或者针对特定网站的结构进行优化,以提高数据收集的效率和准确性。在爬取过程中,网络爬虫可以根据预设的关键词、标签或其他筛选条件,精确地定位和抓取目标数据,这种筛选机制可以使得收集到的数据与分析目标高度相关。另外,网络爬虫能够模拟人类浏览网页的行为,如登录、翻页、点击等操作,使其能够自动化地收集需要交互才能访问的数据。对于网站结构或内容的更新,网络爬虫的代码可以重新调整或优化,以适应这些变化。

不过,网络爬虫在收集数据时,会存在数据泄露或被篡改的风险。一些网站也会采取措施阻止网络爬虫抓取网页。但总体而言,网络爬虫是一种高效、经济实惠、可扩展的数据收集方法,在舆论大数据收集过程中具有广泛的应用。

2. 网络爬虫的技术要求

使用网络爬虫进行数据收集需要具备一系列的技术能力和知识,不仅涉及编程技能,还包括对网络协议、数据格式和数据处理技术的了解。

(1) 需要熟悉至少一种编程语言,常用于网络爬虫开发的语言包括Python、Java等。Python因其丰富的数据处理库(如Beautiful Soup、Scrapy、Requests)和相对简单的学习曲线而被广泛使用。在此基础上,还要熟练使用网络爬虫相关的库和框架,如Python的Scrapy框架、Beautiful Soup库,能够提高开发效率和爬虫性能。

(2) 要理解HTTP和HTTPS协议的基本原理,包括请求方法(GET、POST等)、状态码(如200、404、503等)、请求头和响应头的作用等。因为许多网站使用JavaScript动态加载内容,所以还要了解Ajax请求和JavaScript渲染页面的原理。

（3）要对 HTML 文档结构有一定的了解，能够解析和处理 HTML 或 XML 格式的数据，提取出所需的信息，并且熟悉 JSON 数据格式的解析和处理。

（4）对于那些通过 JavaScript 动态生成内容的网站，需要使用如 Selenium 或 Puppeteer 这样的工具模拟浏览器行为，执行 JavaScript 并抓取渲染后的页面内容。

（5）为了应对 IP 被封的情况，需要了解如何使用代理服务器和 IP 轮换技术。需要掌握用户代理（user-agent）管理方法，学会模拟不同的浏览器和访问设备，避免被网站识别为爬虫。另外，还需要了解基本的验证码识别技术或使用第三方服务，处理登录或访问过程中的验证码验证。

（6）为了提高爬虫的抓取效率，需要理解并发和异步编程的原理，合理地管理多线程或异步请求。

3. 常用的网络爬虫工具和库

网络爬虫涉及各种工具和库，每种工具和库都有其特定的用例和功能。下面是一些比较常用的。Python 因其易用性和功能强大的库，成为网络爬虫的流行编程语言，因此我们介绍的主要是 Python 中的库（表 4-1）。

表 4-1 常用网络爬虫工具和库

| 工具/库 | 简介 | 功能 | 优势 | 劣势 | 适用场景 |
| --- | --- | --- | --- | --- | --- |
| Beautiful Soup | HTML/XML 解析库 | 易于使用、支持多种解析器 | 上手简单、解析效率高 | 功能相对单一 | HTML/XML 数据解析 |
| Scrapy | 通用爬虫框架 | 支持多种编程语言、丰富的扩展库、强大的并发处理能力 | 开发效率高、功能强大 | 学习曲线陡峭 | 通用爬取 |
| Selenium | 浏览器自动化工具 | 模拟浏览器操作、支持 JavaScript | 可模拟真实用户行为、适用复杂页面 | 运行速度较慢、资源消耗较多 | 复杂页面爬取 |
| Octoparse | 可视化爬虫工具 | 操作简单、无须编程基础 | 可视化界面、易于使用 | 功能相对简单、灵活性较差 | 简单页面爬取 |

续 表

| 工具/库 | 简 介 | 功 能 | 优 势 | 劣 势 | 适用场景 |
|---|---|---|---|---|---|
| ParseHub | 可视化爬虫工具 | 操作简单、支持多种数据源 | 可视化界面、支持多平台 | 免费版本功能有限 | 通用爬取 |

（1）Beautiful Soup 是一个用于解析 HTML 和 XML 文档的 Python 库。它创建的解析树有助于轻松提取数据，非常适合简单到中等复杂程度的数据挖掘任务。但它不能处理 requests，因此通常需要与 requests 库一起使用才能调用网站。

（2）Scrapy 是适用于 Python 的开源协作式网络爬虫框架，专为大规模网络抓取而设计，内置支持从 HTML/XML 源中提取数据，可处理各种类型的请求、跟踪链接并以不同格式导出抓取的数据，并且可以通过中间件和插件扩展自定义功能。不过与 Beautiful Soup 等简单工具相比，学习曲线较长，需要更多设置。

（3）Selenium 是一款用于 Web 自动化测试的开源免费工具，可以模拟浏览器操作，自动执行各种 Web 操作。Selenium 易于使用，提供了简单易用的 API，即使是没有编程经验的人也可以快速上手。Selenium 支持多种编程语言，包括 Python、Java、C++、JavaScript、Ruby 等，并且功能丰富，可以满足各种 Web 自动化测试需求。

（4）Octoparse 与 ParseHub 都是可视化的网络爬虫工具，无须编程基础，即可轻松创建爬虫程序。它们支持多种数据源，可以从网页、API、数据库等多种来源收集数据，支持 Windows、Mac、Linux 等多种操作系统，并且经过多年的测试和优化，运行稳定可靠。

除了上述工具之外，一些基于浏览器的插件功能也比较强大。例如，Web Scraper 和 Data Miner 都具有可视化操作界面，无须编程基础，即可创建爬虫程序。比较而言，Web Scraper 支持多种数据源，可以提取多种类型的数据，支持定时任务，也支持导出到多种格式，适用于需要快速收集数据以及数据量不大、处理需求简单的用户。Data Miner 数据处理功能更强大，支持代理服务器和多线程爬取，也支持断点续传和数据加密，更适用于收集量大、进行复杂数据处理的用户。

4. 利用网络爬虫进行数据收集的主要步骤

相对而言,利用 Python 库进行数据收集应用更广泛,难度也相对更大,本部分主要介绍其关键步骤。

(1)数据需求分析。明确需要收集哪些数据,包括:分析主题,如政治、经济、社会、文化等;数据源,如新闻网站、社交媒体、论坛等;数据格式,如文本、图片、视频等。

(2)环境搭建。安装 Python 和必要的库,如:Requests 用于发送 HTTP 请求;Beautiful Soup 用于解析 HTML 文档;lxml 用于解析 XML 文档;Selenium 用于模拟浏览器操作;Scrapy 用于开发爬虫框架。

(3)爬虫程序开发。通常包括:URL 管理器,负责管理待爬取的 URL 队列;网页下载器,负责下载网页内容;网页解析器,负责解析网页内容,提取所需的数据;数据存储器,负责存储收集到的数据。

(4)运行和维护。部署爬虫程序,并进行运行和维护,通常包括以下工作内容:

一是错误处理和调试。即处理爬取过程中出现的问题,如网站布局更改、连接问题或被服务器屏蔽等问题。

二是速率限制。即防止服务器超载,例如在请求之间实施延迟、轮换用户代理和使用代理服务器,以避免被服务器禁止或列入黑名单。

三是自动化和调度。即定期自动执行搜索过程,使用 cron 作业(Unix/Linux)或任务调度程序等工具,在设定的时间运行程序脚本。

5. 应用示例

接下来我们提供一个简单的 Python 爬虫示例,用于从新闻网站收集有关奥运会的舆论数据。假设我们想从一个公开的新闻网站抓取关于奥运会的新闻标题和链接,这个示例使用 Python 的 Requests 和 BeautifulSoup 库。参考代码如下:

```python
import requests
from bs4 import BeautifulSoup

def fetch_olympics_news(url):
```

```python
# 发送 HTTP 请求
response = requests.get(url)
# 解析网页内容
soup = BeautifulSoup(response.text, 'html.parser')

# 查找新闻标题和链接
news_items = soup.find_all('a', class_='news_title')  # 假设新闻标题在带有'news_title'类的<a>标签内

olympics_news = []
for item in news_items:
    title = item.text.strip()
    link = item.get('href', '')

    # 保存新闻标题和链接
    olympics_news.append({'title': title, 'link': link})

return olympics_news

# 示例网址,这个 URL 需要替换为实际目标新闻网站的 URL
url = 'https://example-news-website.com'
news = fetch_olympics_news(url)
print(news)
```

这个脚本定义了一个 fetch_olympics_news 函数,它接收一个 URL,发送 HTTP 请求,然后使用 BeautifulSoup 解析返回的 HTML 内容。我们通过特定的 CSS 类(这里假设是 news_title)来查找包含新闻标题的<a>标签。每个标题和链接都被存储在一个字典中,并返回一个列表。这只是一个基本的示例。实际应用中,需要根据目标网站的具体结构调整 CSS 选择器。如果要进行大规模的数据抓取,还需要考虑避免过度请求的措施,如增加请

求间的延时、使用代理等。

6. 分布式网络爬虫系统

分布式网络爬虫系统是一种特定类型的分布式数据收集系统,它利用多个网络爬虫在不同的服务器或计算节点上并行运行,从而更高效地从互联网上收集信息。这种系统设计用于处理大规模的网络数据抓取任务,能够显著提高数据收集的速度和效率,目前广泛应用于搜索引擎、市场分析、社交媒体分析、竞争对手监控等领域。例如,搜索引擎公司使用分布式爬虫来检索网页内容,市场分析公司用它收集关于品牌和产品的在线评论和讨论。

分布式网络爬虫系统通过并行处理,部署多个爬虫实例,同时运行在不同的机器上,容错率与可靠性高,单个节点的失败不会影响整个系统的运行。系统可以自动将任务从失败的节点转移到其他节点继续执行,并根据各个节点的处理能力和当前的负载情况动态分配爬虫任务,优化资源使用和提高效率。随着数据收集需求的增加,系统可以通过增加更多的爬虫节点来扩展,从而适应更大规模的数据处理需求。另外,通过分布式架构,可以将爬虫部署在不同地区,避免触发单一来源大量请求可能引发的 IP 封锁或法律问题。

分布式网络爬虫系统的搭建是个复杂且专业的工程,需要进行专门学习。一般而言,主要包括如下步骤:

(1)根据预计的数据量和爬虫任务的复杂性,选择合适的服务器和网络配置,确保每个节点都有稳定的网络连接。

(2)爬虫框架方面,可以选择如 Scrapy(Python)、Nutch(Java)等。消息队列方面,可以选择 RabbitMQ、Kafka 用于任务分发和负载均衡。另外还要选择适合的数据库存储管理抓取的数据,如 MongoDB、MySQL 或 Elasticsearch。

(3)根据需要抓取的数据设计合适的数据模型,便于存储和查询数据。

(4)中央调度器是分布式爬虫的核心,负责分配任务、处理节点的注册、监控系统状态等,可以使用开源框架如 Apache Airflow 进行任务调度。

(5)每个爬虫节点需要能够接收任务、执行爬取和发送数据回中央数据库,并且特别需要考虑每个节点都能处理异常情况,比如网络中断、目标网站结构变更等。

（6）利用如 Elastic Stack 堆栈或 Prometheus 和 Grafana 来监控系统状态和记录日志，便于故障排查和性能优化。

（7）在正式部署前，需要进行充分测试，包括单元测试、压力测试和用户验收测试。完成测试之后，就可以将系统部署到生产环境了。

分布式网络爬虫系统的稳定运行和多样化数据收集离不开一些基础服务的支撑。例如，需要代理 IP 管理服务提供对代理 IP 的过滤、清洗和保护功能，保证爬虫有高效稳定的 IP 可用；需要动态页面抓取服务，让开发者更关注数据收集逻辑而不是破解繁杂的 JS；需要验证码识别服务，来处理数据收集过程中的验证码问题等。

7. 使用网络爬虫需要注意的法律和伦理问题

在使用网络爬虫进行数据收集时，需要遵守相关的法律法规和伦理标准。不恰当的数据收集行为会侵犯隐私权、违反版权法，或者违背网站的使用条款，导致法律诉讼或其他严重后果。

（1）遵守网站的使用条款。许多网站在其使用条款中明确规定了对其内容的使用限制，包括是否允许爬虫访问和收集数据。在使用爬虫之前，应仔细阅读并遵守这些使用条款，避免违反规定。

（2）尊重 robots.txt 协议。robots.txt 是一个放置在网站根目录下的文件，用于指示哪些网站内容可以被爬虫访问，哪些不可以。合法的爬虫应尊重并遵循 robots.txt 文件的指示。

（3）注重数据隐私和保护。在收集和使用个人数据时，必须遵守相关的数据保护法律，如《中华人民共和国刑法》《中华人民共和国网络安全法》《中华人民共和国治安管理处罚法》等。

（4）尊重版权和知识产权。收集的数据可能受到版权保护，使用这些数据时需保证不侵犯原始内容创作者的版权或其他知识产权。

（5）减少对目标网站的影响。网络爬虫在收集数据时可能会对目标网站的性能产生负面影响，例如，通过发起大量请求导致服务器负载过重，应优化爬虫以避免对网站正常运营的干扰。

综上所述，使用网络爬虫进行数据收集时，不仅要关注技术实现，还必须认真考虑法律法规和伦理标准，保证数据收集活动的合法性和正当性。在计划和执行数据收集项目时，建议咨询法律专家，以求所有活动都符合我国的法律要求。

## 二、数据存储与检索

数据存储是指将数据以电子形式保存在各种存储介质中的过程,存储介质可以是机械硬盘、固态硬盘(SSD)、USB 闪存驱动器、内存卡、云存储服务等。比较而言,传统数据存储与管理技术通常针对 GB、TB 级别的数据,而大型数据集动辄数百 TB、PB 甚至 EB 级别。传统数据存储与管理技术通常针对结构化数据,而大型数据集不仅包括结构化数据,还包括大量的非结构化数据。另外,传统数据存储与管理技术通常针对离线分析,而大型数据集需要支持实时分析和处理。因此,为了有效处理大型数据集,需要采用专门的存储技术。

### (一)数据存储类型

1. 本地存储

本地存储指的是将数据保存在用户的设备上,比如个人电脑、移动设备或者服务器的内部硬盘、固态硬盘,或其他形式的直接连接存储(DAS),如外部硬盘和 USB 闪存驱动器。

与通过网络访问的远程存储或云存储相比,这种存储方式直接将数据存储在用户可以物理访问的介质上,数据的读取和写入速度通常比网络存储要快,而且不依赖于网络连接,可靠性较强。另外,用户对数据的控制度较高,可以通过物理措施和软件策略直接管理数据的安全和隐私。从成本来看,对于较小规模的数据存储需求,一次性购买存储设备的成本也会低于长期租用云存储空间的费用。因此,本地存储特别适合于那些对性能、安全性和控制性有高要求的应用场景。

2. 网络附加存储(NAS)

网络附加存储(NAS)是一种专门设计用于在网络上存储和共享数据的设备。它通过网络连接,允许多个用户和客户端设备从不同位置访问存储在 NAS 设备上的文件。NAS 设备通常包括硬盘驱动器(HDDs)或固态驱动器(SSDs)、一个网络接口(通常是以太网)以及管理数据存储和网络通讯的软件,提供了一种方便、集中管理的方法来共享数据和文件。

NAS 设备通常设计为即插即用,易于非技术用户设置和管理,许多

NAS 设备提供了图形用户界面（GUI）进行配置和管理，而且支持多种网络协议，允许不同操作系统（如 Windows、MacOS、Linux）的用户共享数据，适用于多平台环境。与传统的文件服务器相比，NAS 设备提供了一种成本效率较高的数据存储和共享方式，不需要购买额外的服务器软件许可。许多 NAS 系统允许用户通过添加更多硬盘或连接额外的 NAS 设备来增加存储容量，并且通常支持 RAID（独立磁盘冗余阵列）配置，提供数据冗余，保护数据免受单个硬盘故障的影响。另外，大多 NAS 设备支持通过互联网远程访问存储的数据，用户可以在任何地点访问。

对于需要集中存储数据但没有专业 IT 支持的小型至中型企业，NAS 提供了一种简单、成本效益高的解决方案，可以作为数据备份方式，为个人和企业提供重要数据的定期备份功能，并实现远程访问支持。

3. 存储区域网络（SAN）

存储区域网络（SAN）是一种高性能的专用网络，它连接数据存储设备与服务器，使得存储设备对网络中的多个服务器来说就像是直接连接到这些服务器上一样。SAN 通常用于企业环境中，支持大量的数据存储、管理和备份。

从技术特性上来看，SAN 提供高带宽和低延迟的网络环境，适合需要高速数据传输的应用。不仅如此，SAN 可扩展性强，容易添加更多的存储设备和服务器，支持数据存储需求的增长。通过 SAN，存储资源可以在网络上的服务器之间灵活共享和重新配置，不受物理位置的限制。SAN 还具备高可用性和可靠性，支持多种数据备份、恢复和冗余技术，如 RAID、镜像和快照，有效保证了数据的安全性和持续可用性。另外，SAN 提供了集中管理存储资源的能力，简化了数据管理和维护工作。因此，SAN 的高性能、可扩展性和高可用性使其成为处理大量数据、支持关键业务应用和实现高效数据管理的环境中的理想选择。然而，由于 SAN 的成本和复杂性，它通常更适合于大型组织和有特定高性能存储需求的场景。

4. 云存储

云存储是一种通过互联网提供的数据存储服务，允许用户和企业在远端服务器上存储、管理和备份数据。这些远端服务器通常由第三方服务提供商经营，它们在多个数据中心运行，为用户提供数据的虚拟化存储解决方案。用户可以通过任何有网络连接的设备访问云存储空间，并根据实际使用的存储量支付费用,免去了自行维护物理硬件的需要和成本。

云存储服务通常采用按需付费模式,用户根据实际使用的存储空间和服务支付费用,避免了过度投资未使用的存储资源,而且可以从世界上任何有网络连接的地方通过互联网访问云存储中的数据。另外,云存储服务通常包括数据备份和恢复功能,帮助保护数据免受硬件故障、灾难或人为错误的影响,而且实施了先进的安全措施,如加密、访问控制和多因素认证,安全性也有较高保障。可以说,云存储因其便利性、成本效率和弹性而广受欢迎,适用于各种规模的组织和个人用户。

表 4-2 数据存储类型比较

| 存储类型 | DAS | NAS | SAN | 云存储 |
| --- | --- | --- | --- | --- |
| 数据容量 | 小到中等 | 中等到大 | 大 | 大 |
| 存取速度 | 快 | 中等 | 快 | 中等 |
| 管理难度 | 易 | 易 | 难 | 中等 |
| 安 全 性 | 中等 | 高 | 高 | 高 |
| 成 本 | 低 | 中等 | 高 | 中等 |

**(二)数据存储原则**

随着数据体量、生成速度和类型的迅速增长,在舆论数据的存储过程中,要求不仅能高效存储这些数据,还要能进行快速检索和分析。具体而言,需要重点考虑以下因素。

1. **存储容量和可扩展性**

在大型数据集的存储与管理中,妥善考虑存储容量和可扩展性是保证数据长期可用和支持业务增长的关键。

(1)要基于当前的数据生成速率和未来业务发展预测,对数据增长趋势进行分析,以估计未来的存储需求。可以根据数据增长的预估,制定存储容量规划,以便存储系统能够满足未来一段时间内的需求,避免因容量不足而影响业务运营。

(2)根据数据访问频率实施分层存储策略,将频繁访问的"热数据"存储在更快速的存储介质上,而将访问频率较低的"冷数据"迁移到成本更低的存储介质上。另外,可以通过自动化工具实现数据的生命周期管理,让数据能够在不同类型的存储介质之间自动迁移,优化存储资源的使用,同时保持成本效益。

(3)可以应用数据压缩技术减少存储空间的需求,许多现代的存储系统和数据库支持自动数据压缩。另外在备份数据时,使用数据去重技术可以有效减少存储需求。

(4)在选择存储技术和架构时,要考虑其对未来技术的兼容性,使系统能够适应新的存储技术和趋势,并优先选择支持开放标准的存储解决方案,以便于将来进行迁移或与其他系统集成。

2. 数据访问速度和性能

(1)使用固态硬盘(SSD)而非传统机械硬盘(HDD)来提高数据读写速度。对于需要极高速度访问的数据,可以考虑使用内存数据库或将数据缓存在 RAM 中。

(2)合理设计数据模型,减少不必要的数据冗余,使数据结构适合查询操作。为数据库中频繁查询的列建立索引,加快查询速度。同时,避免过度索引,以减少维护索引对写入操作的性能影响。

(3)将数据按照某种逻辑(如时间、地理位置等)划分成多个部分,使查询操作可以限定在特定的数据分区中,提高查询效率。在分布式数据库系统中,通过数据分片将数据分散存储在多个服务器上,并行处理查询,以提高访问速度和系统的整体性能。

(4)使用内存缓存技术,如 Redis、Memcached,将频繁访问的数据或计算结果存储在内存中,以减少对底层存储系统的访问次数。对于分布式系统,可以在网络的边缘节点部署缓存,减少数据传输延迟。

(5)在多节点的存储系统中,使用负载均衡技术分散数据访问请求,避免单点过载。优化数据存储布局,尽可能使数据访问限于最近的物理位置,减少数据传输时间。

(6)对于大型数据处理任务,采用并行计算框架(如 Apache Spark、Apache Flink),利用多个处理单元同时处理数据,加快处理速度。对非实时性的大量数据处理任务,采用批处理模式,提高资源利用率和处理效率。

(7)使用监控工具实时监控数据访问性能,包括响应时间、吞吐量等指标。根据监控结果定期进行性能分析和调优,包括调整系统配置、优化查询语句、升级硬件等。

### 三、数据管理

舆论数据体量巨大且形式多样,存储管理系统必须能够处理这些不同类型的数据,并且在存储结构上提供足够的灵活性以适应不断变化的数据规模和格式。舆论数据的采集往往需要实时或近实时的处理,这就要求管理系统能够支持高速数据写入。同时,为了分析和生成报告,系统还需要快速读取和查询数据。更重要的是,随着数据量的增加,管理系统必须能够水平扩展。此外,由于舆论分析可能需要回顾历史数据,管理系统需要提供高效的长期解决方案,应支持数据的归档功能,以优化存储成本和性能。

#### (一)数据管理方案

1. 数据库技术

数据库技术分为多种类型,在舆论大数据管理中,常用的数据库技术主要有如下几种。

(1)关系数据库。适用于具有关系的结构化数据,例如 MySQL、PostgreSQL 和 Oracle,具有结构化、易于管理等特点,可以用来存储舆论数据的基本信息,例如发布时间、发布者、内容等。

(2)NoSQL 数据库。这是一种非关系数据库,具有非结构化、高性能、可扩展等特点,可以用来存储非结构化的舆论数据,例如文本、图片、视频等。主要有 MongoDB(基于文档)、Cassandra(宽列存储)等。

(3)新 SQL 数据库。这是一种新型的数据库管理系统,融合了传统关系型数据库和 NoSQL 数据库的优点,以解决传统关系型数据库在处理大规模数据和高并发请求时的瓶颈问题,如 Google Spanner 和 CockroachDB。

(4)时序数据库(Time Series Database,TSDB)。这是一种专门为时间序列数据设计的数据库。时间序列数据通常包含大量的测量值,每个测量值都与时间戳相关联。时间序列数据通常是实时产生的,需要频繁地插入数据库,通常支持数据聚合操作,例如求平均值、最大值、最小值等。

(5)图数据库。这是一种以图结构存储数据的数据库。图是一种数据结构,由节点和边组成,节点表示实体,边表示实体之间的关系。图数据库可以很好地表达实体之间的复杂关系,适用于需要处理关系型数据的场景,如社交网络、知识图谱等。

2. 数据仓库

数据仓库(data warehouse)是用于存储和管理来自一个或多个异构数据源的大数据系统。它通过聚合和汇总数据来进行查询和分析,专门设计用于支持决策过程。数据仓库集中存储历史数据,能够进行复杂的查询、报告、分析和数据挖掘。

从技术特征上来看,数据仓库的数据围绕一个或多个主题组织,便于进行专业分析,而且将来自不同源的数据进行清洗、转换和集成,有助于提升数据的一致性。另外,数据仓库中的数据是以时间序列存储的,允许用户进行历史数据分析。

数据仓库的典型架构包括以下组件。

(1)数据源。可以是结构化数据(如数据库系统)、半结构化数据(如日志文件)或非结构化数据(如文档和电子邮件)。

(2)ETL工具(提取、转换、加载)。这些工具用于从各种数据源提取数据,对数据进行清洗、转换,并加载到数据仓库中。

(3)数据仓库数据库。这是存储已经清洗和转换好的数据的地方,通常设计为多维数据库,以支持复杂的查询和分析。

(4)前端工具。包括查询工具、报告工具、分析工具和数据挖掘工具,帮助用户从数据仓库中检索数据,进行各种分析。

3. 数据湖

数据湖(data lake)是存储管理大量结构化、半结构化和非结构化数据的方案,这些数据以原始格式存储,不需要预定义模式或格式。数据湖的目标是将各种类型和来源的数据集中存储在一个地方,以便进行分析、探索。数据湖具有以下特点。

(1)数据湖可以容纳各种类型的数据,包括结构化数据、半结构化数据和非结构化数据。这种多样性使得数据湖成为一个灵活的存储库,可以适应不同类型的数据需求。

(2)数据湖采用分布式存储和计算技术,可以轻松扩展以适应大规模数据的存储和处理需求。它可以容纳大量的数据,支持并行处理和分布式计算,以提高数据处理的效率和性能。

(3) 数据湖将数据以原始格式存储,不需要预定义的模式或格式。这意味着数据湖可以容纳任意类型和结构的数据,不需要事先进行转换或规范化。这种原始存储的方式使得数据湖具有更高的灵活性和可扩展性,可以适应数据的快速变化和新的分析需求。

(4) 数据湖提供了一种灵活的方式来探索和发现数据。分析人员可以直接在数据湖中进行数据查询、探索和分析,而无须预先定义查询模式或结构。这种自助服务的数据访问方式使得数据湖成为分析师进行数据探索和发现的理想工具。

(5) 数据湖可以作为一个集成平台,将来自不同来源和系统的数据整合在一起。它可以与各种数据源和工具进行集成,包括关系型数据库、数据仓库、数据集成工具等。这种数据整合和集成的能力使得数据湖成为一个中心化的数据存储和分析平台,可以支持企业级的数据分析和决策。

有许多数据湖产品可供选择。典型产品是 Apache Hudi,这是一个开源的分布式计算框架,可以用于构建和管理数据湖。它包括 Hadoop 分布式文件系统(HDFS)和 Hadoop 生态系统中的其他组件,如 Hadoop MapReduce、Hive、Spark 等,提供了存储和处理大规模数据的能力。此外,还有众多云服务厂商提供了数据湖产品和解决方案,如 Azure Data Lake Storage 是微软 Azure 云平台提供的一种大规模数据存储服务,可以用作数据湖的存储。它与 Azure 生态系统中的其他服务和工具集成,提供高可扩展性和安全性。

总之,大型数据集的存储与管理策略在很大程度上取决于使用案例的具体要求,包括数据的性质、所需的访问速度、可扩展性需求、预算限制和安全要求,这些策略的组合通常用于优化大型数据集的存储和访问。表4-3 列出了数据库、数据仓库、数据湖的特点与差异。

表 4-3 大型数据集的存储与管理方案

| 特　性 | 数 据 库 | 数 据 仓 库 | 数 据 湖 |
| --- | --- | --- | --- |
| 数据结构 | 结构化数据 | 结构化数据 | 结构化、半结构化和非结构化数据 |
| 数据规模 | 小到中等规模 | 大规模,PB 级 | 极大规模,可达 EB 级 |

续 表

| 特 性 | 数 据 库 | 数 据 仓 库 | 数 据 湖 |
| --- | --- | --- | --- |
| 数据类型 | 事务数据（订单、客户信息等） | 分析数据（历史数据、趋势等） | 所有类型，包括事务和分析数据 |
| 数据处理 | 实时数据处理 | 批量数据处理 | 实时和批量数据处理 |
| 访问方式 | 主要通过SQL | 主要通过SQL | 多种工具，如SQL、HiveQL等 |
| 安全性 | 较高 | 较高 | 需额外考虑 |
| 成本 | 通常较低 | 通常中等 | 通常较低，但需考虑资源成本 |

## （二）ELK Stack

虽然目前有多种方案可以支持舆论大数据的分析，但考虑到成本、易用性与应用场景，本部分重点基于ELK来介绍相关应用。ELK是一个应用套件，由Elasticsearch、Logstash、Kibana三部分组成，简称ELK，是一套开源免费、功能强大的日志分析管理系统。ELK可以将系统日志、网站日志、应用系统日志等各种日志进行收集、过滤、清洗，然后进行集中存放并可用于实时检索、分析。这三款软件都是开源软件，通常配合使用，而且又先后归于Elastic.co公司名下，故又称为ELK Stack。

1. ELK Stack简介

（1）Elasticsearch。这是一个高度可扩展的开源全文搜索和分析引擎，允许快速地、几乎实时地存储、搜索和分析大量数据，通常被用作底层引擎来支持具有复杂搜索功能的应用程序。

Elasticsearch建立在分布式架构基础上，可以自动分割数据（称为分片）到多个节点（服务器）上，并且能够处理节点失效，自动重新分配和复制数据，具有高可用性。Elasticsearch支持接近实时的搜索，从文档索引到可搜索仅有很短的延迟，并且可以处理各种类型的数据，包括文本、数字、地理空间、结构化和非结构化数据。它使用Lucene作为其核心来进行全文搜索，提供了全面的查询语言和搜索功能，例如自定义分析器、模糊搜索和同义词处理。

Elasticsearch 可以运行在单个节点上,也可以扩展到数百个(甚至更多)节点的集群。每个节点可以持有整个数据集的一部分,并参与索引的创建和搜索。一个集群由唯一的集群 ID 标识,包括多个节点,可以动态添加或删除。数据存储在索引中,每个索引由一个或多个分片组成。每个分片是一个独立的索引,可以被放置在集群中的任何节点上。早期版本的 Elasticsearch 支持将多种类型的文档存储在同一个索引中,但最新版本推荐每个索引只使用一种类型。

数据在 Elasticsearch 中以文档形式存在,这些文档被编码为 JSON 格式。Elasticsearch 提供了一种强大的基于 JSON 的 DSL(领域特定语言),用于构建复杂的搜索查询,如文本查询、日期查询、地理查询等。Elasticsearch 的聚合框架还允许用户进行复杂的数据分析和摘要。例如,可以快速得到某个条件的数据平均值、最大值、最小值等统计信息。

(2)Logstash。Logstash 可以从多种数据源收集数据,包括文件、数据流、数据库以及各种常见的日志格式,支持数百种输入插件,能够方便地接入各类数据源,主要用于统一处理来自不同源的日志和时间序列数据。

在数据被送到存储系统之前,Logstash 提供了丰富的过滤器插件来转换、修改和丰富数据。例如,可以使用 grok 过滤器来解析非结构化的日志数据并提取有用的信息,或使用 mutate 过滤器来修改和转换数据字段。数据经过处理后,Logstash 支持将数据输出到多种目标,包括 Elasticsearch、本地文件、数据库以及其他各种消息队列系统。Logstash 使用一种基于文本的配置语言来定义其行为,配置文件简单明了,可以容易地定义输入、过滤和输出规则。如果现有的插件不能满足特定需求,开发者可以自行开发新的插件来扩展 Logstash 的功能。

Logstash 的处理流程是基于管道的,每个管道都有三个主要的组成部分:输入(input)、过滤器(filter)和输出(output)。用户可以定义多个管道,每个管道负责处理特定类型的数据。Logstash 的功能主要通过插件来实现,这些插件被分为输入插件、编解码器插件、过滤器插件和输出插件。这种模块化的设计使得 Logstash 能够灵活地满足各种数据处理需求。在 Logstash 中,每一个单位的数据都被视为一个"事件"。

(3)Kibana。Kibana 专门与 Elasticsearch 配合使用,提供了一个强大的用户界面,使用户能够以图形化的方式理解、分析和可视化存储在

Elasticsearch 中的数据。

Kibana 允许用户创建从 Elasticsearch 索引中检索的数据图表、表格、地图和仪表板,支持的可视化类型包括线图、条形图、饼图、热力图、散点图、地理空间数据的地图等。用户可以将多个可视化图形组合成仪表板,这些仪表板可以显示实时数据,并且可以共享和重复使用。仪表板可用于跟踪关键指标、分析趋势或将数据以易于理解的格式呈现给决策者。

Kibana 提供了一个"Discover"功能,允许用户在 Elasticsearch 数据集上进行即时查询和过滤,从而直接探索和分析原始数据。利用 Elasticsearch 的查询功能,Kibana 支持复杂的搜索查询,包括全文搜索、结构化查询以及时间基查询。Kibana 的高级版本(X-Pack 插件)提供了机器学习功能,可以用于识别数据中的异常模式、预测趋势等。Canvas 也是 Kibana 中一个很有特色的功能,允许用户创建定制的动态信息图表,通过可定制的方式呈现数据。此外,Kibana 提供了地理信息系统(GIS)的支持,允许用户在地图上可视化地理空间数据,适用于展示与地点相关的数据分析。作为 Elasticsearch 集群的前端工具,Kibana 安装和运行较为简单,通过 Web 浏览器访问,配置主要涉及指定 Elasticsearch 服务器的地址和端口。

2. ELK Stack 的应用

ELK Stack 为舆论大数据的存储、管理和分析提供了一个全面、高效的解决方案。作为开源解决方案,ELK Stack 可以提供与商业软件相媲美的功能,但成本更低,尤其适合数据量大且预算有限的项目。

(1)舆论大数据收集与整合。Logstash 可以从多种来源(如社交媒体、新闻网站、博客等)收集数据,并能够处理不同格式的数据,帮助统一和标准化数据格式,便于后续分析。Logstash 具有强大的过滤和转换功能,过滤器插件可以对收集的数据进行深入处理,例如解析文本内容、添加时间戳、提取关键词等,从而增强数据的可用性和分析价值。

具体而言,在数据收集方面,Logstash 可以配置特定的插件来连接社交媒体平台,通过 http 和 rss 输入插件,还可以抓取新闻网站和博客的更新信息。对于已经存储在文件系统中的数据,如已下载的数据集,可以使用 file 插件来读取并处理这些数据。在数据整合与转换方面,grok 是 Logstash 最常用的过滤器之一,用于解析复杂的文本数据并结构化。在处理社交媒体数据时,grok 可以帮助提取帖子中的重要信息(如日期、时间、标签和

URL)。mutate可以用来重命名、删除、替换和修改事件中的字段,对于标准化数据格式具有重要价值。另外,如果数据包含IP地址或其他地理标识,Logstash可以通过geoip插件进行地理位置解析,这对于分析舆论数据在不同地区的分布特别有用。

假设一个组织想要监控关于某个特定主题(如品牌或公共事件)的社交媒体言论,Logstash可以配置如下:

第一,使用输入插件收集包含特定标签的特定社交平台帖文;

第二,通过grok过滤器解析帖文内容,提取用户信息、时间戳、内容和可能的链接或媒体;

第三,使用geoip过滤器分析用户的地理位置,理解不同区域对该主题的讨论差异;

第四,通过mutate过滤器清洗和规范数据,准备好将数据发送到Elasticsearch;

第五,数据存储后,利用Kibana进行实时数据可视化和深入分析。

通过这种方式,Logstash不仅提供了一个高效的数据收集和整合平台,还提升了数据的一致性和可用性,为舆论分析提供了强大的数据支持。

(2)舆论大数据存储与管理。Elasticsearch是分布式的,数据自动分片并分布在一个或多个节点上。这使其可以非常轻松地扩展,处理PB级别的数据量。它的索引结构使得数据可以快速写入并且几乎实时检索,对于需要分析和响应舆论动态的应用来说具有重要价值。Elasticsearch支持高级全文搜索功能,包括模糊搜索、同义词搜索和自定义分析,使其非常适合处理和搜索大量文本数据,如新闻文章、社交媒体帖子等。

从具体功能来说,Elasticsearch的聚合功能允许进行复杂的数据分析,如计算平均值、求和、计数以及更高级的统计分析,如直方图和百分位数。这些聚合可以帮助揭示关于舆论主题的趋势和模式,比如某个话题的讨论热度随时间的变化、不同地区对某事件的关注程度等。Elasticsearch的另一个关键优势是它的实时处理能力,能够在数据写入后几秒内进行搜索和分析,对于需要实时监控舆论波动的场景非常有价值。

(3)舆论大数据可视化和分析。使用Kibana创建一个仪表板,实时显示来自社交媒体和新闻网站的数据流,可以用于实时舆情监测。例如,通过监测特定事件或话题相关的帖子和评论,Kibana可以展示这些讨论的总量、增长速度和地理分布。仪表板可以配置为在检测到数据中的特定模式或事件时发送警报。例如,如果某个负面话题的讨论量突然上升,Kibana 可以触发警报,通知相关人员采取行动。

另外,Kibana 可用于识别和报告长期趋势和模式。通过分析一段时间内数据的变化,可以生成关于舆论变动的深入报告,包括识别哪些话题在特定时间内获得了最多关注,以及公众兴趣的季节性波动。Kibana 的地图工具可以用来可视化数据的地理分布,例如,分析特定舆论或话题在全球或特定地区的流行度。这种分析可以帮助组织了解不同地区的市场反应和公众情绪,对于全球运营的公司尤其有价值。

### (三) ELK Stack 的部署

部署 ELK Stack 进行舆论大数据分析,涉及系统规划、安装配置和运营监控等关键步骤。

1. 系统规划和准备

(1) 首先要进行需求分析,确定数据量与类型,评估预计将处理的数据量大小,包括数据生成的频率、数据来源的种类(如社交媒体、新闻网站、论坛等)及其数据格式。根据数据特性(如结构化、半结构化、非结构化)选择合适的处理方法和工具。在此基础上,还要明确分析目标,如监控品牌声誉、追踪特定事件的公众反应或理解特定群体的意见,以此确定关键性能指标(KPIs),设计仪表板和报告,使它们能够提供有意义的洞察。

(2) 从服务器规格方面来说,要根据数据量和查询复杂度估算所需的 CPU、内存和存储。Elasticsearch 对内存和磁盘 I/O 的需求较高,需要配置足够的硬件资源以支持高并发查询和数据写入。同时,要考虑是否需要多节点配置以提高系统的容错能力和可扩展性。网络配置方面,要保证有足够的网络带宽来处理数据传输,尤其是在分布式环境中,节点之间频繁的数据交换会对网络带宽要求较高。

(3) 操作系统方面,确定服务器的操作系统(如 Linux、Windows)。Elasticsearch 和 Logstash 在多种操作系统上都有很好的支持,但通常在 Linux 上表现更优。另外,由于 Elasticsearch 和 Logstash 是用 Java 开发的,需要安装适合的 Java 运行环境(JRE)。

(4) 根据相关法律法规要求,实施数据加密、访问控制和日志记录等安全措施,可以考虑使用 Elasticsearch 的 X-Pack 安全特性,提供认证、授权和加密功能。防火墙和网络安全方面,设定好防火墙规则,限制不必要的访问。也可以配置 VPN 或使用专有网络(如 AWS VPC),来提升数据传输的安全性。

(5)在实际部署前进行压力测试和基准测试,以验证系统配置是否能够满足预期的负载需求。测试中应包括数据写入速度、查询响应时间和系统恢复能力等方面。

2. 安装和配置

(1)安装 Elasticsearch。从 Elastic 官网下载 Elasticsearch 的最新版本,选择适合操作系统的安装包。解压安装包,并根据操作系统指导进行安装。

在基本配置中,需要修改 config/elasticsearch.yml 文件,设置集群名称和节点名称,这是识别 Elasticsearch 集群和节点的基本方式。设置网络配置,确保 network.host 配置正确,允许其他机器访问 Elasticsearch。配置内存使用,修改 jvm.options 文件中的-Xms 和-Xmx 设置,根据服务器规格调整 Java 堆大小。

(2)安装 Logstash。与 Elasticsearch 类似,从 Elastic 官网下载适合操作系统的 Logstash 安装包,解压并按照官方指导文档安装 Logstash。

然后配置 Logstash,创建配置文件 logstash.conf,并配置输入、过滤器和输出,要确保配置文件中 Elasticsearch 输出插件的 hosts 和 index 属性正确设置。

(3)安装 Kibana。从 Elastic 官网下载与 Elasticsearch 版本相匹配的 Kibana 版本,解压并根据指导文档进行安装。

然后配置 Kibana,修改 config/kibana.yml 文件,设置 elasticsearch.hosts 参数为 Elasticsearch 服务器地址。可以配置 server.port 和 server.host 来改变 Kibana 服务的端口和绑定的 IP 地址。

(4)验证和测试。使用浏览器或 curl 访问 http://Elasticsearch 服务器 IP:9200,应该能看到 Elasticsearch 的基本信息返回。然后检查 Elasticsearch 索引,让从 Logstash 流入的数据能够被正确索引。在浏览器中访问 http://Kibana 服务器 IP:5601,可以尝试创建一些基本的可视化仪表板。

通过上述步骤,就可以建立一个用于舆论大数据分析的基础 ELK Stack 环境,监测、分析和可视化从各种数据源收集的数据。

3. 数据集成

数据集成(data integration)是将来自不同源的数据合并到一个一致的视图中的过程。舆论数据来源多样,它们的格式、结构和编码方式各不相同,需要进行统一处理,才能进行后续的分析。

在舆论分析过程中,数据集成具有重要价值。通过数据集成,可以将不同来源、不同格式、不同结构的数据进行统一处理,形成统一的数据视图,为后续的舆情分析奠定基础。不仅如此,数据集成通过汇总来自不同渠道和平台的数据,提供了一个全面的视角来分析舆论。这种全面性是理解复杂舆论动态的基础,可以揭示不同人群的看法和情绪以及它们之间的差异。此外,数据集成不仅可以按照时间序列进行分析,还可以支持基于地理位置、用户属性等多维度的舆论分析,提供更丰富的分析维度。

(1)确定数据源。在进行数据集成之前,首先需要确定和定义将要收集和分析的数据源。

(2)配置 Logstash 输入插件。对于每个数据源,需要在 Logstash 中配置相应的输入插件。以下是一些常用的输入插件配置示例。

如 HTTP 轮询(适用于 API 或网站):

```
input {
  http_poller {
    urls => {
      test1 => "https://api.example.com/data"
    }
    request_timeout => 60
    schedule => { every => "1m" }
    codec => "json"
  }
}
```

再如 RSS 订阅:

```
input {
  rss {
    url => "http://example.com/feed.rss"
    interval => 60
  }
}
```

（3）数据预处理与过滤。接收到原始数据后，通常需要对数据进行处理和过滤，以便提取有用的信息并转化成统一的格式，Logstash 提供了多种过滤器插件来清洗和标准化数据。

grok 过滤器可以用于从结构化的文本中解析出所需的信息。例如，从日志中提取时间戳和日志级别。参考代码如下：

```
filter {
  grok {
    match => { "message" => "%{TIMESTAMP_ISO8601: timestamp} %{LOGLEVEL: loglevel} %{GREEDYDATA: message}" }
  }
}
```

date 过滤器可以解析字段中的日期信息，转换成 Logstash 时间戳。参考代码如下：

```
filter {
  date {
    match => ["timestamp", "ISO8601"]
  }
}
```

mutate 过滤器可以对数据进行修改，如转换数据类型、重命名字段、移

除不需要的字段等。参考代码如下:

```
filter {
  mutate {
    remove_field => ["hostname", "tags"]
    rename => {"IPV4" => "client_ip"}
  }
}
```

（4）输出到 Elasticsearch。经过处理和过滤的数据,最终需要输出到 Elasticsearch 中进行存储和索引。参考代码如下:

```
output {
  elasticsearch {
    hosts => ["localhost: 9200"]
    index => "social_media_analysis"
    user => "elastic"
    password => "password"
  }
}
```

配置完成后,应启动 Logstash 并检查其日志,以确认数据能够正确地流入。可以使用 Kibana 监控 Elasticsearch 索引,确保数据如期被索引,并可用于进一步的查询和可视化。

（5）使用其他数据源。如果已经提前收集好了数据,并且这些数据已经存储在一个可访问的系统中（如文件系统、数据库等）,那么可以省略一个步骤——配置 Logstash 的数据输入插件从外部源直接抓取数据,不过仍需要使用 Logstash 来处理和转发这些预先采集的数据至 Elasticsearch。常见的配置方法如下:

第一,文件输入。如果数据以文件形式存储,比如 csv 文件,可以使用 Logstash 的 file 输入插件来读取这些文件。参考代码如下:

```
input {
  file {
    path => "/path/to/your/logfile.log"
    start_position => "beginning"
  }
}
```

第二,数据库输入。如果数据存储在数据库中,可以使用 jdbc 输入插件从数据库中定期抽取数据。参考代码如下:

```
input {
  jdbc {
    jdbc_driver_library => "/path/to/mysql-connector-java-5.1.47-bin.jar"
    jdbc_driver_class => "com.mysql.jdbc.Driver"
    jdbc_connection_string => "jdbc:mysql://localhost:3306/yourdatabase"
    jdbc_user => "yourusername"
    jdbc_password => "yourpassword"
    schedule => "* * * * *"
    statement => "SELECT * FROM your_table"
  }
}
```

如果不使用 Logstash,也可以考虑其他方法直接将数据注入 Elasticsearch。例如,如果能够将数据格式化为 Elasticsearch 所需的 JSON 格式,可以直接使用 Elasticsearch 的 Bulk API 将数据批量导入。另外,大多数编程语言(如 Python、Java、JavaScript)都有 Elasticsearch 客户端库,可以在应用程序中使用这些库来直接与 Elasticsearch 交互,插入和更新数据。选择哪种方法取决于数据的格式、体积以及对数据处理的需求(如是否需要清洗、转换数据格式等)。如果数据已经是清洗好并符合 Elasticsearch 存储格式的,直接使用

Bulk API 或客户端库可能更高效。如果数据需要进一步的处理,使用 Logstash 的各种过滤器来转换和准备数据则是更好的选择。

4. 可视化和分析

Kibana 不仅可以实现数据可视化,而且可以通过动态仪表板和实时更新的功能,提供深入的数据分析和决策支持,对于追踪和响应社会舆论动态来说非常有效。

(1)创建数据索引模式。在 Kibana 中进行数据可视化之前,首先需要在 Kibana 中为 Elasticsearch 数据创建索引模式。索引模式告诉 Kibana 数据在 Elasticsearch 中是如何存储的,以及 Kibana 应该如何读取这些数据。具体操作步骤如下。

登录到 Kibana 的 Web 界面,导航到"Management"(管理)>"Index Patterns"(索引模式)。创建新的索引模式,它应与 Elasticsearch 中存储数据的索引名称匹配。如果数据中包含时间信息,需要指定时间字段。

(2)可视化。一旦索引模式设置完成,就可以构建可视化了。Kibana 提供了一个直观的界面来创建和配置各种类型的图表。在 Kibana 的主界面中,选择"Visualize"(可视化)选项。点击"Create a visualization"(创建一个可视化)。选择一种图表类型,例如线图用于趋势分析,饼图用于显示比例分布。选择相应的索引模式,然后通过配置适当的字段和聚合来构建图表。

在配置图表过程中,选择要分析的字段。例如,选取"评论数"或"点赞数"来衡量帖子的受欢迎程度。可以应用聚合方法,如求和、计数、平均值等,以分析数据趋势。还可以设置图表的其他选项,如轴标签、颜色和过滤器等。

(3)创建仪表板。将单个可视化组合到仪表板中,可以提供一个综合的视图来展示相关的分析结果。具体操作步骤为:从 Kibana 的主菜单选择"Dashboard"(仪表板);点击"Create dashboard"(创建仪表板);使用"Add"(添加)按钮将之前创建的可视化组件添加到仪表板,可以调整各个组件的大小和位置,以优化显示效果。

(4)分享和导出。为了与团队成员或决策者共享分析结果,Kibana 提供了分享和导出功能。在仪表板视图中,使用"Share"(分享)功能,可以生成一个链接或导出为 PDF 格式,这样,即使是没有直接访问 Kibana 的用户,也能查看分析结果。

5. 性能监控和优化

监控和优化 ELK Stack 是确保其持续有效运行的关键环节。这不仅涉及系统性能的监控,还包括对数据质量和处理流程的优化。就集群健康来说,可以使用 Elasticsearch 自带的_cluster/healthAPI 监控集群状态,包括节点健康、分片错误等。从性能指标来说,可以使用 Elasticsearch 的 X-Pack 监控,查询延时、索引时间和系统负载等指标,或集成外部工具如 Grafana。Logstash 的 X-Pack 插件也提供了对其管道的视图,展示了事件处理的详细过程和潜在瓶颈。此外,还要定期检查 Logstash 日志以识别错误或警告信息。

从优化层面来说,对于 Elasticsearch,可以根据查询模式优化索引配置,如调整分片数量和副本策略,以平衡查询性能和数据冗余。可以优化查询语句,避免高成本操作如深度分页和复杂的聚合查询。另外,需要根据监控结果调整硬件资源分配,如增加内存或 CPU 资源以改善性能。对于 Logstash 来说,可以配置 Logstash 的管道以并行处理数据,利用多核 CPU 优势,可以调整批处理大小和缓冲区设置,以减少 I/O 操作,提升吞吐量。

**(四)数据治理**

1. 安全与隐私管理

做好大型数据集的安全与隐私管理是一项复杂的工程,需要从技术、管理和法律等多个方面采取措施。具体而言,在数据访问控制方面,可以采用身份认证和授权机制,严格控制数据访问权限;实施最小特权原则,只授予用户必要的访问权限;定期审计数据访问日志,发现异常行为。要对敏感数据进行加密,防止数据泄露。使用强加密算法和密钥管理机制,确保加密数据的安全性。还需要对敏感数据进行脱敏,例如删除姓名、身份证号码等个人信息,以及使用数据匿名化技术,保护个人隐私。另外,要定期进行数据安全审计,评估数据安全风险,发现安全漏洞并及时修复。

2. 数据生命周期管理

在大型数据集的存储与管理过程中,数据生命周期管理非常关键,它涵盖了数据的创建、使用、存储、保留和销毁等不同阶段。

（1）对数据进行分类和标记，根据数据的敏感性、价值和合规性等因素确定适当的生命周期管理策略。例如，将数据划分为核心业务数据、历史数据、备份数据等不同类别。

（2）根据法规、合规要求和业务需求，制定数据保留政策。确定数据在不同阶段的保留期限，包括数据的活动期、归档期和销毁期。

（3）根据数据的访问频率和重要性，将数据存储在不同的层次结构中。例如，将常用数据存储在高性能存储系统中，将不常用数据迁移到低成本的存储系统中，使用"亚马逊冰川"（Amazon Glacier）或"谷歌冷线"（Google Coldline）等归档存储。

（4）定期对数据进行迁移和归档，将不再需要频繁访问的数据从高成本存储转移到低成本存储。保证数据的完整性和可访问性，并记录数据的迁移和归档过程。

（5）在数据达到保留期限或不再需要时，进行数据销毁和安全处理。要使用安全的数据销毁方法，如数据擦除、物理销毁或加密销毁。

（6）在数据的整个生命周期中，进行适当的数据备份和恢复管理。根据备份策略和恢复计划，定期备份数据，并测试恢复过程的可行性和有效性。

（7）实时监控数据的使用和访问情况，记录数据的操作和变更。进行数据审计，以确保数据的合规性和安全性，并检测潜在的数据风险和违规行为。

（8）定期评估数据生命周期管理策略的有效性，并进行优化。根据数据的变化和业务需求，调整数据保留期限、存储层次结构和数据处理流程。

3. 数据备份和恢复

做好大型数据集的备份和恢复管理，可以有效防止数据丢失或损坏，提升数据可用性和业务连续性。为此，需要建立数据备份和恢复管理制度，明确数据备份和恢复管理责任，对备份数据进行定期安全审计，确保数据安全性，并建立数据备份和恢复应急响应机制，快速有效地应对数据丢失或损坏等状况，其具体步骤如下。

（1）确定备份的频率、保留期和类型。备份频率应根据数据的重要性和变化频率进行决定，保留期应符合法规和业务需求。备份类型可以包括完全备份、增量备份和差异备份等。

（2）根据数据集的规模和复杂性，选择适当的备份方案。常见的备份方案包括本地备份、远程备份、云备份等。可以考虑使用冗余存储和分布式备份来增强数据的可靠性。

（3）实现备份过程的自动化和规范化，以减少人为错误和提高效率。使用备份软件或脚本来自动执行备份操作，并监控备份的状态和结果。

（4）定期测试备份和恢复过程，以保证备份的完整性和可恢复性。测试可以包括恢复部分数据或完整数据集，并验证数据的一致性和正确性。

（5）在备份过程中，确保数据的加密和安全性。使用加密算法来保护备份数据的机密性，提升备份数据在传输和存储过程中的安全性。

（6）记录备份策略、过程和结果，并进行版本控制，以追踪备份的历史记录，方便管理和审计。

（7）制定灾难恢复计划，定义恢复的步骤和流程。包括备份数据的存储位置、恢复时间目标（RTO）和恢复点目标（RPO）等。

（8）实时监控备份过程和备份系统的状态，设置警报机制以及故障通知，及时发现备份故障或异常，并采取相应的纠正措施。

# 第五章

# 舆论文本数据处理

舆论文本数据处理是自然语言处理领域的一个子集,目的是从大规模的非结构化文本数据中提取有用信息,以理解公众的观点、情感、偏好和行为趋势。本章重点结合自然语言处理相关技术,介绍了文本数据预处理、特征工程、实体识别及关系抽取、事件抽取等在舆论文本数据分析中常用的技术。

## 一、自然语言处理简介

语言是人类用于日常沟通和表达思想、情感、意图的工具。它包括口语和书面语,以及各种非言语的交流形式。语言是人类社会沟通的基础。语言的交流功能是人类社会活动的基石,也是文化和知识传承的主要载体。通过语言,人们可以把经验、历史、科学知识和文化传统传递给下一代。特别是书面语言的发展,使得知识可以被记录和存储,从而突破时间和空间的限制。语言与人类的认知发展密切相关。它不仅是思考的工具,也影响着人们的认知结构和方式。研究表明,语言能够影响人们的观念形成和决策过程。语言还是社会身份和群体归属感的重要标志。通过语言的使用,人们可以表达自己的社会地位、文化背景和群体认同。语言中的方言、口音甚至使用的特定术语都可以反映一个人的社会和文化背景。因此,语言不仅仅是沟通的工具,它还深深植根于人类的文化、社会结构和个体心理中,是理解和影响人类行为的关键。

为了让计算机能够更好地理解和生成自然语言,自然语言处理技术应运而生。自然语言处理(natural language processing,NLP)是以自然语言为对象,利用计算机技术来分析、理解和处理自然语言的一门学科,即把计算机作为语言研究的强大工具,在计算机的支持下对语言信息进行定量化的研究,并提供可供人与计算机共同使用的语言。它包括自然语言理解(natural language understanding,NLU)和自然语言生成(natural language generation,NLG)两部分,属于典型的交叉学科。

**(一) NLP 的基础任务**

1. 词汇分析

词汇分析(lexical analysis)在自然语言处理和编译原理中是一个重要概念,尽管应用的上下文不同,但基本的功能和目的是相似的。在 NLP 中,词汇分析特指处理和理解文本数据中每个词汇或短语的形态和语义属性的过程,其主要工作如下。

(1) 分词。指的是将文本字符串分割成基本的语言单位(词汇单元或"tokens"),这是文本预处理的第一步,通常根据空格和标点分割,但某些语言(如中文)需要更复杂的方法。

(2) 词性标注。指的是为文本中的每个词汇单元分配一个词性标签,如名词、动词、形容词等。现代方法通常使用机器学习技术,如隐马尔可夫模型(HMM)、条件随机场(CRF)或基于深度学习的模型。词性信息对于理解句子结构和意义非常重要,是句法分析和语义角色标注等许多 NLP 任务的基础。

(3) 词干提取。指的是去除词汇的词尾以返回词根的过程,通常是通过简单的启发式方法(如去除常见的前后缀)实现。简化词形变化,有助于归一化处理,提高信息检索和文本分析的效率。

(4) 词形还原。指的是使用词汇学和词性信息,将变形词转换为其基本形式(词元)的过程。相比词干提取,词形还原能更准确地将词汇还原到其词典形式,适用于需要高准确度语言处理的应用。

词汇分析属于 NLP 中的基础工作,具有广泛应用。通过词干提取和词形还原,搜索系统能更准确地匹配用户查询的各种词形变化,提升搜索结果的相关性。词性标注为文本分析提供必要的语法信息,支持复杂的分析任务,如句法解析和语义分析。另外,词汇分析还是机器翻译的前置步骤,帮助翻译系统理解和处理源语言的词汇结构。从目前来看,词汇分析面临的挑战不少,主要包括多义词处理、复杂词汇的正确切分(特别是在没有明确分词标准的语言中,如中文)以及在多样化文本环境下保持高准确性和效率。此外,不同语言的特性要求词汇分析工具能够适应不同的语言规则和习惯。

2. 句法分析

句法分析(syntactic analysis)是自然语言处理中的一个核心部分,它关注的重点是分析和理解句子的结构。句法分析的目标是解析句子中单词的排列和组织方式,从而揭示句子的语法结构和组成元素之间的关系。这一过程对于深入理解语言的语法规则和提高语言处理系统的准确性,具有重要价值。句法分析的关键技术包括三方面。

(1)依存句法分析。依存句法分析识别句子中词汇之间的依赖关系。每个词汇依赖于句子中的其他词汇(通常是动词或其他重要词汇),形成一个依存关系网络。依存关系直观地表示了句子中词汇之间的修饰和控制关系。例如,"狗 咬 人","咬"是核心动词,与主语"狗"和宾语"人"形成依存关系。依存句法分析对于理解句子的语义结构非常有用,特别是在需要分析句子中各个元素的角色和功能时,如在信息抽取、情感分析中识别主体和客体。

(2)短语结构分析。短语结构分析通过构建一棵解析树来识别句子中的短语组成和句法类别。这种分析揭示了句子的层次结构,其中每个节点代表一个语言单位(如名词短语、动词短语)。短语结构树通过递归的短语组合展示了句子的完整语法结构,每个短语都被分类为特定的语法类型。

句法分析帮助计算机更精确地理解自然语言的复杂结构,这是进行准确语义分析和信息抽取的基础。在机器翻译和语法检查中,短语结构分析尤其重要,因为这些应用需要精确的句子结构信息来提升翻译的准确性和语法的正确性。此外,准确的句法信息对于开发高级 NLP 应用也非常重要。例如,问答系统需要解析用户查询的句法结构,以准确提取询问的焦点。从目前来看,句法分析也面临较为突出的技术挑战,特别是处理复杂和具有歧义的语言结构,如长距离依赖、嵌套短语和非标准语法使用。此外,不同语言的句法结构差异也为分析带来了额外的复杂性。

3. 语义分析

语义分析(semantic analysis)是自然语言处理中一个复杂且处于核心的

领域,目的是理解和解释语言的意义,包括从单词的多义性解析到更高层次的句子和篇章的意图与情感分析。其具体工作如下。

(1) 词义消歧。词义消歧是指在特定上下文中确定一个多义词的正确含义的过程。由于许多词在不同的上下文中可以表示不同的意思,确定正确的词义对于理解句子的整体意义非常重要。词义消歧通常依赖于统计方法、监督学习或知识库。例如,可以以上下文中的其他词汇作为线索,通过机器学习模型来预测多义词的最可能含义。词义消歧对于提高信息检索的准确性、提升机器翻译的质量以及提高语言理解系统的整体性能等都非常重要。

(2) 语义角色标注。语义角色标注是指识别句子中各个短语的语义角色,如施事者(执行动作的实体)、受事者(动作的接受者)、时间、地点等。这一任务通常使用基于深度学习的模型来实施,这些模型能够理解复杂的语言特征并预测标签。训练数据通常由人工标注,指明句子中每个词或短语的语义角色。语义角色标注对于增强问答系统、内容摘要以及更高级的文本理解任务(如推理和生成)非常有用。

(3) 指代消解。指代消解是识别文本中指代词(如他、它、这些)和其指向的具体对象的过程。例如,确定"他"指的是文本中提到的哪个男性人物,这对于保持阅读理解的连贯性和准确性非常关键。通常使用基于规则的方法或基于机器学习的模型,如核心指代消解算法,利用上下文信息来解析语义联系等。

语义分析目前面临的挑战主要包括自然语言的歧义性、上下文依赖性以及文化和语言多样性带来的复杂性。此外,准确地模拟人类的语义理解能力,要求算法不仅要处理表面信息,还要深入理解语境和隐含意义。但随着深度学习技术的发展和大规模预训练模型如 BERT、GPT 的应用,语义分析的能力和精度有了显著提升。

4. 语篇分析

语篇分析(discourse analysis)是自然语言处理中的高级部分。它不局限于单个句子的语法或语义,而是关注文本如何作为一个整体来传达信息和意义,旨在理解文本的整体结构,包括句子间的逻辑关系(如因果、转折、时间序列等),以及整个文本如何组织这些信息以实现其沟通目的。这种分析对于真正理解文本意图、改进文本生成、提高信息检索的相关性以及提升机器翻译的连贯性具有重要价值，能够帮助系统更好地模拟人类的阅读理解过程，从而在复杂的交流和分析任务中表现得更加人性化。其主要工作如下：

（1）话题检测和跟踪。话题检测指的是从一系列文档或对话中识别出新的或已知的主题，用于发现和定义主题。话题跟踪指的是一旦识别出特定主题，随着时间的推移，系统将继续监视新的内容，识别与该主题相关的新信息，有助于用户追踪感兴趣话题的发展。这种技术对于处理和分析大量文本数据非常有用，尤其是在新闻流、社交媒体或任何形式的连续内容中。

（2）篇章结构分析。篇章结构分析是理解文本如何被组织和结构化的过程，分析文本中的各个部分如何协同工作来传递信息。例如，分析文本中的段落如何通过逻辑连接词（因此、然而、此外等）和话题转换来构建论点或叙述。在技术方法上可以使用篇章解析树来表示文本结构，或使用机器学习技术识别文本中的结构模式和关系。

语篇分析推动了从简单的词汇和句子级任务向全文理解和生成的演进，但目前也面临一些挑战，如处理长文本的复杂结构，解决语言的歧义性，以及在没有明确语义线索的情况下维持逻辑和一致性。此外，跨语言的语篇分析也是一个难题，因为不同语言会有不同的叙述习惯和结构形式。

5. 语用分析

语用分析（pragmatic analysis）在自然语言处理中是指理解语言如何在特定情境中被使用以实现交流目的的过程。与词汇、句法或语义分析不同，语用分析关注语言的使用背景、说话者的意图、听者的反应以及文化和社会语境的影响。语用分析的核心是探索语言的功能性和交互性，理解语言如何在具体情境中传达意义。

语用分析重视语境的作用，即理解语言是在什么情况下使用的。这包括考虑对话的地点、时间、参与者之间的关系以及他们的先前知识和经验。语用分析还重视言外之意，即说话者想要传达但未直接表述的意思。语用分析致力于揭示这些隐含之义，理解说话者的真正意图。根据美国语言哲学家格莱斯（Grice）的合作原则和会话含义理论，交流参与者通常遵循能够让交流有效进行的一系列策略和原则，如提供足够信息、保持交流的相关性、尽量清晰明确等，语用分析也会关注这些策略原则的应用。

语用分析在技术实现上面临多种挑战。每个语言交互的背景都是独一无二的,这使得理解语境成为一项挑战。自动系统理解和生成言外之意或含蓄表达也是非常困难的,因为需要广泛的知识和对特定文化的深入理解。此外,实时对话中的交互管理,如轮次控制和话题转换,也需要高度的动态语用技巧。

**(二)NLP 的主要应用**

随着技术的进步,NLP 的应用已经广泛渗透到我们日常生活和工作之中,包括自动文摘、问答系统、聊天机器人、文本分类、语音合成、语法修正等。本部分结合舆论大数据分析,介绍一些重点应用。

1. 信息抽取

信息抽取(information extraction,IE)的目的是从大量文本中抽取特定类型的实体、实体之间的关系、事件以及其他相关属性,以支持数据分析、知识库构建和智能决策等应用,其具体工作如下。

(1)命名实体识别。识别文本中的具名实体,如人名、地点、组织名、日期等,为后续的关系抽取和事件抽取提供基础。

(2)关系抽取。识别并提取文本中实体之间的语义关系,例如"公司 A 拥有公司 B"或"Tom 居住在 Paris",从而构建实体间的关联,用于支持复杂查询和知识图谱的生成。

(3)事件抽取。从文本中识别事件,并抽取与事件相关的关键信息,如事件参与者、时间、地点和事件的具体行为,提取文本中描述的事件,以便于理解文本叙述的情境和动态。

信息抽取在多个领域都有广泛的应用。例如,在商业智能领域,可以从新闻、报告和社交媒体中抽取有关市场趋势、竞争对手活动和客户反馈的信息。在医疗卫生领域,可以从临床记录中提取病人信息、诊断、治疗和药物,支持医疗研究和决策。在金融领域,可以监测和分析经济事件、公司交易和市场动态,用于风险管理和投资决策。在法律方面,可以从法律文档中提取相关案件、法规和裁决,用于合规监测和法律研究。

2. 情感分析

情感分析(sentiment analysis)是指从文本中自动提取情感倾向,以便了解人们对产品、服务、政策或话题的感受和看法,通常可以从如下多个不同的维度进行。

（1）情感极性。情感极性是情感分析中最常见和基本的维度,将情感分类为正面、负面或中立。正面表示文本表达了积极、高兴或满意的情感。负面表示文本表达了消极、悲伤或不满的情感。中立表示文本没有明显的情感倾向,或者情感表达平淡。

（2）情感强度。除了简单的极性分类,情感强度或程度也是一个重要的指标,它衡量的是情感表达的强烈程度。有些系统会进一步将情感分为非常正面、稍微正面、非常负面、稍微负面等级别。

（3）情感主题。在更复杂的情感分析中,会考虑情感的具体主题或方面,即情感是针对文本中的哪个具体对象或方面表达的。例如,一条评论可能对一个餐厅的服务表达负面情感,而对食物质量表达正面情感。

（4）情感类型。情感分析的另一个维度是情感类型的检测,涉及识别文本中表达的具体情感,如快乐、悲伤、愤怒、惊讶等。

（5）情感演化分析。在一些情况下,情感的时间性也很重要,尤其是在分析情感如何随事件或时间变化时。例如,在分析社交媒体上人们对某一事件的反应时,观察不同时间点的情感变化。

情感分析的多维度特性提供了深入理解文本情感的强大工具,这些不同的维度使得情感分析可以应用于多种场景,从简单的产品评论分析到复杂的公众情感监测,或是从个体文本到大规模社交媒体数据的情感趋势分析,使其在市场研究、公共政策制定、品牌管理等领域中具有广泛的应用价值。

3. 机器翻译

机器翻译(machine translation,MT)是利用计算机软件将一种语言的文本或语音自动翻译成另一种语言的过程,目的是减少人工翻译的需要。机器翻译的研究始于20世纪40年代,最初的方法主要基于简单的字典查找和语法规则。随着计算能力的提高和理论的发展,机器翻译技术也经历了基于规则的机器翻译、基于统计的机器翻译、基于神经网络的机器翻译等主要阶段。

机器翻译在舆论大数据分析中具有广泛的应用价值。在全球化的世界中,公共舆论和社交媒体数据往往涵盖多种语言。机器翻译使分析师能够访问和整合不同语言的数据源,从而获得全球视角的舆论洞察。机器翻译可以自动处理大量的多语言文本数据,相比人工翻译,大大提高了处理的速度和效率。在需要快速响应的情况下(如危机管理或突发事件监测),能够提供即时的技术支持。此外,机器翻译还可以帮助分析师更好地理解特定地区的舆论,识别和比较不同地区或文化背景下的主题和讨论点,揭示更宽广的社会和文化动态。

在舆论大数据分析中,调用成熟的机器翻译服务是一种有效方法。目前市场上有多种成熟的机器翻译服务,通常提供 API,可以方便地集成到舆论分析中。

(1) Google Translate API。Google 提供的翻译服务是最广为人知的机器翻译工具之一,支持 100 多种语言,提供了强大的 REST API,可以轻松集成到应用程序中。在调用时,需要先在 Google Cloud Platform 上创建项目并启用翻译 API,获取 API 密钥,并使用这个密钥在应用程序中进行认证。然后就可以使用 HTTP 请求调用 API,传递需要翻译的文本和目标语言。

(2) Microsoft Translator Text API。微软的翻译服务也非常强大,支持超过 60 种语言,适合企业级应用。调用时需要先注册 Azure 账号,并在 Azure 门户中创建一个翻译服务资源,获取资源的密钥和区域信息,然后就可以利用 HTTP 请求调用 API,批量处理翻译任务。

(3) DeepL API。DeepL 是近年来在翻译质量上受到普遍好评的服务,支持多种语言。需要先注册 DeepL API Pro 服务,然后使用 API 密钥通过 HTTP 请求发送文本并接收翻译结果。

在舆论大数据分析过程中,集成这些翻译服务可以极大地提升处理多语言舆论数据的能力,帮助分析师更全面地理解全球舆论动态。需要提醒的是,发送到翻译服务的数据如果包含敏感信息,在使用这些服务时,务必了解和遵守相关的隐私政策和数据处理协议。另外,不同的服务有对请求频率、单次请求的字符等方面的限制。

### (三) NLP 库

NLP 库是为了方便自然语言处理任务而封装的一组工具和接口。这些库通常提供一系列预定义的方法和算法,用于处理和分析人类语言数据。NLP 库使得研究者和开发者能够更加高效地开发应用程序,无须从头开始编写复杂的代码来处理语言数据。

1. 常用 NLP 库

（1）spaCy

spaCy 是一个高性能的 NLP 库，专为生产环境设计。它支持多种语言，并提供诸如词性标注、命名实体识别、句法依存分析等功能。spaCy 高效且快速，适合大规模文本数据的处理，提供易于使用的 API 和广泛的扩展功能，支持深度学习集成。

（2）NLTK（Natural Language Toolkit）

NLTK 提供了丰富的文本处理库，用于词性标注、句法分析、语义分析等，同时包含大量语料库和词汇资源，包含广泛的 NLP 工具和教程，非常适合教学和初学者。NLTK 灵活且易于学习，但在处理大数据时可能性能较低。

（3）Stanford NLP

Stanford NLP 提供了一系列语言分析工具，包括词性标注、命名实体识别、句法解析等，由斯坦福大学开发，具有强大的研究背景，主要使用 Java 语言开发，但提供了 Python 接口。

（4）AllenNLP

AllenNLP 是一个基于 PyTorch 的库，专注于深度学习的 NLP 研究，提供了语义角色标注、核心参考解析等高级功能。其特点是强调深度学习和易用性，适合进行学术研究，提供了丰富的预构建模型和灵活的框架。

（5）transformers（by Hugging Face）

transformers 库提供了广泛的预训练模型，如 BERT、GPT、T5 等，适用于文本分类、生成、翻译等任务，简单易用，支持最先进的模型，并且社区活跃，持续更新。

（6）Gensim

Gensim 专注于主题模型和文档相似性分析，广泛用于文档聚类、主题建模和相似性检索，适用于处理大规模文本集合，提供了高效的实现，如 Word2Vec、Doc2Vec 等。

2. 常用中文 NLP 库

由于中文的语言特性与英语等西方语言有所不同，如中文缺少明显的单词界限，因此，在涉及中文的分词、词性标注、命名实体识别等任务时，需要使用特别针对中文优化的工具和库。

(1) jieba

jieba 是一个用于中文文本分词的 Python 库,非常流行且易于使用,支持三种分词模式:精确模式、全模式和搜索引擎模式。除了分词,jieba 还支持添加自定义词典、关键词提取、词性标注等功能,适用于快速文本分词和原型开发。

(2) HanLP

HanLP 基于 PyTorch 和 TensorFlow,提供了一系列针对中文的 NLP 任务的处理能力,包括分词、词性标注、命名实体识别、依存句法分析等。HanLP 采用了先进的机器学习算法,支持自定义模型训练,性能和准确率较高,适合需要进行复杂语言处理任务的研究和工业部署。

(3) THULAC(清华大学开放中文词法分析工具包)

THULAC 是一个高效的中文词法分析工具包,能够进行中文分词和词性标注,提供快速且准确的分词和词性标注服务,特别优化了对长句的处理,适用于需要高精度和高效率中文词法分析的应用。

(4) LTP(Language Technology Platform)

LTP 是一个中文语言技术平台,由哈尔滨工业大学社会计算与信息检索研究中心研发,提供全面的中文自然语言处理功能,包括分词、词性标注、命名实体识别、句法分析和语义角色标注等,适用于学术研究和企业级应用。

(5) pkuseg

pkuseg 是北京大学开发的一个多领域中文分词工具,特点是支持多领域分词(包括但不限于新闻、微博、网络、医药、旅游等领域),提供高准确率的分词结果,适用于对分词精度有较高要求的多领域应用。

## 二、文本预处理

### (一) 数据清洗

数据清洗是指从记录集、表或数据库中检测和纠正(或删除)损坏或不准确的记录的过程。它的主要工作是识别不完整、错误、不准确、无关或有其他问题的数据,然后修改、替换或删除这些杂乱或粗糙的数据。数据清洗是数据准备的基本环节,对于提升数据质量特别重要。

舆论数据往往是非结构化的,含有大量的噪声和无关信息。这不仅会降低分析工具和模型的运行效率,还可能导致分析结果的不准确。通过有效的数据清洗,可以显著减少数据的体积,提高数据处理和分析的效率。另外,在舆论分析中,除了基本的情绪分析之外,还需要进行更复杂的分析任务,如主题聚类、趋势分析等。这些分析任务要求数据具有较高的质量和一致性,数据清洗有助于支持这些复杂的分析任务。

1. 识别数据错误

在数据清洗过程中,识别数据错误是基础。常见的数据错误类型如下。

(1)缺失数据。数据集中缺少值或信息,一般是因为数据未被收集、丢失或在数据处理过程中被误删除。

(2)重复数据。相同的数据记录在数据集中出现多次,会导致数据分析时的偏差和不准确。

(3)不一致数据。数据集中的信息在不同的记录中表现出不一致性,例如,同一实体在不同记录中有不同的表示方式。

(4)格式错误。数据的格式不符合预定的标准或模式,例如,日期和时间格式不一致,文本编码格式错误等。

(5)错误的数据类型。数据类型与预期不符,例如数字类型的字段中包含文本。

(6)范围错误/异常值。数据值超出了合理的范围或与其他数据相比显得异常。

(7)逻辑错误/不合理的数据。数据在逻辑上不合理或相互矛盾,如年龄负数或未来的日期等。

针对上述错误数据,人工检查是最基础的识别方法,但最耗时耗力,通常情况下,只用于处理少量的数据。对于较大量的数据,常用的识别方法如下。

(1)描述性统计分析。通过提供数据的总体概览和分布特征,帮助我们发现数据中的异常值、错误或不一致之处,是一种常用且有效的方法。

第一,计算基本统计量。一看数据的平均值,异常高或低的均值可能表明数据错误或异常值。二看中位数(median),与均值的比较可以揭示偏态分布。三看众数(mode),也就是数据中出现频率最高的值,对于分类数据,有助于识别最常见的类别。此外,还可以看标准差,分析数据中的离散程度,高标准差通常表示数据中存在异常值。

第二,检查数据分布。一是分析偏态(skewness),看数据分布的对称性,偏态分布一般意味着数据中包含异常值。二是分析峰度(kurtosis),看数据分布的尖锐度,高峰度表明数据中存在极端值。

第三,检查数据范围和四分位数。检查最小值和最大值,可以揭示极端的异常值。检查四分位数(quartiles)及四分位距(IQR=Q3-Q1),有助于识别潜在的异常值。

在描述性统计分析过程中,还可以使用图表(如散点图、柱状图、箱形图)来可视化数据分布,从而更直观地识别数据问题。如箱形图可以用于显示数据的分布和识别异常值,数据点在箱形图的"触须"之外可以被视为异常值。使用频率分布表,可以显示数据值的频率,有助于识别异常的数据聚集。用直方图呈现数据的分布,有助于观察数据的整体形态,包括偏态和峰度。

需要注意的是,识别到的异常不一定总是错误数据,它们可能是真实的、合理的极端情况。因此,发现异常值后还须进一步调查和验证其原因。

(2)交叉验证。交叉验证是一种通过比较多个数据源或数据集来验证数据准确性的方法,在处理复杂数据集或需要确保数据质量的情况下较为常用。在交叉验证过程中,首先选择一个或多个可靠的外部数据源作为基准。这些数据源应该是权威的,并且与要分析的数据具有相关性。然后对数据进行预处理,确保两个数据源中相同的实体或属性在格式和结构上是一致的。在此基础上,在不同数据源之间建立映射关系,确保比较的是相同的实体或属性。最后执行比较分析,将主数据集中的数据与参照数据源中的相应数据进行匹配和对比,寻找和记录两个数据源之间的差异,包括数值差异、数据缺失、数据格式或类型不匹配等。

(3)数据分析算法。使用数据分析算法来识别错误数据,特别适合处理大规模数据集。聚类分析方法,如K-means,可以识别不属于任何主要群体的数据点。基于密度的方法,如DBSCAN,可以识别稀疏区域的数据点。基于距离的方法,如最近邻分析,可以检测距离其他数据点较远的异常点。在此基础上,可以再采用机器学习方法。如果有标记的错误数据样本,可以使用分类算法(如支持向量机、随机森林)来识别错误。如果没有标记的样本,可以使用无监督算法(如自编码器)来检测数据集中的异常模式。如果有历史数据,可以用它们来训练模型。使用数据分析算法来识别错误数据可以大幅提高处理速度和准确性,特别是在大数据环境中。

2. 修正数据错误

修正数据错误是数据清洗和数据质量管理的关键步骤。对于少量的错误,直接手动修正是最简便的方式,对于大量重复性错误,可以开发脚本或使用数据清洗工具进行自动修正。

对于缺失数据,可以使用平均值、中位数、众数或其他统计方法数据插补,也可以利用相关数据或模型进行估算。如果缺失数据无法有效插补或影响过大,可以考虑删除整个记录。对于错误或异常值,如果原始数据可获得,可以重新输入正确值,也可以使用统计方法或模型估算替代值。对于不一致数据,需要统一标准,转换为标准格式或单位。对于跨数据源的不一致,进行数据对齐和同步。对于重复数据,需要删除。

数据修正完成后,需要验证数据修正后的结果,保证没有引入新的错误,并且检查所有相关的数据源都更新了修正后的数据。如果数据错误涉及重要决策或报告,还需要通知利益相关方。在此基础上,还可以根据错误的原因,改进数据收集和处理的流程,分析数据错误发生的根本原因,以预防未来的错误。

3. 处理异常值

在舆论大数据分析中,处理异常值也是一个重要步骤。处理这些值的方法取决于异常值的性质和分析的目的。首先要确定异常值是由数据录入错误、数据损坏还是偶然波动引起的,确认异常值是否代表了真实的舆论变化或特殊事件。如果异常值提供了有意义的信息(例如,突发事件导致的舆论波动),则应保留这些值。对于由错误引起的异常值,可以修正为更合理的值。如果异常值是由明显错误引起的,且对分析没有实际意义,需要将其删除。

在处理复杂或大规模数据集时,可以通过分层或分段分析来识别异常值的影响,发现数据中可能隐藏的模式和趋势。这种方法主要是将数据集分成多个较小的子集(层或段),然后在每个子集中分别进行分析。具体而言,在使用这种方法时,首先需要确定分层或分段的标准。根据关键特征(如地理位置、年龄段、用户群体等)将数据集分成不同的层或段,也可以基于时间将数据按时间段(如小时、日、周、月)分段进行分析,还可以根据数据的分布特性(如不同的收入水平)进行分层。然后再对每个分层或分段的数据独立进行分析,在每个子集中识别出异常值,并记录它们的特性和影响。在此基础上,再比较不同层或段中的分析结果,查看异常值在各个子集中的分布和影响,寻找异常值出现的模式或规律,例如,某个特定层中的异常值是否出现得更频繁,探究异常值与其他变量之间的可能关系。最后对异常值较高的层或段进行更深入的研究和分析,尝试解释其原因,并评估异常值在整个数据集中的总体影响。

### (二)分词与去除停用词

文本分词(tokenization)是指将文本分割成词语或词组的过程。文本分词的准确性直接影响后续的自然语言处理任务,例如词性标注、语义分析等。目前,文本分词的方法主要有两种。

一是基于规则的分词,即根据人工制定的规则,如最大匹配法、最短路径法等进行分词。这种方法的优点是准确性高,缺点是需要人工设计规则,工作量大,且难以适应新的语料。

二是基于统计的分词,即根据统计模型,如隐马尔可夫模型、条件随机场等进行分词。这种方法的优点是工作量小,且能够适应新的语料,缺点是准确性相对较低。

在基于统计的分词方法上还发展出了基于神经网络的分词,即利用深度学习模型进行分词,如双向长短期记忆网络(BiLSTM)、卷积神经网络(CNN)等。

从中文分词工具来看,常用的如 jieba,采用前缀词典和后缀词典联合分词的方案,效率高、准确性强,是目前最流行的中文分词工具之一。另外,NLPIR-ICTCLAS 是中国科学院计算技术研究所开发的中文分词工具,采用隐马尔可夫模型分词算法,准确性较高。

从英文分词工具来看,常用的如 NLTK,包含多种英文分词算法,如正则表达式分词、朴素贝叶斯分词等。此外,还有 Stanford CoreNLP,包含多种英文分词算法,如基于规则的分词、基于统计的分词等。下面,我们以 jieba 分词工具为例,介绍如何进行文本分词:

```
import jieba
# 待分词的文本
text = "我爱自然语言处理"
# 使用全模式进行分词
seg_list = jieba.cut(text, cut_all=True)
print("全模式: " + "/ ".join(seg_list))
# 使用精确模式进行分词
seg_list = jieba.cut(text, cut_all=False)
print("精确模式: " + "/ ".join(seg_list))
# 使用搜索引擎模式进行分词
seg_list = jieba.cut_for_search(text)
print("搜索引擎模式: " + "/ ".join(seg_list))
输出结果:
全模式: 我/ 爱/ 自然/ 自然语言/ 语言/ 处理
精确模式: 我/ 爱/ 自然语言/ 处理
搜索引擎模式: 我/ 爱/ 自然/ 自然语言/ 语言/ 处理
```

在这个示例中,jieba.cut 函数可以使用三种模式:全模式、精确模式和搜索引擎模式。全模式会把句子中所有可以成词的词语都扫描出来,速度非常快,但是不能解决歧义;精确模式试图将句子最精确地切开,适合文本分析;搜索引擎模式在精确模式的基础上,对长词再次切分,提高召回率,适合用于搜索引擎分词。

分词后,还需要去除停用词(stop words removal)。停用词是指那些在文本处理中出现频率很高但对特定任务的贡献很小或没有实际意义的词汇。常见的停用词包括像"的""了""和""在"等中文词,或"the""is""in""at"等英文词。去除停用词的目的在于减少噪声,提高模型的性能。因为这些词语在几乎所有的文本中都会出现,并不会提供特别的上下文信息,所以在进行文本分析或构建模型时,去除它们有助于聚焦在更具信息量的词语上。

去除停用词的一般步骤包括:首先,通常会使用预定义的停用词列表,或根据具体的应用场景自定义停用词列表。然后,从分词后的列表中删除停用词。例如,在 Python 中使用 NLTK 库进行停用词去除的代码如下:

```
from nltk.corpus import stopwords

# 加载英文停用词表
english_stop_words = set(stopwords.words('english'))

# 加载中文停用词表
chinese_stop_words = set(stopwords.words('chinese'))

# 打印一些停用词
print("English stop words:", list(english_stop_words)[:10])
print("Chinese stop words:", list(chinese_stop_words)[:10])
```

(三)词性标注

词性标注是自然语言处理中的基础任务之一,其目的是为句子中的每个词语标注其词性,如名词、动词、形容词等,以帮助理解文本的语义,提高后续分析的准确性。

词性标注的方法主要分为两类。一是基于规则的方法,根据人工制定的规则进行词性标注。规则通常是根据语言学知识和经验总结出来的,包括词典、搭配规则、上下文规则等。词典是词性标注的基础,其中包含词语的词性信息。词典可以是人工编写的,也可以是自动生成的。搭配规则是根据词语之间的搭配关系进行词性标注的规则。例如,"人"可以是名词,也可以是代词,但"人民"只能是名词。上下文规则是根据词语的上下文语境进行词性标注的规则。例如,"吃"可以是动词,也可以是名词,但在句子"我吃饭"中,"吃"只能是动词。基于规则的方法具有较高的准确性,但规则的制定和维护需要大量的成本。

二是基于统计的方法,根据统计模型进行词性标注。常用的统计模型包括:隐马尔可夫模型(HMM)、条件随机场(CRF)、神经网络等。HMM 是一种概率模型,它假设词性序列是一个隐马尔可夫链,即每种词性的出现概率只依赖于其前一种词性的出现概率。CRF 是一种判别模型,它直接计算词性序列的条件概率。神经网络是一种非线性模型,它可以学习词性之间的复杂关系。

我们使用 Python 的 jieba 库进行词性标注,简单示例如下:

```python
import jieba
import jieba.posseg as pseg
def pos_tagging(text):
    """
    对文本进行词性标注
    Args:
        text: 待标注的文本
    Returns:
        词性标注结果
    """
    words = pseg.cut(text)
    pos_tags = [(word, flag) for word, flag in words]
    return pos_tags
if __name__ == "__main__":
    text = "我爱北京天安门"
    pos_tags = pos_tagging(text)
    print(pos_tags)
```

运行上述代码的输出结果如下:

```
[('我', 'r'), ('爱', 'v'), ('北京', 'ns'), ('天安门', 'ns')]
```

其中,r 表示代词,v 表示动词,ns 表示名词。该代码首先使用 jieba 库对文本进行分词,然后根据分词结果进行词性标注。jieba 库内置了词典和词性标注规则,可以快速准确地完成词性标注。

## 三、特征工程

特征工程(feature engineering)是创建用于训练机器学习算法的特征(即输入变量)的过程,目的是最大化机器学习模型的性能。特征工程是一个广泛的过程,包括特征的创建、选择、转换和提取,这是一个需要创造性思维的过程,常常被视为成功机器学习应用的关键。一个有效的特征工程不仅能显著提升模型的性能,还能帮助更快地减少计算资源的消耗。尽管自动特征工程的方法(如特征学习、深度学习)正在发展中,传统的特征工程依然是机器学习项目成功的重要组成部分。

在舆论大数据分析中,进行特征工程具有重要价值。舆论数据类型复杂且含有大量的冗余信息,直接分析这些原始数据往往不会产生有效的分析结果。通过选择、转换和创建最有信息价值的特征,可以帮助模型更有效地捕捉数据中的关键模式,从而提高预测的准确性和可靠性。特别是在情感分析、趋势预测或话题识别等任务中,良好的特征工程直接关系到分析结果的质量。不仅如此,在大数据环境中,模型很容易学习到数据中的噪声而非信号。通过特征选择和特征提取,可以去除不相关或冗余的特征,降低模型的复杂度,从而降低过拟合的风险。此外,舆论数据通常涉及多种数据类型和格式,特征工程可以帮助统一和标准化这些数据,使其适合用于机器学习模型。例如,可以将文本数据、时间戳和用户行为数据(如点赞、转发)整合成一组有意义的特征,以进行综合分析。

### (一)特征提取

特征提取(feature extraction)是指从原始数据中提取有用信息以生成特征,这些特征可以用于构建机器学习模型。这一过程的目的是减少原始数据集的维度,同时捕捉关键信息,提高模型的效率和效果。

1. 特征提取的类型

(1)手工特征提取。指的是分析师通过领域知识、数据探索和统计分析,直接从数据中选择或构造特征的过程。这种特征提取类型不依赖于自动化算法,而是通过人工方式确定哪些数据元素可以作为有效的输入特征用于机器学习模型,允许分析师根据具体问题定制特征,可以精细调整以适应复杂的模型需求。虽然手工特征提取在某些情况下可能较为费时费力,但在数据科学项目中,尤其是在数据复杂或特定领域知识极为重要的情况下,仍然是一种非常有价值的方法。

(2)自动特征提取。指的是利用算法自动从数据中识别和提取特征的过程。与手工特征提取相比,自动特征提取依赖于机器学习技术来发现数据中的有用特征,而不需要人工干预,可以显著提高特征提取的效率,减少人力成本,且通常能够发现人类分析师可能忽视的复杂模式和关系。

2. 文本数据的特征提取方法

进行特征提取时,可以采用多种方法,具体取决于数据类型、领域的特定需求以及所使用的技术。目前的舆论表达主要通过文本形式进行,本部分重点介绍文本数据的特征提取方法。

(1)词袋模型(bag of words,BoW)。词袋模型将文本转换为固定长度的数值向量,是最简单、最初级的文本特征提取技术之一。在词袋模型中,每一个独立的词被视为特征的一个维度。对于一个文本数据,模型统计每个词在文本中出现的次数,并用这个统计值作为特征向量的对应维度的值。该方法实现简单,适用于各种机器学习算法,但忽略了词语的顺序和语法、句法信息,不能捕捉词与词之间的关系,可能导致维度过高和稀疏性问题。

(2)TF-IDF(term frequency-inverse document frequency)。TF-IDF反映了每个词对文档的重要性,是一种用于信息检索和文本挖掘的常用加权技术。TF即词频,指的是某个词在文档中的出现频率。IDF即逆文档频率,衡量的是一个词的常见程度,如果仅在少数文档中出现,则IDF值高,反之则低。TF-IDF值由TF和IDF相乘得到,用于降低常用词的影响同时突出重要词。相比于纯粹的词频(BoW模型),TF-IDF能更好地处理常见词带来的问题,但同样忽略了词语的位置和上下文关系,无法完全捕捉词语的语义信息。

(3)词嵌入。词嵌入是一种表示文本中单词的方法,可以捕捉单词之间的复杂语义关系。常见的词嵌入模型包括Word2Vec、GloVe和BERT。Word2Vec通过将词语转换为向量,使得语义相似的词语在向量空间中彼此接近。BERT利用transformer的双向表示,为每个词生成上下文相关的动态词向量。该方法能够有效地捕捉词与词之间的语义和语法关系,比传统方法表现出更好的性能,尤其是在需要理解词语复杂关系的应用中,但需要大量的计算资源来训练模型,而预训练的模型虽然方便,但可能不完全适用于特定任务或领域。

### (二)特征创建

特征创建(feature creation),又称为特征构造(feature construction),通常是基于现有数据,通过应用业务知识、统计方法、数据挖掘技术或组合现有特征来创造新的特征,以便提供比原始数据集更多的有用信息,从而改善机器学习模型的性能。

1. 特征创建的类型

(1)组合特征。组合特征创建是指将两个或多个现有特征结合起来创建一个新的特征。这可以是简单的数学运算,如相加、相乘,也可以是更复杂的函数关系。这种方法有助于揭示数据中隐藏的关系,对预测目标变量特别有用。例如,在金融数据分析中,将收入和支出特征组合,以形成"可支配收入"特征,这对于评估信用风险更有信息价值。

(2)多项式特征。多项式特征创建是基于现有特征生成其多项式组合的方法,如生成特征的平方($x^2$)、立方($x^3$)等。这种类型的特征有助于模型捕捉输入数据的非线性关系,尤其在回归模型中效果显著。

(3)交互特征。交互特征指的是从两个或多个特征的相互作用中创建的新特征。这种特征通常通过特征的乘积来表达,可以帮助模型理解不同特征组合的复合影响。例如,在预测能源消耗的模型中,温度与时间(白天或夜晚)的交互对能耗有重要影响。

(4)统计特征。统计特征是从数据的分布中计算出的描述性统计量,包括平均值、中位数、方差、标准差、最小/最大值等。这些特征有助于捕捉数据的总体趋势和波动性,常用于金融时间序列数据分析,如计算股票价格的移动平均值或波动率,以捕捉市场趋势。

2. 特征创建的方法

(1)分箱(binning)。分箱是将连续变量转换为分类变量的过程,这不仅可以帮助处理异常值,还能简化模型,使其更易于解释。例如,将年龄分为"18~25""26~35"等几个区间,可以分析特定年龄组的购买行为或产品偏好。

（2）统计汇总。在处理时间序列数据或需要从群组中提取信息时，统计汇总特别有用。它包括对一组数据进行统计计算，如平均值、中位数、最大值、最小值等。例如，对于每个客户的多次交易，计算其交易金额的平均值和标准差，用于评估客户的消费稳定性。

（3）从文本中提取信息。在处理文本数据时，可以通过自然语言处理技术提取关键信息，这些信息可以作为特征输入到模型中。例如，使用 TF-IDF 方法提取文本中的关键词，以评估文档的主题相关性。通过情感分析工具，提取评论或社交媒体帖子的情感倾向（正面、负面、中性）。

比较而言，特征提取主要关注从复杂的、高维度的原始数据中提取有用信息，通常是为了简化数据处理和减少计算负担。而特征创建则更多关注通过智能化的方式增强现有特征集，以便提供更多的信息和提高模型的预测精度。从处理的数据类型来看，特征提取经常用于处理非结构化数据（如图像、文本、音频等），需要转换为结构化的数值形式。特征创建则多用于已经是结构化的数据，通过各种创新的数学和逻辑方法来丰富特征空间。

### （三）特征选择

特征选择（feature selection），也称为变量选择或属性选择，是机器学习和数据分析中的一个重要过程，主要是指从原始数据集中选择出对构建有效模型最有用的特征子集，以减少特征的数量，提高模型的性能，减少过拟合，并减少训练时间。

1. 特征选择的类型

（1）过滤式特征选择。过滤式特征选择根据每个特征的某个统计量（如信息增益）来评估特征的重要性，然后根据设定的阈值选择重要性高于阈值的特征。

（2）包裹式特征选择。包裹式特征选择使用机器学习模型来评估特征子集的性能，并选择性能最好的特征子集。包裹式特征选择可以找到相互之间相关性较强的特征组合，但计算量较大。

（3）嵌入式特征选择。嵌入式特征选择将特征嵌入一个低维的向量空间中，并根据嵌入向量的质量来评估特征的重要性。嵌入式特征选择可以学习到非线性的特征关系,但对模型的训练数据依赖性较强。

2. 特征选择的方法

(1)相关性分析。相关性分析可以衡量两个特征之间的相关性,常用的相关性分析方法包括 Pearson 相关系数、Spearman 秩相关系数等。

(2)互信息。互信息可以衡量两个变量之间的相互依赖程度,是特征选择中常用的度量之一。

(3)主成分分析(PCA)。PCA 是一种常用的降维方法,可以将高维特征转换为低维特征,并尽可能保留原始数据的有用信息。

(4)递归特征消除(RFE)。RFE 是一种逐步向后的特征选择方法。首先,使用机器学习模型训练一个分类器或回归模型。然后,从模型中去除贡献最小的特征,并重新训练模型。重复此过程,直到剩下所需的特征。

(5)序列前向选择。从空集开始,逐步添加使模型性能提升最大的特征。

(6)序列后向选择。从全特征集开始,逐步移除对模型性能提升最小的特征。

**(四)特征转换**

特征转换(feature transformation)指对数据特征进行变换或调整,以使其更适合模型的需求和性能优化。特征转换的主要目的是提高算法的效果,帮助模型更好地理解数据,从而提升预测的准确性。

1. 特征转换的类型

(1)线性转换。线性转换主要涉及对特征进行简单的线性数学操作,以改善模型的性能或提高数据的可解释性。常见的线性转换包括标准化、归一化等。

(2)非线性转换。非线性转换使用复杂的数学函数来修改特征,以揭示或强调变量之间的非线性关系。常见的非线性转换包括对数转换、指数和幂次转换、Box-Cox 转换等。

(3)降维。降维是通过减少随机变量的数量来改善特征的过程,常用于处理高维数据集中的"维数灾难",可以帮助提高算法的效率并减少过拟合的风险。常用的降维方法包括主成分分析(PCA)、线性判别分析(LDA)、t-分布随机邻域嵌入(t-SNE)等。

## 2. 特征转换的方法

(1) 归一化。将特征值限制在一个特定的范围内,例如 0 到 1 之间。常用的归一化方法包括：第一,L1 归一化,即将所有特征值的绝对值之和限制为 1；第二,L2 归一化,即将所有特征值的平方之和限制为 1。

(2) 标准化。处理数据使其具有零均值和单位方差,这种方法特别适合那些假定输入特征呈正态分布的算法,例如 Z-score 标准化。

(3) 离散化。将数值特征转换为类别特征,例如,通过将连续的数值范围分组到不同的箱或区间。

## 四、命名实体识别与关系抽取

### (一) 命名实体

命名实体(named entity)是指在文本中能够被独立指代、具有客观所指的实体,通常用专有名词来标识。在我们的日常生活和生产活动中,到处都可以遇到各种各样的命名实体。为了方便理解,表 5-1 列举了一些常见的命名实体及其类型示例。

表 5-1　命名实体示例

| 类型 | 示例 |
|---|---|
| 人物名 | 张三、李四、王五、特朗普、拜登 |
| 地　名 | 中国、北京、上海、广州、美国、纽约、伦敦、巴黎 |
| 机构名 | 华为、阿里巴巴、腾讯、百度、谷歌、微软、苹果、亚马逊 |
| 产品名 | iPhone、iPad、Mac、AirPods、华为 P50、小米 12、特斯拉 Model 3、星巴克咖啡 |
| 时　间 | 2023 年 11 月 16 日、上午 10 点、下午 3 点、昨天、今天、明天、周五、2024 年 |
| 数　量 | 100、一千、一万、亿、百分之五十、三分之二、几百 |
| 货　币 | 美元、人民币、欧元、日元、英镑、澳元、加拿大元、瑞士法郎 |
| 百分比 | 50%、75%、100%、200%、0.5%、1.2%、3.14% |
| 其　他 | 火车、飞机、汽车、书、电影、音乐、游戏、公司、医院、学校、公园、河流、山脉 |

命名实体是文本的重要组成部分,它们代表了现实世界中的具体事物或概念。通过识别命名实体,我们可以更好地理解文本的语义,如人物在事件中扮演的角色、地点发生的事件、涉及的机构或产品等。命名实体通常包含重要的信息,如人物姓名、地名、机构名称等。通过识别命名实体,我们可以从文本中提取这些关键信息。此外,命名实体还可以帮助我们组织和分析信息。例如,我们可以根据人名来整理人物之间的关系,根据地名来分析事件发生的分布情况,根据机构名称来追踪信息的来源等。命名实体识别(named entity recognition,NER),就是从文本中自动识别出具有特定意义的实体。

　　命名实体识别在舆论大数据分析中扮演着重要角色。它不仅可以提升数据的可访问性和可操作性,还有助于加深对复杂社会动态的理解和分析。具体而言,命名实体识别可以帮助组织和分类信息,使得用户能更快地找到关于特定人物、地点或组织的信息。例如,从新闻文章或社交媒体帖子中识别出特定的政治人物或公司名称,可以快速聚焦于与这些实体相关的舆论动态。通过标识文本中的实体,分析师可以监控和跟踪特定实体的公众形象和舆论变化。命名实体识别还可以揭示不同实体之间的联系,如人物与组织、地点与事件之间的关系。这种信息对于构建知识图谱和深入理解舆论中的复杂交互非常有用。此外,识别出的实体可以用作分析特定事件或话题的起点。了解哪些人物、地点或组织经常出现在某些话题或事件的讨论中,可以帮助分析师更好地理解这些事件的背景和影响。

**(二) 命名实体标注**

　　高质量的标注数据是训练精确 NER 模型的基础,标注的准确性和覆盖范围直接影响 NER 模型的性能。因此,命名实体识别依赖于命名实体标注提供的标注数据。

　　1. 命名实体标注过程

　　(1) 根据分析需求确定需要标注的实体类别,常见的包括人名、地点、组织、日期、事件等。从大数据中选择具有代表性的文本样本,可以涵盖各种类型的文本和语境。

　　(2) 为标注人员制定详细的标注指南,包括实体定义、边界识别规则等,保证标注的一致性和准确性。对标注团队进行培训,让他们理解标注规则并能够准确执行。

（3）选择适合的标注工具，如 BRAT、Doccano 等，这些工具支持协同标注，有助于提高标注效率。根据项目需求配置标注工具，设置必要的实体类别和界面选项。

（4）标注人员根据指南对选定的文本进行初步标注，标记出文中的命名实体并分类。通过团队内部或第三方专家对标注数据进行审查和修正，解决不一致和错误问题。

（5）定期评估标注质量和进度，通过抽样检查或使用自动化工具来评估标注数据的一致性和准确性。根据评估结果对标注指南进行修改，反馈给标注团队以改进标注质量。

（6）清理和整理标注后的数据，确保数据格式统一，去除无效或错误的标注。将标注好的数据导出为适合后续处理和分析的格式，如 JSON 等。

2. 命名实体标注示例

假设我们有一段待标注的文本数据：

Elon Musk announced on March 15 that Tesla will build a new factory in Austin, Texas, expected to start production in 2023.

在这个示例中，我们将标注以下类型的实体：人名（PER）、地点（LOC）、组织（ORG）、日期（DATE）。

根据内容和确定的实体类型，标注结果如下：

Elon Musk - 人名（PER）
March 15 - 日期（DATE）
Tesla - 组织（ORG）
Austin, Texas - 地点（LOC）
2023 - 日期（DATE）

标注通常需要用特定的标注工具完成，这里简化为文本格式表示：

［Elon Musk］_PER announced on ［March 15］_DATE that ［Tesla］_ORG will build a new factory in ［Austin, Texas］_LOC, expected to start production in ［2023］_DATE.

将这些标注数据整理成适合训练命名实体识别模型的格式：

```
{
  "text": "Elon Musk announced on March 15 that Tesla will build a new factory in Austin, Texas, expected to start production in 2023.",
  "entities": [
    {"text": "Elon Musk", "start_pos": 0, "end_pos": 10, "type": "PER"},
    {"text": "March 15", "start_pos": 25, "end_pos": 33, "type": "DATE"},
    {"text": "Tesla", "start_pos": 38, "end_pos": 43, "type": "ORG"},
    {"text": "Austin, Texas", "start_pos": 62, "end_pos": 74, "type": "LOC"},
    {"text": "2023", "start_pos": 113, "end_pos": 117, "type": "DATE"}
  ]
}
```

### （三）命名实体识别的方法

1. 基于规则的方法

基于规则的命名实体识别方法是一种传统的 NLP 技术，通过预定义的规则来识别文本中的实体。基于规则的 NER 系统通常包括三个核心组成部分。第一是规则库，包含一系列预定义的规则，这些规则描述了实体在文本中的可能表现形式。规则可以是简单的字符串匹配，也可以是复杂模式，包括词性、语法结构、上下文线索等。第二是字典和词表，为了提高识别的准确性和覆盖率，基于规则的方法常常会利用字典或专门的词表。例如，人名字典、地名列表或专有名词数据库。第三是解析器，分析文本的结构，如词性标注和句法分析，以支持更复杂的规则应用。

在对文本进行预处理的基础上，基于规则的 NER 步骤首先是应用字典和词表,使用预定义的词表来快速识别文本中明显的实体。然后进行规则匹配,应用一系列复杂的规则来识别更难检测的实体。这些规则可能基于词性标注结果、局部文本模式、固定短语等。再利用上下文线索确定边界不明显或有歧义的实体,例如,通过分析前后文来判断"苹果"是指水果还是公司。最后对识别结果进行整理和标准化,如统一实体的显示格式、修正明显的错误等。

基于规则的方法在现代 NER 系统中通常与统计或机器学习方法结合使用,以利用各自的优势,提高整体的识别效率和准确性。例如,可以先用规则快速筛选出大部分简单实体,再用机器学习方法处理复杂或不确定的情况。

2. 基于统计的方法

基于统计的命名实体识别方法利用统计模型来识别文本中的特定实体,这些方法依赖于从大量已标注的数据中学习实体识别的概率模式。基于统计的方法主要包括隐马尔可夫模型(HMM)、最大熵模型、条件随机场(CRF)等。

(1)隐马尔可夫模型。在 NER 中,每个词的实体类别(如人名、地点等)被视为一个隐状态,模型通过学习文本中单词(观测状态)与这些实体类别之间的转移概率来进行实体识别。HMM 通过转移概率(一个实体类别转换到另一个实体类别的概率)和发射概率(给定实体类别生成某个词的概率)进行工作,计算出给定词序列下最可能的标签序列。

(2)最大熵模型。在 NER 任务中,最大熵模型被用来估计在给定上下文(如前后词、词性标记等)的条件下,每个标签(如 B-PER、I-PER 等)出现的概率。模型通过训练数据来学习这些条件概率,从而对新的文本数据进行实体识别。

(3)条件随机场。条件随机场是一种非常流行的基于统计的 NER 方法,结合了 HMM 的序列依赖性和最大熵模型的特征灵活性。CRF 能够在整个序列层面上最优化标签序列的概率。它不仅考虑单个标签的概率,还考虑标签之间的转移概率。CRF 允许整合多种复杂的、非独立的特征(如词性标签、词前缀、词根等),这些特征可以同时影响给定词的标注结果。

3. 基于机器学习的方法

基于机器学习的命名实体识别方法从标注的训练数据中学习识别实体

的模式,并应用这些模式来预测新文本中的实体,不需要手工编写规则。这些方法在准确性和泛化能力上通常优于基于规则的方法,特别是在使用大规模标注数据训练深度学习模型时。

(1) 支持向量机(SVM)。在 NER 中,SVM 可以用来分析每个单词是否属于某个实体类别。SVM 通过在高维空间中寻找最佳的线性分割面(超平面)来区分不同的类别。在 NER 任务中,每个词和其上下文特征被转换为高维特征向量,SVM 学习这些特征如何与实体标签相关联。

(2) 决策树和随机森林。决策树是一种简单直观的分类方法,通过创建一个树形结构来决定数据的分类。随机森林则是由多个决策树组成集成的方法,提高了模型的稳定性和准确性。在 NER 中,决策树和随机森林可以利用词本身及其上下文的各种特征(如词性、词前缀、位置信息等)来决定最可能的实体类别。

(3) 深度学习方法。近年来,深度学习方法,尤其是循环神经网络(RNN)和其变体,如长短期记忆网络(LSTM)和门控循环单元(GRU),以及最近的 transformers 模型(如 BERT),已经在 NER 任务中取得了显著的成绩。RNN/LSTM/GRU 等模型能够捕捉序列数据中的时间动态特征,适合处理文本数据中词与词之间的依赖关系。在 NER 任务中,它们通过逐词处理输入文本来预测每个词的实体标签。BERT 和其他 transformers 等模型通过预训练在大规模语料库中学习语言的深层次特征,然后在特定任务上进行微调。它们使用自注意力机制来捕获词与词之间的复杂关系,能够从更广泛的上下文中学习实体的特征。

**(四) 命名实体识别的过程**

1. 命名实体识别的步骤

BERT 已经在包括 NER 在内的多种自然语言处理任务上表现出卓越的性能,接下来我们介绍使用 BERT 进行命名实体识别的一般步骤。要利用 BERT 进行 NER,需要有一个适当标注的数据集,其中每个词都标注了相应的实体类别。通常,数据需要被格式化为"句子"和"标签"的形式,其中每个词的实体标签与之对应。

(1) 微调 BERT 模型。使用特定任务(如 NER)的数据集对预训练的 BERT 模型进行微调,是提高其在特定任务上表现的关键。虽然 BERT 本身是为广泛的语言理解任务预训练的,但通过在 NER 特定的数据上进行微调,模型可以学习如何将语言表示应用于实体识别任务。我们需要配置训练参数,包括学习率、训练轮数、批次大小等,并根据具体任务进行调整。

(2)实施标记解码策略。对于 NER 任务,BERT 输出需要转化为标签序列。这通常包括选择一个解码策略[如简单的贪心解码,或者更复杂的条件随机场(CRF)层]。然后,在 BERT 的输出层上添加一个 CRF 层,可以帮助模型学习标签之间的约束关系,从而提升序列标注的准确性。

(3)评估模型性能并优化。使用验证集或测试集评估模型的表现,关注指标包括准确率、召回率和 F1 得分。特别注意分析模型预测错误的案例,调整模型配置或训练过程以提高性能。

2. 命名实体识别的示例

接下来,我们提供一个示例,展示如何使用 BERT 模型进行命名实体识别。这个示例使用 Python 和 transformers 库,需要安装好 transformers 和 torch 库。

我们使用一个简化的例子,对一段文本进行命名实体识别。文本如下:"Alice lives in Paris and works for the United Nations",目标是识别出人名、地点和组织名。参考代码如下:

```
from transformers import BertTokenizer, BertForTokenClassification
from transformers import pipeline

# 初始化分词器和模型
tokenizer = BertTokenizer.from_pretrained('bert-base-cased')
model = BertForTokenClassification.from_pretrained('dbmdz/bert-large-cased-finetuned-conll03-english')

# 使用 pipeline 简化 NER 任务
nlp = pipeline("ner", model=model, tokenizer=tokenizer)

# 示例文本
```

```
text = "Alice lives in Paris and works for the United Nations."

# 进行命名实体识别
ner_results = nlp(text)

# 打印识别结果
for entity in ner_results:
    print(f"Word: {entity['word']}, Entity: {entity['entity']}")
```

在上述代码中,我们导入了必要的 transformers 库中的组件,从 Hugging Face 的模型库中加载了预训练的 BERT 模型和对应的分词器。这里使用了一个已经在 CoNLL-2003 NER 任务上微调过的 BERT 模型。然后利用 transformers 库中的 pipeline 功能,创建了一个用于 NER 的管道,让 NER 任务的执行变得更简单。执行上述代码后,将看到如下输出,显示出识别的实体及其类别:

```
Word: Alice, Entity: B-PER
Word: Paris, Entity: B-LOC
Word: United, Entity: B-ORG
Word: Nations, Entity: I-ORG
```

这里,B-PER 表示人名的开始,B-LOC 表示地点的开始,B-ORG 和 I-ORG 分别表示组织名的开始和内部的词。需要提醒的是,在实际应用中,需要对更大的数据集进行训练和微调,以优化模型的性能和适应性。

(五)命名实体关系的抽取

命名实体关系的抽取,是指从文本中自动识别并提取实体之间的语义关系,确定这些实体之间的具体关系类型,从而将非结构化的文本信息转化为结构化数据。

在舆论大数据分析中,关系抽取是一项非常有用的技术。通过从新闻报道、社交媒体帖子、博客等舆论数据中抽取实体及其相互关系,可以构建涉及人物、地点、组织和事件的知识图谱,进而清晰地展示实体间的复杂关联和互动。这样就能使分析师迅速了解复杂事件的各个方面,如政治事件中涉及的关键人物和组织以及它们之间的关系。在舆情监测中,关系抽取可以帮助识别文本中的重要实体及其相互作用。例如,哪些公司受到负面报道的影响,以及这些报道中提及的相关实体(如人物、产品或事件),进而有助于组织快速响应可能影响其声誉和业务的事件。关系抽取还可以用于分析和可视化社交媒体上的用户交互,比如谁在讨论谁,他们之间是什么关系,这有助于分析社交网络中的影响力结构和信息传播路径,对于公共决策风险分析、市场营销策略制定等有重要价值。此外,关系抽取还能够帮助企业从公开的新闻报道和文章中识别和分析竞争对手之间的关系,如合作伙伴关系、供应链关系等,使企业能够更好地了解行业动态、评估竞争环境、制定相应的战略计划。

1. 关系类型

在舆论数据中,关系抽取能深入挖掘人物、地点、事件之间的相互作用和动态关系。这些关系主要可以分为如下类型。

(1)社交关系。如关注与被关注关系,在社交媒体中,用户可以选择关注其他用户,这种单向选择建立了关注关系。通过分析哪些账户被广泛关注,可以识别出意见领袖或影响力节点。在某些平台上,还可以通过"群"等形式建立好友关系网络。抽取这种关系可以帮助识别社交团体或共同兴趣小组,进而分析群体行为和偏好。

(2)交流关系。社交媒体中一般有回复、引用、转发与分享等多种交流关系。回复是指用户对另一用户的消息进行直接响应,回复链可以揭示讨论的深度和用户间的互动模式。引用是指在发布内容时提到或引用其他用户的言论或内容,引用关系可以揭示信息的来源和传播路径。转发与分享是指用户将他人的内容转发至自己的网络,扩大信息的传播,这是信息扩散分析的核心,有助于追踪热点话题和趋势。

(3)从属关系。个人或实体与其他组织或集体之间的关系,有助于揭示政治、商业等领域的权力结构和组织架构。事件或实体与特定地点的关联,对于灾害响应、事件监测和地理标记分析有重要价值。

(4)事件相关关系。个体或集体参与了某一事件,识别其中的关键参与者和意见领袖,有助于事件重构和责任归属分析。事件之间存在因果链接,分析事件的触发因素和结果,对于理解事件发展具有重要价值。

(5)权力关系。权威与从属状态表明个体或组织之间的权力等级,有助于揭示权力结构和决策流程。个体或组织之间的合作或竞争状态,有助于分析市场竞争格局、战略联盟等。

2. 关系抽取的方法

(1)基于规则的方法。开发一套详细的语言规则来识别实体间的关系。例如,如果一个人名和一个组织名由动词"服务"连接,则可能表明"雇佣"关系。

(2)基于监督学习的方法。利用已标注的关系数据训练模型,如支持向量机(SVM)、决策树或神经网络,来自动学习和预测实体间的关系。

(3)基于深度学习的方法。使用如卷积神经网络(CNN)、循环神经网络(RNN)或 transformers 等深度神经网络来捕捉文本中的深层语义特征,并基于这些特征识别关系。

(4)远程监督。这是一种特殊的半监督学习方法,不完全依赖于人工标注的数据。通过利用现有的知识库自动标注数据集,假设知识库中存在的实体对在文本中也表示相同的关系。该方法可以生成大量训练数据,加速学习过程,但可能引入噪声,因为相同的实体对在不同上下文中可能表示不同的关系。

3. 关系抽取的步骤

(1)关系识别。在实体识别的基础上,采用规则基础方法或机器学习方法,从文本中抽取实体间的关系,如"属于""位于""拥有"等,将非结构化数据转换为结构化数据。

(2)关系分类。对识别出的关系进行分类,通常根据预先定义的关系类型(如合作、冲突、从属等)对关系进行标记,以进一步精确化关系信息,为分析提供详细的结构化数据。

(3)数据整合和存储。将抽取出的实体和关系数据整合并存储在数据库或知识库中,为数据查询、可视化和进一步分析提供基础。

4. 关系抽取的示例

假设有从 Twitter 平台上抓取的关于气候变化的讨论数据,已经存储成一个名为"climatechange"的 csv 文件,要抽取其中的转发关系。Twitter 的推文元数据中通常会标明一个推文是否为转发或原始推文的信息。检查推

大数据与舆论分析

文是否包含"RT"（Retweet 的缩写）或者是否有元数据指示这是一条转发。对于每一条转发推文，提取出转发者（即当前推文的发布者）和被转发者（即原推文的发布者），然后将抽取的转发关系数据保存到一个新的 csv 文件。可以使用 Python 的 pandas 库来读取和处理原始数据，以及 csv 模块来写入新的 csv 文件。具体示例代码如下：

```
import pandas as pd
import csv

# 读取已存在的 csv 文件
df = pd.read_csv('climatechange.csv', encoding='utf-8')

# 打开一个新的 csv 文件用于写入转发信息
with open('retweet_relationships.csv', mode='w', newline='', encoding='utf-8') as file:
    writer = csv.writer(file)
    # 写入 csv 文件的标题行
    writer.writerow(['Original Tweet ID', 'Original User', 'Retweeter ID', 'Retweeter Username'])

    # 遍历数据集中的每一行
    for index, row in df.iterrows():
        # 假设推文内容在'Tweet'列，用户 ID 在'UserID'列
        tweet = row['Tweet']
        user_id = row['UserID']

        # 检查推文是否为转发，通常转发推文包含"RT @"模式
        if tweet.startswith('RT @'):
            # 分解推文以抽取原始用户和推文 ID
            # 这里简化处理，假设推文遵循"RT @ username: original content"的格式
```

```
parts = tweet.split(':',1)   # 只分割一次,得到两部分
original_user = parts[0].split('@')[1]   # 获取被转发者用户名

# 此处简化处理,没有提取原始推文ID,实际应用中可能需要其他方法提取
original_tweet_id = 'Unknown'   # 实际应用中需要其他方式获取

retweeter_id = user_id
retweeter_user = original_user   # 这里假设能通过推文获取用户名,实际操作可能需要调整

# 写入每行转发数据到新的 csv 文件
writer.writerow([original_tweet_id, original_user, retweeter_id, retweeter_user])
```

这里假设推文内容在列 Tweet,用户 ID 在列 UserID。使用 pandas 读取原始的 csv 文件,然后使用 csv 模块打开一个新的 csv 文件 retweet_relationships.csv,并写入列标题。遍历每一条推文,检查是否为转发推文(通常转发推文以 RT @ 开始),从推文中抽取原始用户的信息,并记录转发关系。本示例简化了一些处理步骤,比如,没有从推文中提取原始推文的 ID,因为这通常需要正则表达式或更复杂的字符串处理技术来准确实现。在具体应用中,可以根据实际需求调整细节,如推文格式解析和更准确的信息提取方法。

## 五、事件抽取

### (一) 事件

在自然语言处理的语境下,"事件"指的是一种特定的情况或行为,这种情况或行为在某个时间和地点由一个或多个参与者产生,并且具有特定的

语义和语境意义。事件可以涉及多个方面,包括但不限于人物、地点、时间和其他相关的细节,它们共同构成了事件的全貌。事件抽取就是指从非结构化的文本数据中提取事件的主要成分,包括事件类型、涉及的实体、时间、地点等,并将这些信息组织成易于分析和理解的格式。

事件抽取主要关注以下核心元素,这些元素帮助定义和描述事件的性质和细节。

(1)事件触发词。这是表明事件发生的核心词或短语。例如,在句子"公司宣布了新的合作"中,"宣布"是触发词,表明了一个"宣告"事件的发生。

(2)事件参与者。指的是参与事件的实体,如人、组织、国家等。在上面的例子中,"公司"是参与者,作为宣布合作的主体。

(3)时间和地点。虽然不是所有事件描述中都明确包含时间和地点,但这些信息对于完全理解事件非常关键。

(4)事件属性。包括但不限于事件的原因、结果、方式等,这些属性提供了事件发生背景和影响的更多细节。

基于事件抽取技术,可以快速地从舆论数据中识别出重要事件,帮助分析师迅速获取信息,而不需要手动阅读大量文本。此外,事件抽取还可以用于自动构建知识图谱,将事件及其相关实体(如人物、地点、组织)和属性(如时间、原因、结果)结构化,构建丰富的知识图谱,不仅可以促进信息的快速检索,还支持更复杂的分析。

### (二)事件抽取的类型

1. 基于事件类别

(1)限定类别事件抽取。也称为预定义类别事件抽取,指的是从文本中识别和提取预先设定类别的事件信息。这种方法通常涉及围绕一组固定的事件类型(如政治选举、企业并购、自然灾害等)进行抽取,与在更广泛的开放领域中识别任何可能类型的事件相对。限定类别事件抽取的核心在于依赖特定的、预先定义好的事件模型,这些模型明确了哪些事件类型是值得关注的,以及如何识别这些事件的相关信息。这种方法通过集中于特定的事件类型,可以提高事件抽取的准确性和相关性。相比于需要从更广泛数据中识别各种潜在事件的开放式抽取,限定类别的抽取可以针对特定事件优化模型和算法,通常更加高效。

基于限定类别的事件抽取具有广泛的应用场景。例如,媒体可以对特定的新闻事件(如国际峰会、重要法案通过等)进行跟踪,以快速生成相关报道。金融分析师可以借此监测与市场相关的特定事件,如公司合并、财报发布等。政府机构可以针对特定类型的安全事件(如恐怖袭击、重大自然灾害)进行监控,以便及时响应和调动资源。

(2)开放式事件抽取。指的是从文本中自动识别和提取各种事件,而不限定特定的预定义事件类别。这种方法的目的是广泛地探索和解析任何可能的事件,使其适用于多样化的应用场景,包括信息检索、知识图谱构建、新闻摘要生成等。开放式事件抽取不需要预先定义事件类型,系统需要能够识别各种类型的事件,以适应新事件和不断变化的信息,体现出更强的泛化能力。

开放式事件抽取在不同的应用领域具有广泛的用途。例如,在新闻和社交媒体监测领域,开放式事件抽取可以用于实时监测和分析新闻报道与社交媒体平台上的内容,捕捉从政治冲突、体育赛事到娱乐新闻等多种类型的事件。这不仅可以帮助新闻机构加快新闻发布的速度,也使政府和公共机构能更及时地了解舆论动态。

2. 基于抽取级别

根据处理的文本范围,事件抽取可以分为句子级事件抽取和篇章级事件抽取。两种类型的事件抽取各有优势和应用领域。选择合适的抽取级别,依赖于特定的任务需求、文本的结构和预期的输出精度。随着深度学习技术的进步,篇章级事件抽取正在成为可能。

(1)句子级事件抽取关注单个句子中的事件识别和信息提取,目标是从一个句子内部识别出事件的触发词、参与者、时间、地点等相关信息。这种分析仅分析单个句子,不考虑跨句子的上下文信息。由于分析范围较小,容易专注于句子内部的结构和语义,可以较为精确地提取事件信息。适用于文本数据较短,或者每个句子内部含有完整事件信息的情况,如新闻标题、简短报告。

(2)篇章级事件抽取是对整个文档或多个句子的事件识别,旨在于更宽广的文本范围内识别和理解事件的全貌。这种方法的特点是综合性,分析整个文档中的跨句子甚至跨段落的事件信息,考虑事件的发展、因果关系和复杂的实体关系。通常依赖于先进的深度学习技术,如最近的 transformers 模型。该方法适用于需要从长文本或全文档中抽取事件,理解其全面内容和复杂关系的场景,如详尽的新闻报道、案例研究报告。

**(三)事件抽取的方法**

1. 基于模式匹配的事件抽取

基于模式匹配的事件抽取,是指使用预定义的模板或规则来识别和提取文本中的事件信息。这种方法依赖于明确的语言模式,例如,以特定的关键词、短语、语法结构或者其他可识别的文本特征来触发事件的识别。

其工作原理是首先定义一系列模式(或称为规则、模板)。这些模式是根据先前对目标文本类型的分析设定的,用于匹配文本中可能指示事件发生的元素。模式通常涉及关键词(如动词或名词短语)和它们的上下文。然后对文本进行扫描,查找与预定义模式匹配的实例。这一步骤通常包括正则表达式搜索或更复杂的自然语言处理技术,以更准确地识别模式。一旦匹配的模式被识别,相关的文本片段(如触发词周围的词语和短语)就被提取出来。该方法尤其适用于特定领域的应用,如法律文件分析、医疗记录处理或特定类型的新闻报道抽取,其中的事件类型和语言使用相对固定。

2. 基于机器学习的事件抽取

基于机器学习的事件抽取是使用机器学习模型从文本中自动识别和提取事件的相关信息。这种方法不像基于规则的方法那样依赖于预定义的模式或模板,而是通过从大量标注的数据中学习,来识别文本中的事件结构和关系。

这种方法的工作流程是,首先收集并准备一个标注数据集,其中包含文本及其对应的事件标签(如事件类型、参与者、时间、地点等)。然后从文本数据中提取有用的特征,包括词汇特征(如词汇和短语)、语法特征(如依存关系和句法结构)、语义特征(如词嵌入向量)等。在此基础上,使用提取的特征和标注的数据训练一个机器学习模型。最后,使用训练好的模型对新的未标注文本进行分析,以识别和提取事件。该方法目前广泛应用于新闻摘要生成、知识图谱构建、情报分析等领域。

### (四)事件抽取的步骤

事件抽取是一项复杂的任务,涉及多个 NLP 技术和方法。在数据预处理与实体识别的基础上,事件抽取的步骤一般如下。

1. 触发词识别

触发词通常是指那些表明某种事件发生的词汇,它们为事件的发现和结构化提供了入口。在事件抽取过程中,触发词识别是一个关键步骤,直接关系到整个事件的分类和理解。

(1)定义触发词列表。从已有的文本中或通过专家知识,定义出可能表示特定事件的词汇列表。例如,对于"攻击"事件,可能的触发词包括"攻击""袭击""炸弹"等。

(2)触发词检测。遍历预处理后的文本,识别出现在触发词列表中的词汇。这一步可以结合词性标注结果来优化,例如,只选取标注为动词的触发词。

(3)上下文分析。分析触发词周围的文本,来帮助确认是否真的表示一个事件。有时候,相同的词在不同的上下文中可能并不都表示事件。

(4)触发词归类。根据触发词的语义和上下文,将其归类到特定的事件类型中。例如,"签署"可以归类为"合同签订"事件。

触发词识别是连接文本数据与事件抽取的桥梁,其精度直接影响到事件抽取的效果和应用价值。在实际应用中,触发词识别通常需要根据具体任务和可用资源来选择合适的方法。例如,在新闻事件抽取中,一般会结合基于规则的方法和机器学习方法,先用规则快速过滤大部分数据,再用机器学习方法处理复杂或不确定的情况。

2. 事件参数识别

事件参数识别是事件抽取过程中的一个核心环节,其目的是从文本中识别与特定事件相关的关键细节,如时间、地点、参与者等。这些参数有助于构建事件的完整表述,并提供足够的上下文信息以供进一步分析。

(1)参数类型定义。首先,需要明确想从文本中抽取哪些类型的事件参数。常见参数如下所示。

时间:事件发生的日期或时间范围。

地点:事件发生的具体地理位置。

参与者:涉及事件的个人、团体或组织。

对象：事件影响的对象或事物。

方式：事件发生的方式或手段。

原因：引起事件的原因。

结果：事件的后果或结果。

(2) 实体识别。利用命名实体识别技术从文本中识别可能的参数实体，如时间、地点和人名。

(3) 实体链接。将识别的实体链接到知识库中的标准实体。这一步称为实体链接（entity linking），目的是解决实体歧义问题，确认实体的确切身份。例如，将"吉林"链接到地理数据库中的吉林市条目，区分它与同名的其他地点（如吉林省）。

(4) 实体关系抽取。使用关系抽取技术确定实体之间的关系，以识别哪些实体属于事件的特定参数。例如，通过依存解析，分析文本的语法结构，查找实体之间的语法依赖关系，以确定它们之间是否存在事件相关的关系。通过模式匹配，定义和使用模式来识别文本中特定的关系表达，例如，"X 发生在 Y 地点"可以用来识别地点参数。

(5) 上下文分析。对触发词周围的上下文进行深入分析，以确定相关实体是否真正关联到事件参数，这涉及对句子的语义理解和对文本中的隐含意义进行分析。

(6) 参数归类和标注。基于实体的特性、上下文中的用法和与其他实体的关系，将识别的实体按照其在事件中的功能（如时间、地点、工具等）进行分类和标注，以保证每个实体在事件描述中的功能和上下文角色被正确理解。具体方法可以通过手动规则设置，或使用机器学习模型自动识别和归类参数。

从目前来看，事件参数识别还面临一些技术挑战。例如，参数的识别往往依赖于对复杂上下文的理解。有时，事件的参数可能散布在文本的多个句子甚至段落中。另外，文本中的模糊语言使用和实体歧义增加了识别的难度。

3. 角色标注

角色标注目的是为识别出的事件中的实体分配特定的角色，如施动者、受害者、工具、地点等，其前提是已经识别出文本中的实体。这一步骤有助于清晰地理解每个实体在事件中的功能和作用，从而提供更丰富的信息用于深入分析。

（1）角色定义和分类。在进行角色标注之前，首先要定义事件类型和与之相关的各种角色。这通常是基于特定应用领域的需求进行的，例如在一个"攻击"事件中，需要识别"攻击者""受害者""武器""地点"等角色。在一个"商业交易"事件中，角色包括"买方""卖方""商品""金额""时间"等。

（2）上下文和依存关系分析。为了正确地为实体分配角色，需要分析实体的上下文和语法依存关系，如谁是行动的主体，谁是行动的对象等。通过分析实体在句子中的语义角色，理解其在事件描述中的具体作用。

（3）规则或模型应用。根据定义的角色和分析结果，应用规则或机器学习模型来为实体标注角色。例如，如果一个人名紧跟在动词"攻击"之后，一般被标注为"受害者"。

（4）一致性检查和修正。进行角色标注后，需要检查标注的一致性和准确性，必要时进行修正，以保证信息的正确性和完整性。

4. 关系识别

关系识别是指从文本中识别实体之间的语义关系。在关系识别中，常见的关系类型包括但不限于因果关系、空间关系、从属关系、时间关系等。这些关系有助于深入理解事件的上下文、实体之间的互动以及事件的整体结构。关系识别基本步骤如下。

（1）关系候选生成。在识别出实体后，确定可能存在关系的"实体对"。这一步通常是选择所有可能的"实体对"组合或者使用一些启发式规则来限制"候选对"的数量，例如，仅考虑在同一句或相邻句子中的"实体对"。

（2）关系特征提取。对于每一个"实体对"，提取有助于关系识别的特征。这些特征一般包括如下四种。

词汇特征：实体周围的词汇、实体中的关键词。

语法特征：实体在句子中的依存关系或句法结构。

语义特征：基于词嵌入或其他语义模型的特征。

位置特征：实体在文本中的相对位置。

（3）关系分类。使用机器学习模型对每对实体间的关系进行分类，可以使用监督学习模型或深度学习模型。训练这些模型，需要一个预先标注好的关系数据集，其中包含了正确的"实体对"及其关系类型。

(4)后处理和优化。对模型的输出进行后处理,解决可能的冲突或错误(例如,同一对实体被分类为多种关系类型),并可以通过规则或额外的模型来优化和调整关系识别结果。

5. 事件组装

事件组装是指将识别的触发词、实体、参数和角色整合成一个完整的事件结构,从散乱的数据中构建结构清晰、组织有序的事件描述。

(1)进行信息整合。将触发词、实体及其角色、时间、地点等参数整合成一个结构化的事件表示。可以使用预定义的事件模板来组织这些信息,力求信息的完整性和逻辑一致性。例如,如果触发词是"签署",相关实体包括"公司 A"和"公司 B",时间为"2023 年 1 月 1 日",地点为"上海",则可以整合这些信息来构建一个表示"公司 A 和公司 B 于 2023 年 1 月 1 日在上海签署协议"的事件。

(2)属性连接。明确每个实体在事件中的角色(如签署者、见证人等),将时间和地点属性正确地关联到事件动作上。

(3)一致性检查和优化。验证整合的事件信息是否逻辑一致和完整,检查可能的错误或遗漏,进行必要的修正,并根据需要优化信息的表达。例如,通过合并重复的信息,简化事件描述等。

6. 生成事件链

如果文本描述了多个相关事件,需要将单独的事件结构连接成逻辑上的事件链。生成事件链是事件抽取中的一个高级步骤,有助于更深入地理解事件的发展过程和各个事件之间的关系。

(1)事件排序。这是生成事件链的第一步,涉及对文本中的所有识别事件进行时间排序。可以通过时间标记,识别文本中的时间表达式。对于没有明确时间标记的事件,需要通过文本的叙述顺序或者通过上下文中的时间线索来推断事件的顺序。例如,通过转折词、因果连接词等来推断事件的前后关系。

(2)逻辑关系识别。识别事件之间的逻辑关系是理解事件如何相互关联的关键。重点有三个:第一,确定事件之间的因果链,例如,某政策的实施可能导致一系列社会反应的事件;第二,识别文本中表达的对比关系,可以帮助理解不同事件之间的差异或对立面;第三,确定事件之间的继承或连续性关系,如一系列事件共同推动了某一更大事件的发展。

（3）链条构建。将识别的事件按照时间和逻辑关系连接成链条，首先需要创建事件节点。每个事件都被视为一个节点，节点中包含关于该事件的所有相关信息，如时间、地点、参与者等。然后根据识别的时间和逻辑关系将这些事件节点连接起来。连接可以是线性的，也可以是网络型的，取决于事件之间的互动复杂度。

（4）验证和优化。检查生成的事件链是否逻辑一致且符合文本描述。这需要人工审核或通过算法进一步验证链条的准确性。基于反馈和分析结果调整事件链，优化事件之间的连接逻辑，提升事件链的准确性和信息的完整性。

### （五）事件抽取的示例

可以使用 Python 配合一些流行的自然语言处理库，如 spaCy，从提供的文本中抽取事件相关信息。首先，需要安装 spaCy，并且下载所需的语言模型。参考代码如下：

```python
import spacy

# 加载中文 NLP 模型
nlp = spacy.load("zn_core_web_sm")

# 示例文本
text = """
你要分析的文本
"""

# 使用 spaCy 处理文本
doc = nlp(text)

# 打印实体和实体类型
for ent in doc.ents:
```

```python
        print(ent.text, ent.label_)

# 查找触发词并构建事件信息
events = []
for sent in doc.sents:
    trigger = None
    date = None
    location = None
    participants = []
    # 检查句子中的每个词是否为触发词
    for token in sent:
        if token.dep_ == "ROOT" and token.pos_ == "VERB":
            trigger = token.text
        # 收集与事件相关的实体信息
        for ent in sent.ents:
            if ent.label_ == "DATE" and date is None:
                date = ent.text
            elif ent.label_ == "GPE" and location is None:
                location = ent.text
            elif ent.label_ == "PERSON" or ent.label_ == "ORG":
                participants.append(ent.text)
    # 构建并保存事件信息
    if trigger:
        events.append({
            "trigger": trigger,
            "date": date,
            "location": location,
            "participants": participants
        })
```

```
# 打印事件信息
for event in events:
    print(event)
```

上述代码首先将文本通过 spaCy 处理,然后识别文本中的日期、地点和参与者等实体,以及作为事件中心动词的触发词,并在此基础上实现了事件信息构建。这段代码是一个简化的示例,实际应用中需要更复杂的逻辑来处理复杂的文本结构和含义。此外,也需要优化和调整,比如,增加对触发词上下文的理解,改进事件参数的提取等。

# 第六章

# 主体分析

对舆论传播过程中相关主体的分析,可以更全面地理解舆论的形成和演变过程,揭示舆论背后的动因和影响力,从而为舆论分析提供更深入的洞察和更准确的判断依据。本章重点基于社会网络分析法,介绍意见领袖的识别方法及不同类型,并在此基础上探讨了网络社群发现的主要方法与主要的社群结构。

## 一、意见领袖识别与分析

意见领袖是指在特定领域或话题上具有专业知识和影响力的人士,他们能够通过自身的言论或行动引导公众舆论。意见领袖通常是学者、专家、媒体人士、企业家、网红等,其舆论表达与传播呈现以下特点。

(1)专业性强,观点具有影响力。意见领袖通常具有专业知识或背景,对特定领域或话题有深入研究,他们的观点往往被公众认为是权威的,具有较强的影响力。

(2)传播范围广,受众群体庞大。意见领袖通常拥有较多的关注者,他们的言论能够通过社交媒体、传统媒体等平台快速传播,触达广泛的受众群体。

(3)善于利用传播策略,引导舆论方向。意见领袖一般精通传播规律,善于利用各种传播策略来引导舆论。

(4)观点表达相对理性,注重社会责任。意见领袖作为公众人物,更加注重自身的言行对社会的影响,他们的观点表达往往更加理性,注重社会责任。

(5) 关注社会热点,积极参与公共议题讨论。意见领袖关注社会热点,积极参与公共议题讨论,在社会治理和公共政策制定方面发挥着重要作用。

总体而言,意见领袖是舆论风向的引领者,通过识别意见领袖及其观点,可以了解舆论发展的方向和趋势。特别是在舆论危机事件中,识别意见领袖并与其沟通,可以有效引导舆论走向,化解危机。另外,通过意见领袖进行信息传播,可以提高信息的触达率和影响力,实现精准传播。因此,意见领袖的识别与分析在舆论分析中具有关键作用。接下来我们重点基于社会网络分析法,介绍意见领袖的识别方法。

### (一) 意见领袖的识别方法

社会网络分析法(social network analysis,SNA)是一种研究和分析社会结构的方法,通过量化的手段来研究个体(或称作"节点")之间的关系(或称作"边")以及这些关系构成的整体网络结构。SNA 不仅仅关注个体,更重视个体之间的联系以及这些联系如何影响社会行为和社会结构。它应用于多个领域,包括社会学、人类学、心理学、政治科学、经济学、信息科学等,用于揭示社会关系的模式与影响力的分布。社会网络分析法在识别和分析意见领袖方面也提供了一套有效的工具和方法论。

1. 中心性指标

在社会网络分析中,中心性指标可以帮助识别网络中的关键节点(个体),主要的中心性指标包括以下三个。

(1) 度中心性(degree centrality)。度中心性是指与该节点直接相连的其他节点的数量。在社会网络分析中,高度中心性的节点可能是意见领袖,因为他们与许多其他节点有直接联系。

(2) 接近中心性(closeness centrality)。接近中心性衡量的是一个节点到网络中所有其他节点的平均距离,接近中心性高的节点可以更快地访问网络中的信息,所以具有较高的影响力。

(3) 中介中心性(betweenness centrality)。中介中心性是指在网络中所有成对节点之间的最短路径中,经过该节点的路径数量的比例。具有高中介中心性的节点在网络中占据了重要的"桥接"角色,能够控制不同群体间的信息流。

例如,我们可以创建一个简单的有向图(如图 6-1 所示),代表个体之间的关系。网络包括节点 A、B、C、D、E、F 和它们之间的边。我们计算了三种中心性指标——度中心性、接近中心性和中介中心性,以识别网络中的意见领袖。

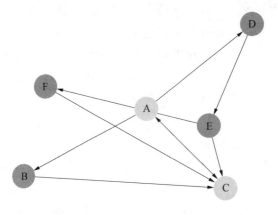

图 6-1　有向图

根据计算结果,度中心性最高的节点是 C,意味着 C 与其他最多节点直接相连。接近中心性最高的节点也是 C,表示 C 到网络中其他节点的平均距离最短。中介中心性最高的节点是 A,表示 A 在连接不同"节点对"的最短路径上占据了关键的中介角色。可视化结果中,节点 C 和 A 以高亮显示,标识它们在网络中的重要性。C 因为在多个中心性指标上得分高,特别是在接近中心性和度中心性上表现突出,可以被认为是网络中的一个主要意见领袖。而 A 由于其高中介中心性,在连接网络的不同部分方面发挥着重要作用,也可以视为一个关键的影响者。

2. 分析步骤

明白了上述基本原理之后,我们就可以使用 NetworkX 进行实际操作。NetworkX 是一个用于创建、分析和操作复杂网络的 Python 软件包。它提供了广泛的功能,可以创建各种类型的网络,如无向图、有向图、带权图等;可以计算网络指标,如度中心性、接近中心性、中介中心性等。

(1) 数据收集。确定分析目标,识别意见领袖。基于目标,收集相关的关系数据。在舆论分析中,这包括社交媒体上的互动数据(如转发、评论、点赞)、论坛帖子回复、共同参与讨论的记录等。

(2) 数据预处理。去除不完整、重复或无关的数据条目,所有数据遵循统一的格式,便于分析。从数据中识别出构成网络的节点(个体或实体)和边(节点之间的关系)。边可以是有向的(如转发消息)也可以是无向的(如双方互为好友)。

(3)网络图构建。使用 NetworkX,基于收集的数据构建网络图,其中节点代表个体,边代表个体间的关系。根据需要,为边和节点设置属性,如权重(关系的强度)、类型等。

(4)计算网络指标。

具体代码如下:

```python
import pandas as pd
import networkx as nx
# 读取用户数据
users = pd.read_csv("users.csv")

# 读取关系数据
relationships = pd.read_csv("relationships.csv")
# 创建无向图
G = nx.Graph()

# 添加节点
for index, user in users.iterrows():
    G.add_node(user["user_id"])

# 添加边
for index, relationship in relationships.iterrows():
    G.add_edge(relationship["source_user_id"], relationship["target_user_id"])
# 计算所有节点的度中心性
degrees = nx.degree_centrality(G)
# 按照度中心性排序
```

```
sorted_degrees = sorted(degrees.items(), key = lambda x: x[1], reverse = True)

# 选择前10个节点作为意见领袖
opinion_leaders = [x[0] for x in sorted_degrees[:10]]
print("意见领袖:", opinion_leaders)
```

该示例首先导入 NetworkX 库,然后读取用户数据和关系数据,接着构建无向图并添加节点和边,之后计算所有节点的度中心性,然后按照度中心性排序并选择前10个节点作为意见领袖,最后输出结果。

综合而言,社会网络分析提供了一套量化工具,可以客观地测量和比较网络中个体的影响力,避免了主观判断的干扰,而且通过计算不同的中心性指标,可以从多个角度评估个体的影响力,为识别意见领袖提供了更全面的视角。更重要的是,社会网络分析法能够揭示个体之间不明显的关系和结构,帮助发现看似不显著但实际上具有重要影响力的意见领袖,允许分析者跟踪和分析网络随时间的变化,从而识别意见领袖的变化趋势和新兴的影响者。

不过需要注意的是,准确、全面地收集关系数据可能非常困难,特别是对于大规模或隐私保护的网络,数据的缺失或偏差会影响分析结果的准确性。网络中存在的社区结构也会影响个体的影响力。一个在全局网络中中心性较低的节点,可能在其所在社区内具有很高的影响力。另外,虽然中心性指标能够提供有关个体影响力的量化信息,但它们可能忽视了影响力的质量方面,如个体的专业知识、说服力等。识别出的意见领袖是否真正具有影响力,还需要结合具体情境进行分析和验证。

### (二) 意见领袖的类型分析

根据意见领袖在舆论表达与传播中的特性、影响范围和行为模式,可以将其分为多种类型。

1. 本地意见领袖与社会意见领袖

从影响范围来说,意见领袖可以分为本地意见领袖与社会意见领袖。

本地意见领袖通常在较小的社区、群体或地理区域内具有影响力。他们与目标受众有直接的日常接触,对本地事务和社区成员的决策具有重要影响。从影响方式上而言,他们一般通过面对面交流、社区活动或本地媒体传达观点和信息,影响力建立在个人信任、相互了解和社区认同的基础上。目标受众主要针对居住在相同社区或区域的个人,关注的议题通常与社区福祉、地方政策和本地活动密切相关。

社会意见领袖在更广泛的社会层面上具有影响力。他们通过媒体平台、社交网络和公开演讲等方式,利用其专业知识、社会地位或媒体资源来影响广大群众,影响力往往建立在专业权威、公众形象和媒体曝光度上。目标受众面向更广泛的社会公众,包括不同地区、文化和社会背景的人群。他们关注的议题也更加多样,包括国家政策、社会问题、文化趋势等。

比较而言,本地意见领袖更擅长在社区层面上动员行动、促进社区参与和解决地方性问题。他们在紧密社区中的个人网络,使其能够有效传递口碑信息,促进基于信任的信息传播。社会意见领袖则在塑造公众议程、引导社会舆论和推动广泛社会变革方面发挥重要作用,能够借助广泛的媒体覆盖,对公众态度和观念产生广泛影响。

2. 专业意见领袖与公共意见领袖

从专业领域来说,意见领袖可以分为专业意见领袖与公共意见领袖。专业意见领袖通常是特定领域或行业内的专家和权威,如医学、法律、科技等领域的专家,在自己的专业领域内具有深入的知识和经验,通过提供专业建议、研究成果和权威观点来影响舆论。他们的影响力建立在专业知识和技能的基础上,通过学术论文、行业报告、专业媒体等渠道传播。目标受众主要针对同一领域内的其他专业人士或对特定专业问题感兴趣的公众,影响往往局限于特定的专业领域或行业。

公共意见领袖在西方国家较为普遍,指那些积极参与公共事务讨论、社会问题辩论的学者、作家、艺术家等。他们借助自己的知识、见解和批判性思维,对社会、文化和政治问题进行公开评论,通过公开演讲、出版作品、撰写评论、参与媒体节目等方式,就广泛的社会问题表达观点和批评。他们的影响力来源于思想、道德权威和公众信任。公共意见领袖的目标受众面向广泛的公众,试图影响更广泛的社会议题,以引发公众关注和社会变革。

比较而言,专业意见领袖的功能在于通过专业知识和技术专长指导行业发展、促进专业创新和解决专业问题。他们在特定领域内提供权威的声音,对同行和相关领域的发展产生影响。公共意见领袖的功能则在于挑战现状、提出问题、引发讨论和反思。

3. 媒体意见领袖与网络意见领袖(草根大V)

根据传播方式,意见领袖还可以分为媒体意见领袖与网络意见领袖(草根大V)。媒体意见领袖通常是传统媒体工作者,如记者、编辑、电视主持人等,或者在媒体行业内具有一定权威和专业背景的人士。他们的影响力来源于其所在媒体机构的品牌、权威性以及个人的专业知识和经验,主要通过传统媒体渠道如报纸、杂志、电视和广播等,以及这些机构的官方网站和社交媒体账号进行信息传播。因此,媒体意见领袖的受众覆盖范围广泛,可以跨越不同的地理区域和社会群体。

网络意见领袖(草根大V)则多为普通个体,通过社交媒体平台如微博、推特等积累大量关注者,他们的影响力主要来自个人魅力、内容创造能力和互动能力。网络意见领袖主要依赖互联网和社交媒体平台进行信息传播,强调去中心化和平民化的传播方式。受众范围虽然理论上可以覆盖全球,但实际上往往更侧重于特定兴趣群体或社会圈层,受众群体相对更为精准。另外,网络意见领袖与受众之间有着高度的互动性,经常通过评论、转发、直播等形式与粉丝进行互动,形成紧密的社群联系。

媒体意见领袖在舆论形成中起到引导和塑造公共议程的作用,他们的发言往往具有一定的权威性,能够在较短时间内对公众意见产生广泛影响。网络意见领袖(草根大V)则在促进舆论多样化、反映草根声音和推动舆论的底层传播中发挥重要作用,能够快速响应社会事件,形成更为灵活和多元的舆论表达。因此,前者在权威性和影响范围上具有优势,而后者则在互动性和目标受众的精准度上表现更为突出。

4. 正面意见领袖与负面意见领袖

根据影响力的性质,可以分为正面意见领袖与负面意见领袖。正面意见领袖通常是那些能够传播积极、建设性内容的个体,他们倡导正面价值观、健康生活方式或积极的社会变革,通过传播有益健康、公平、正义等主题的信息,提高公众对重要社会问题的认识。他们鼓励公众参与公益活动、健康生活和积极的社交互动,推广正面的社会行为和习惯,在公共议题讨论中发挥积极的引导作用。

负面意见领袖一般是那些传播消极信息、错误观点或有害内容的个体,他们的言论可能引起公众的恐慌、偏见。通过传播具有争议性的观点或未经验证的信息,负面意见领袖会导致社会观点的极化和群体间的分裂。在某些情况下,负面意见领袖会散布谣言或阴谋论,对公众的信息判断和决策产生误导,而且他们的言论可能引发恐惧、愤怒或仇恨等负面情绪,影响社会的和谐与稳定。

不过需要注意的是,一些意见领袖为了迎合大众口味,可能会选择传播"正能量",刻意回避社会矛盾和负面情绪,只展现美好的一面。一些意见领袖会利用正能量来包装自己,打造个人IP,进行商业推广。因此,对于意见领袖影响力的性质,需要慎重判断。是否具有独立思考的能力,是否追求社会公平正义,是否有利于社会长远发展,才是评价意见领袖性质的关键标准。

5. 积极意见领袖与消极意见领袖

积极意见领袖是那些主动参与公共讨论、倡议和传播特定观点或信息的个体。他们通常具有较强的社交网络影响力,能够有效地使用平台来发表和推广自己的观点。通过发布内容、发起讨论和组织活动,积极意见领袖能够在一定程度上塑造和引导公众对特定议题的看法和态度,提高公众的社会参与意识和行动力。

消极意见领袖是那些虽然具有影响力,但不经常主动在公共空间表达或推广观点的个体。他们因为专业知识、社会地位或其他原因而被人尊敬和信任,即使不频繁发声,仍然具有潜在的影响力,当他们选择发言时,则会对特定受众产生深远影响。在需要时,他们的意见或建议因其专业性、中立性更可能被视为可信和值得尊重的声音。在特定情境下,如面对争议性问题或需要专家建议时,消极意见领袖的功能会变得更加显著。

比较而言,积极意见领袖通过主动参与和持续的沟通活动,在舆论形成中发挥显著作用,尤其是在动员公众参与和引起关注方面。消极意见领袖则更多地通过其存在本身和偶尔的发言在特定领域或问题上产生影响,他们的权威性和可信度在需要时为舆论提供了重要的参考。

6. 信源型意见领袖、传播型意见领袖与连接型意见领袖

根据角色,还可以分为信源型意见领袖(information source leaders)、传播型意见领袖(transmission leaders)与连接型意见领袖(connector leaders)。

大数据与舆论分析

信源型意见领袖通常是信息的原始提供者,因其专业知识、经验或在特定领域的权威性而成为信息的可靠来源。从传播特征来看,他们可以在专业领域或特定话题上提供准确、权威的信息和见解,并通过提供专业的分析和观点,影响公众对特定议题的认识和理解。

传播型意见领袖在信息的传播过程中起到放大作用,他们通过自己的传播网络将信息扩散给更大的受众群体,并通过个人影响力和信誉,增强信息的说服力和接受度。

连接型意见领袖在不同社群或信息孤岛之间建立联系,能够跨越社交圈层或文化界限,连接不同的群体。其功能在于建立跨群体连接,将原本可能不会交流的群体通过信息和观点连接起来,促进信息多样性。

比较而言,信源型意见领袖的主要作用在于提供信息的源头,他们的影响力建立在专业性和权威性上。传播型意见领袖通过自己的社交网络和影响力促进信息的广泛传播,是信息扩散过程中的关键节点。连接型意见领袖则强调跨界沟通和连接,促进不同背景和观点之间的交流。

需要说明的是,上述意见领袖的这些类型不是相互排斥的,一个意见领袖可能属于多种类型。对意见领袖的类型进行更丰富的分析,有助于更全面地认识舆论传播的复杂性和多样性。

## 二、网络社群发现与结构分析

在舆论分析中,社群发现(也称社区检测)是识别网络中由紧密相连的节点组成的群体的过程。这一过程有助于揭示舆论网络中的结构,显示出哪些群体在特定议题或话题上保持紧密的交流,可以帮助分析者理解不同观点或态度如何在社会中分布和聚集。社群发现还可以揭示隐藏在大规模数据背后的社会结构,特别是社会、文化或政治上的分裂,对于理解公众舆论的复杂性和多样性以及制定相应的社会干预措施具有重要价值。另外,理解社群结构有助于分析信息如何在网络中传播。社群内往往存在一个或多个意见领袖,他们对社群成员的观点和行为有显著影响。信息往往在社群内快速传播,但跨社群传播可能需要通过特定的"桥接"节点。通过社群发现,可以更容易地识别这些关键个体,进而分析他们对舆论动态的影响。

### （一）社群发现

在舆论大数据分析过程中，进行社群发现的主要方法可以分为几个类别，每种方法都有其特点和应用场景，也都有其优势和局限性，选择哪种方法，取决于数据的特性、分析的目标以及可用的计算资源。在实际应用中，可能需要尝试多种方法，以找到最适合特定数据集和分析需求的社群发现策略。

1. 模块度优化方法

模块度优化方法是一种流行的社群发现策略，用于识别网络中的社群结构。模块度（modularity）是评估网络社群划分质量的一个指标，它衡量了网络中边的实际分布与随机分布相比的程度。具体来说，一个高模块度的社群划分意味着网络内部的连接（社群内的连接）比随机情况下预期的要多，而社群之间的连接比预期的要少。

利用模块度优化方法进行社群发现，适用于希望揭示网络中紧密连接群体的情境。通过迭代优化模块度，可以识别出网络中自然形成的社群结构，为进一步的网络分析提供基础。不过，需要注意的是，模块度优化方法存在分辨率限制，难以识别规模较小的社群。另外，模块度优化可能会陷入局部最大值，不同的初始条件可能导致不同的社群划分结果。某些模块度优化算法允许调整参数以影响社群的大小和数量，适当的参数调整可以改善结果的实用性。

2. 层次聚类方法

层次聚类方法是一种常用于社群发现的技术，适用于揭示网络中多层次的社群结构。层次聚类可以分为两种主要类型：凝聚的（自底向上）和分裂的（自顶向下）。这两种方法从不同的角度构建节点之间的层次关系，最终形成一个层次聚类树。

需要注意的是，层次聚类对距离或相似度的定义非常敏感，不同的定义会导致截然不同的聚类结果。另外，虽然层次聚类能够提供丰富的社群结构信息，但其计算复杂度通常较高，对于大规模网络需要谨慎选择或优化算法。

3. 基于图论的方法

基于图论的方法利用网络结构本身的特性来识别社群。这类方法通常基于图的性质，如节点的连接模式、图的分割等，来探索和定义社群。两个常用的基于图论的社群发现方法是标签传播算法（label propagation algorithm，LPA）和 Infomap。

选择合适的基于图论的方法时，要考虑网络的特性、分析目标以及算法的计算复杂度。某些基于图论的方法（特别是 LPA）可能会产生不稳定的社群划分结果，需要进行多次运行和结果的一致性检验。另外，需要说明的是，对于揭示网络中的多层次社群结构，Infomap 是一个强大的工具，但需要仔细考虑信息压缩的原理和参数选择。

4. 基于密度的方法

基于密度的社群发现方法侧重于识别网络中节点紧密连接的区域，这些区域通常表明了社群的存在。这类方法在数据挖掘领域尤为流行，如 DBSCAN（density-based spatial clustering of applications with noise）算法，主要用于空间数据聚类，但其概念也可适用于社群发现。基于密度的社群发现关注节点的局部密度，识别由密集连接的节点组成的区域作为社群，同时将稀疏连接的节点视作噪声点或边界点。这种方法的核心在于定义"密度"，并据此识别社群。

总体来说，虽然基于密度的方法在社群发现中不如基于模块度优化或基于图论的方法常见，但它们在处理特定类型的网络时提供了独特的视角和优势，特别是在识别紧密连接的社群和处理噪声数据方面。需要注意的是，基于密度的方法适用于社群内部节点密集连接，而社群之间连接相对稀疏的网络。

## （二）社群类型

从舆论的表达与传播角度来看，不同类型的网络社群各具特点，影响着信息的流动、接收和处理方式。

1. 兴趣社群

兴趣社群围绕共同的兴趣或爱好形成，这种共同基础使得社群内部的成员更容易就特定主题形成共鸣，促进了信息和观点的快速流动。成员之间共享的兴趣提供了强烈的归属感和社群认同，表现出较高的互动性和参与度。兴趣社群的意见类型比较复杂，一方面，成员之间的讨论、信息分享和反馈活动频繁，促进了意见的多样化和深入交流，但另一方面，兴趣社群往往具有信息过滤和集中的功能，成员倾向于分享与社群主题相关的内容，减少了无关信息的干扰。这种效应有助于成员更有效地获取感兴趣的信息,同时也可能导致信息茧房的形成,限制了信息的多元性。在表达与传播过程中,兴趣社群中的信息和观点可以通过社群成员的网络快速传播。当某个话题或信息引起广泛兴趣时,它可以迅速被扩散到社群外部,影响更广泛的受众,体现出较强的扩散能力。

从社群结构来看,在兴趣社群中,通常会有一些活跃成员或专家成为意见领袖,他们对特定话题有深入的见解。这些意见领袖在舆论形成和传播过程中起到关键作用,他们的观点和信息往往被社群成员视为可信赖的参考。值得注意的是,许多网络兴趣社群具有一定程度的自组织性质,成员共同维护社群规则和文化,对不符合社群准则的行为进行自我调节。这种机制有助于维护社群的秩序和健康发展,但也可能导致对新成员或异质意见的排斥。

2. 专业社群或知识社群

专业社群或知识社群通常围绕特定的专业领域或知识领域形成,成员包括专家、学者、从业者和对该领域有浓厚兴趣的个人。社群成员通常具有该领域的深厚知识基础和专业技能,因此,社群内部的讨论和信息传播具有高度的专业性和权威性。这种权威性有助于形成可信赖的舆论信源,为公众提供准确的信息和深入的分析。

这类社群的信息传播往往面向对特定专业领域感兴趣的人群,其内容可能对非专业受众来说难以理解,但通过集合不同成员的知识和经验,这类社群成为解决复杂问题和促进创新思维的重要平台。这不仅有助于推动行业或学科的发展,也可能为社会广泛议题提供专业的解决方案。从结构来说,即便是在专业社群内部,也可能存在不同的知识层次和观点多样性。这促进了更为深入和全面的讨论,但也可能导致意见分歧和争论。

3. 社会运动社群

社会运动社群以共同的社会目标、价值观或政治立场为基础,致力于通过集体行动来推动社会变革或维护特定的社会利益,其成员共享相同的关注点和行动目标。这种目标导向性使得这类社群在舆论表达上具有高度的聚焦性,能够有效地将公众注意力集中于特定议题。更重要的是,社会运动社群擅长通过各种手段(包括社交媒体、公开集会、艺术表达等)来动员公众参与和支持其事业。这种动员能力有助于快速扩大议题的影响范围,吸引更多人加入讨论或参与行动。

社会运动社群在传播过程中往往强调情感共鸣,使用故事、个人经历和强烈的视觉元素来激发公众的情感和同情心。这种情感共鸣促进了社群内部的凝聚力和对外的吸引力,有助于形成广泛的社会支持。因此,虽然社会运动社群在推动变革的过程中常常面临来自政府、主流媒体或其他社会力量的压力和反对,但这种压力和反对不仅是挑战,也可以成为激发更广泛公众关注和支持的催化剂。面对复杂的社会环境和变化的传播渠道,社会运动社群常常采用创造性的策略来吸引关注和参与。这些创新策略增强了社群的吸引力,并触达更广泛的受众。

4. 支持社群

支持社群通常围绕特定的需要、问题或挑战(如健康问题、心理支持、职业发展等)形成,为成员提供一个分享经验、获取信息和相互支持的平台。支持社群的信息传播往往基于个人经验和故事,成员通过分享自己的经历、挑战和解决方案来互相帮助。这种基于经验的分享使得信息具有很高的可信度和很强的感染力,能够在成员间建立深厚的信任和理解。支持社群中的互动通常包含丰富的情感成分,成员之间通过表达同情、鼓励和安慰来加强彼此的情感联系。这种强烈的情感联系促进了社群内部的凝聚力,同时也吸引了面临类似挑战的新成员加入。

从舆论表达上来看,支持社群专注于特定议题或挑战,如慢性疾病、职业发展等。这种专注使得社群能够深入探讨特定议题,成为该议题相关信息和资源的集中地。除了相互支持外,许多支持社群还承担起倡导和教育的角色,旨在提高公众对其关注问题的认识。通过教育和倡导活动,支持社群能够对外部舆论产生影响,推动社会态度的变化和政策的制定。

借助互联网,支持社群能够连接全球范围内面临相同问题的人们,进行跨越地理界限的连接。这种连接增强了社群的多样性和资源共享能力,同时也扩大了其影响范围。另外,支持社群往往表现出较强的自组织能力,成员共同参与社群的管理和决策过程。这种自主性使得社群能够灵活应对成员的需求变化,但也需要有效的沟通和协调机制以维护秩序。

5. 虚拟世界和游戏社群

虚拟世界和游戏社群是围绕在线游戏、虚拟现实和其他数字互动平台形成的社群。游戏和虚拟世界提供了共同的经历和背景,为成员之间建立强烈的社群认同感和归属感创造条件。这种认同感促进了成员间的紧密合作和交流,加强了社群内部的凝聚力,使其成为有效传递信息和观点的团体。游戏和虚拟世界的互动性为社群成员提供了丰富的交流方式,包括文本聊天、语音通讯、角色扮演等。这种高度的互动性和参与性提高了信息传播的效率,使得舆论能够在社群内迅速形成和扩散。值得注意的是,游戏社群中的成员往往通过虚拟角色或匿名身份参与,这为他们提供了一定程度的隐私保护,而且鼓励了更开放的讨论和意见表达,但同时也可能导致负面行为,如网络欺凌和恶意言论的增加。

游戏和虚拟世界将来自不同地区、文化背景的人聚集在一起,形成了具有高度多样性的社群,促进了不同观点和信息的交流,有助于形成更加全面和多元的舆论环境。另外,游戏和虚拟世界社群在传播特定的游戏文化、价值观和行为准则方面也具有独特的作用,可以影响社群成员的世界观和社会行为。不过,虽然主要围绕游戏和虚拟世界的议题,游戏社群有时也会就广泛的社会问题发声,特别是那些影响到游戏行业和玩家权益的议题。游戏社群能够动员大量成员参与到对这些议题的讨论和行动中来,对外部舆论产生影响。

6. 商业社群

商业社群通常围绕特定品牌、产品或服务形成,涵盖了消费者、潜在客户、品牌倡导者以及与品牌价值观相契合的个人和组织,在品牌建设、消费者关系管理和市场营销策略方面发挥着重要作用。商业社群的核心成员往往是品牌的忠实支持者或倡导者,他们愿意主动分享自己的正面体验和评价,推广品牌给更广泛的受众,这能够有效地增强品牌形象,促进正面舆论的形成和传播。商业社群还为品牌和消费者提供了一个直接交流和互动的平台,包括反馈收集、顾客服务、新产品推广等。高度的参与和互动不仅提高了消费者满意度和忠诚度,也使品牌能够及时了解消费者需求和市场趋势。因此,商业社群成为品牌监控公众舆论、管理声誉的重要渠道。

商业社群中的交流和反馈为品牌提供了宝贵的市场洞察和消费者洞见,成为创新和产品改进的重要来源,由此可以促进品牌的持续创新,帮助品牌保持竞争优势和市场敏锐度。不仅如此,商业社群通过创造和分享高质量的品牌内容(如故事、视频、文章等)来吸引更多的潜在消费者参与,能够扩大品牌影响力,吸引新顾客,同时增加品牌与消费者之间的互动和参与度。此外,越来越多的商业社群不仅关注品牌和产品,也越来越重视企业的社会责任和可持续性议题,有助于构建品牌的正面社会形象,增强消费者的信任和支持。

7. 生活方式社群

生活方式社群围绕特定的生活方式、兴趣爱好或文化实践,基于共享的价值观和生活哲学而聚集形成,如环保、健康饮食、极简主义等,成员通过共享经验、知识和资源来表达和推广他们所倡导的生活方式。这种基于价值观的团结为社群成员提供了强烈的认同感和归属感,使得社群在传播和推广其生活方式时表现出较高的热情和动力。生活方式社群中的信息传播往往富含情感,成员通过个人故事、经历分享和视觉叙事来表达和传播观点,这种叙述方式使得信息更加引人入胜,容易引发共鸣,有助于吸引和影响更广泛的受众。

在生活方式社群中,个别成员或小组往往通过其生活实践成为角色模范,向其他人展示和倡导特定生活方式的可行性和益处。角色模范的存在不仅激励社群内部成员,也能够吸引社群外的人群关注并采纳相似的生活方式。生活方式社群会广泛利用社交媒体和其他数字平台(如博客、视频频道等)来传播信息、分享资源和组织活动,互动非常频繁。另外,许多生活方式社群倡导的理念可能与主流社会文化或消费习惯不同,甚至挑战现有的社会规范。这种反主流的倾向使得生活方式社群成为推动社会变革和文化创新的力量,但有时也可能引发公共讨论和争议。

(三)社群结构

网络社群的结构类型可以根据成员之间的互动模式、连接的紧密程度以及社群组织的形式来分类。不同的网络社群因其目的、平台和成员的活跃度而形成不同的结构特征。不同的网络社群结构类型反映了成员间互动的不同模式,影响着信息的传播效率、社群的凝聚力以及成员的参与度。理解这些结构特点有助于有效地管理网络社群,优化信息传播策略。

1. 核心-边缘结构网络(core-periphery network)

核心-边缘结构是一种常见的网络结构,其特点是网络中存在一组核心节点,它们与其他节点连接紧密,形成一个紧密的子网络,而其他节点则位于网络边缘,与核心节点的连接较少,但彼此之间可能存在连接。从结构特征来看,核心节点在网络中扮演着重要角色,是信息传播和资源分配的中心,通常具有较高的连接度、中介中心性、接近中心性和特征向量中心性等指标。边缘节点在网络中扮演着次要角色,主要接收来自核心节点的信息和资源,通常具有较低的连接度、中介中心性、接近中心性和特征向量中心性等指标。核心-边缘结构网络可以被划分为多个模块,每个模块由一个核心节点及其周围的边缘节点组成,模块之间的连接通常较弱。从层次性上来看,核心-边缘结构网络可以被视为一个多层网络,核心节点位于顶层,边缘节点位于底层(图6-2)。

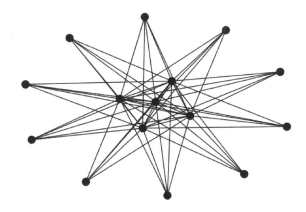

图6-2 核心-边缘结构网络

在舆论表达与传播过程中,这种网络结构可以帮助核心节点快速地将信息传播到边缘节点,从而提高信息传播的效率。核心节点通常是意见领袖,可以控制信息传播的方向,从而导致边缘节点接收到的信息存在偏差,形成信息茧房,当然也可以利用其影响力引导舆论走向。不过,这种网络结构稳定性较差,核心节点的故障会导致网络的瘫痪,影响舆论表达与传播。

2. 小世界网络(small-world network)

小世界网络是一种介于规则网络和随机网络之间的网络结构,其特点是具有高聚集性和短路径距离。所谓高聚集性,是指网络中的节点倾向于与彼此相连的节点连接,形成紧密的社区结构。短路径距离是指网络中的任意两个节点之间都存在一条较短的路径,即使它们在网络中相距较远。

因此,也出现了小世界效应,即在小世界网络中,信息可以通过少数节点快速传播到整个网络(图6-3)。

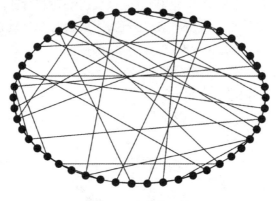

图6-3　小世界网络

小世界效应使得信息能够快速传播到网络中的所有节点,提高了信息传播的效率。网络中的意见领袖可以通过短路径快速影响大量节点,从而放大其影响力。小世界网络有利于信息的扩散,也使得信息的控制更加困难。因此,从舆论的传播与表达来看,小世界网络使得舆论能够快速形成和演化,容易导致群体极化和网络暴力。

3. 分布式网络(distributed network)

分布式网络是一种由多个节点组成的网络,每个节点都具有一定的自治能力,并通过通信链路相互连接。从结构上看,分布式网络中的每个节点能够独立运行和管理自身资源。网络中的节点之间也是平等的,不存在主从关系。分布式网络是开放的,可以随时加入新的节点或移除已有的节点。分布式网络还具有动态性,网络结构和连接关系会随着时间的推移而发生变化(图6-4)。

从舆论表达与传播的角度而言,分布式网络使得信息的发布和传播更加扁平化,每个人都可以成为信息的发布者和传播者,使得信息不再依赖于中心节点进行传播,而是通过各个节点之间的相互连接进行传播。这就有助于推动信息传播的民主化和多样化,使每个人都可以平等地参与舆论表达,不受中心节点的控制。但分布式网络也使得信息容易被分割成碎片,让虚假信息和有害信息更容易传播,加剧了舆论的复杂性。

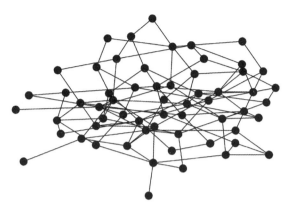

图 6-4 分布式网络

4. 密集连接网络(dense network)

密集连接网络中的每个节点都与其他节点存在连接,由此产生了三个特点:一是高连接度,密集连接网络中的每个节点都具有很高的连接度,都与其他节点存在大量的连接;二是短路径,密集连接网络中的任意两个节点之间都存在一条很短的路径;三是高聚集性,这种网络中的节点倾向于与彼此相邻的节点连接,形成紧密的社区结构(图6-5)。

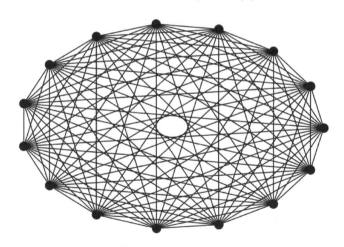

图 6-5 密集连接网络

这种结构促进了高度的互动和信息快速流通,社群内成员之间连接非常紧密,大多数成员都直接相互连接,如紧密的朋友圈和小型兴趣群组。信息在这种社群内部快速且广泛地传播,成员间的高度互动促进了深入讨论和信任的建立,舆论容易在这种紧密连接的群体内形成,但也容易导致群体极化和网络暴力。

5. 分层或多层次网络(hierarchical or multilayer network)

分层或多层次结构网络是一种由多个层次组成的网络结构,每个层次都具有不同的特征和功能。从结构上而言,分层或多层次结构网络根据一定的规则将网络划分为多个层次,每个层次具有不同的属性和功能。分层或多层次结构网络中的不同层次之间存在连接,使得信息可以在不同层次之间进行传递。分层或多层次结构网络中的同一层次内的节点之间也存在连接,使得信息可以在同一层次内进行传播(图6-6)。

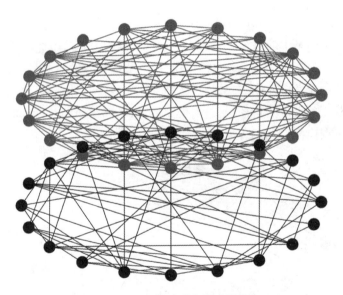

图6-6 分层或多层次网络

分层或多层次结构网络对舆论表达与传播有深刻影响。这种结构的网络可以对信息进行过滤和聚合,使得不同层次的人员获得不同层次的信息;可以对信息进行控制和管理,防止信息的泛滥和失控;也可以促进信息的共享和协作,提高信息的利用效率。具体到网络社群而言,这种结构的社群内部存在分层,可能基于成员的地位、贡献或其他标准,在顶层的成员对社群的方向和活动具有较大影响力,如在线游戏社区、大型社团组织等。这种结构会促进组织化的行动和决策,舆论传播和形成受到上层成员的显著影响,存在从上至下的信息流动模式。

6. 模块化网络(modular network)

模块化网络是一种由多个模块组成的网络结构,每个模块都具有一定的功能和特性,不同模块之间存在连接,使得信息可以在不同模块之间进行传递。模块化网络中,同一模块内的节点之间也存在连接,信息可以在同一模块内进行传播(图6-7)。

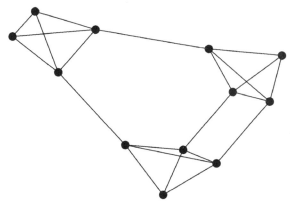

图6-7　模块化网络

模块化网络可以对信息进行聚类和过滤,使得不同模块的人员可以获得不同类型的信息。模块化网络社群可以被划分为若干模块或子群体,这些子群体内部连接紧密,但与其他子群体之间的连接相对较少,如跨国公司内部网络、大型论坛的不同讨论板块。不同模块围绕特定主题或观点形成独立的舆论,可能导致信息隔阂,因此常常需要桥接节点。

7. 星型网络(star network)

星型网络是一种由一个中心节点和多个边缘节点组成的网络结构,所有边缘节点都连接到中心节点。从结构特征方面而言,星型网络有一个中心节点,该节点是网络的核心,负责信息的收集、处理和分配。星型网络还有多个边缘节点,这些节点是网络的末端,负责接收和发送信息。星型网络中的信息流一般是单向的,或者从中心节点流向边缘节点,或者从边缘节点流向中心节点,节点之间很少有信息交流(图6-8)。

星型网络结构使得信息集中在中心节点,中心节点可以控制信息的传

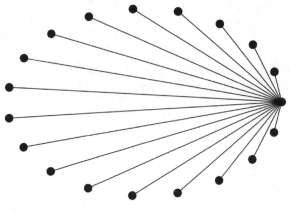

图 6-8　星型网络

播,对信息进行过滤。因此,星型网络的信息传播效率高,中心节点可以快速将信息传递给所有边缘节点。但由于中心节点控制舆论的表达和传播,很容易形成信息茧房。

# 第七章

# 议题分析

议题分析通过对文本数据进行分析,来识别、分类和预测公共议题的内容、发展趋势,可以用于了解公众对某个事件或问题的关注度和态度,以及不同群体之间的意见分歧。本章重点介绍议题识别的主流方法,并结合近年来舆论场上常见的议题类别,介绍议题管理的基本知识。在此基础上,又引入了议程设置理论,介绍了议程分析的常用方法。

## 一、议题识别

议题识别是指通过分析和处理大数据,识别出当前或潜在的公众关注点、讨论话题或社会议题的过程。基于大数据分析方法,可以有效利用海量文本数据,提高议题识别结果的准确性和可靠性,实时发现新兴议题。

### (一)基于关键词的方法

基于关键词的方法是议题识别中最常用的方法之一。该方法统计文本中出现频率最高的词语,并将其视为议题。其具体步骤是,先进行文本预处理,然后根据词频、TF-IDF等指标提取关键词,并对提取的关键词进行过滤,去除与议题无关的词语,最后根据关键词的组合来识别议题。

相比较而言,基于词频统计的方法简单易行,计算效率较高,但准确性不高,可能会识别出一些与议题无关的词语,而且难以识别复杂议题。基于TF-IDF的方法准确性高,可以有效地识别出文本中的重要词语,从而提高议题识别的准确性。另外,该方法对文本的长度和主题不敏感,具有较强的鲁棒性。但是TF-IDF值的计算需要遍历整个文档集合,计算复杂度较高。

对于一些长文本，TF-IDF值可能会非常稀疏，导致议题识别效果不佳。

假设有如下一段文本：

> 近年来，随着雾霾天气频发，空气污染问题已经成为人们关注的焦点。为了治理雾霾，政府采取了一系列措施，包括加大环保力度、淘汰落后产能、推广清洁能源等。然而，雾霾问题仍然没有得到根本解决。

利用词频统计法进行议题识别，首先需要对文本进行预处理，包括分词、去停用词、词形还原等。经过预处理之后，文本可以表示为：

> 雾霾 天气 频发 空气 污染 问题 关注 焦点 治理 措施 加大 环保 力度 淘汰 落后 产能 推广 清洁 能源 解决

| 词语 | 雾霾 | 空气 | 污染 | 问题 | 关注 | 焦点 | 治理 | 措施 | 加大 | 环保 | 力度 | 淘汰 | 落后 | 产能 | 推广 | 清洁 | 能源 | 解决 |
|---|---|---|---|---|---|---|---|---|---|---|---|---|---|---|---|---|---|---|
| 词频 | 2 | 1 | 1 | 1 | 1 | 1 | 1 | 1 | 1 | 1 | 1 | 1 | 1 | 1 | 1 | 1 | 1 | 1 |

根据词频，结合词性，可以选取以下词语作为关键词：

> 雾霾、空气、污染、治理、措施

最后，根据关键词的组合来识别议题。例如，可以识别出以下议题：

> 雾霾问题、空气污染、雾霾治理

当然，以上只是一个简单的示例。在实际应用中，可以根据具体情况来调整词频统计方法的参数，如设置词频阈值、使用语义分析技术等，以提高议题识别的准确性。

### （二）基于主题模型的方法

主题模型是一种统计模型，可以用于发现文本中的潜在主题。主题模型假设文本是由一系列主题组成的,每个主题由一组词语表示。常用的主题模型有两类。

LDA(latent dirichlet allocation):基于LDA模型的议题识别方法是一种广泛使用的技术,用于从大量文档中自动发现隐含的主题。LDA是一种无监督的机器学习模型,它假设文档是由一组主题混合生成的,而每个主题则是由一组词的分布定义的。通过LDA模型,我们可以识别出文档集合中的主要议题,以及每个议题下的代表词汇。

LSA(latent semantic analysis):LSA模型是LDA模型的一种简化形式,它通过奇异值分解(SVD)来发现文本中的潜在主题。

1. 关键步骤

LDA模型是目前最常用的方法,接下来我们就详细介绍基于该方法进行议题识别的关键步骤。

(1)数据准备与预处理。首先需要收集相关文本数据,然后进行预处理,去除停用词、标点符号和无关字符,然后进行分词,对英文等文本还要进行词形还原或词干提取,减少噪声数据,提高模型效果。

(2)特征提取。可以通过词袋模型,将文本转换为词频向量,即统计每个词在文档中出现的次数。这一步骤忽略了词序,只考虑了词的出现频率。有时候,还会使用TF-IDF权重来评估词语对于一个文档集合中的其中一份文档的重要性。

(3)LDA模型训练。在运行LDA模型之前,指定要提取的主题数量。这个数量可以基于先验知识预设,或者通过模型选择方法(如交叉验证)确定。然后使用预处理后的文档数据训练LDA模型。在训练过程中,模型会尝试学习文档—主题分布和主题—词分布,以最大化文档集合的对数似然度。

(4)主题解析。LDA模型输出每个主题下的词分布,可以通过查看每个主题下概率最高的词来解释这些主题代表的议题。模型还可以输出每个文档的主题分布,帮助我们理解每个文档主要讨论的议题。

(5)议题识别与分析。通过分析LDA模型输出的主题—词分布,可以识别出数据集中的主要议题。

(6)实现工具与参数调优。有多种工具和库可以实现LDA模型,如Python的Gensim库、R语言的topicmodels包。LDA模型的性能高度依赖于超参数的选择,如主题数量、迭代次数等,可以使用网格搜索(grid search)等方法来优化这些参数。

2. 示例

假设有如下一段文本：

近年来，随着雾霾天气频发，空气污染问题已经成为人们关注的焦点。为了治理雾霾，政府采取了一系列措施，包括加大环保力度、淘汰落后产能、推广清洁能源等。然而，雾霾问题仍然没有得到根本解决。

与此同时，随着互联网的发展，社交媒体已经成为人们获取信息和表达观点的重要平台。在社交媒体上，人们对雾霾问题的讨论也十分热烈。通过对社交媒体文本进行分析，可以识别出人们对雾霾问题的关注点和议题。

接下来，我们利用LDA模型对社交媒体文本进行分析，识别出人们讨论的议题。

（1）文本预处理。使用jieba库对文本进行分词，得到以下结果：

['近年来', '随着', '雾霾', '天气', '频发', '空气', '污染', '问题', '已经', '成为', '人们', '关注', '焦点', '为了', '治理', '雾霾', '政府', '采取', '一系列', '措施', '包括', '加大', '环保', '力度', '淘汰', '落后', '产能', '推广', '清洁', '能源', '然而', '雾霾', '问题', '仍然', '没有', '得到', '根本', '解决', '与此同时', '随着', '互联网', '发展', '社交', '媒体', '已经', '成为', '人们', '获取', '信息', '表达', '观点', '重要', '平台', '在', '社交', '媒体', '上', '人们', '对', '雾霾', '问题', '讨论', '也', '十分', '热烈', '通过', '对', '社交', '媒体', '文本', '进行', '分析', '可以', '识别', '出', '人们', '对', '雾霾', '问题', '关注', '点', '议题']

使用停用词表去除停用词，得到以下结果：

['雾霾', '天气', '频发', '空气', '污染', '问题', '关注', '焦点', '治理', '措施', '环保', '力度', '淘汰', '落后', '产能', '推广', '清洁', '能源', '解决', '互联网', '发展', '社交', '媒体', '平台', '讨论', '分析', '识别', '议题']

(2)构建词袋模型,将文本转换为词频向量。

(3)使用 Gensim 的 LdaModel 对词频向量进行训练。例如:设置主题数为 5,词语数为 1 000,文档数为 1。

(4)根据 LDA 模型的主题概率分布,可以识别出以下主题:

```
主题序号 | 代表词
------- | --------
1 | 雾霾,空气,污染
2 | 治理,措施,环保
3 | 天气,频发,关注
4 | 落后,产能,淘汰
5 | 清洁,能源,解决
```

(5)将识别的主题视为议题,可以得到以下议题:雾霾污染、雾霾治理、天气变化、产业转型、能源清洁化。

需要注意的是,这里使用的是一个简短的示例文本,所得到的结果可能不会非常理想。在实际应用中,需要一个更大的文本集合来训练 LDA 模型,以得到更准确和有意义的议题识别结果。同时,根据具体需求,还需要调整 LDA 模型的参数,如主题数量(num_topics)和训练迭代次数(passes),以获得最佳性能。参考代码如下:

```
import pandas as pd
import jieba
from gensim import corpora, models
import gensim

# 读取微博评论的 csv 文件
df = pd.read_csv("weibo_comments.csv", encoding="utf-8")
texts = df['comment'].tolist()    # 假设评论存储在'comment'列

# 中文分词
```

```
texts = [''.join(jieba.cut(text)) for text in texts]

# 定义停用词
stopwords = set(["的","了","在","是","和","也","有","就","这",
"那","你","我","他"])

# 移除停用词
texts_filtered = [[word for word in document.split() if word not in
stopwords] for document in texts]

# 构建字典
dictionary = corpora.Dictionary(texts_filtered)

# 构建语料库
corpus = [dictionary.doc2bow(text) for text in texts_filtered]

# 训练 LDA 模型
lda_model = gensim.models.LdaModel(corpus, num_topics=5, id2word=
dictionary, passes=10)

# 打印主题
topics = lda_model.print_topics(num_words=4)
for topic in topics:
    print(topic)
```

基于主题模型的方法进行议题识别准确性高,可以有效地识别出文本中的潜在主题,并且该方法对文本的长度和主题不敏感,具有较强的鲁棒性。但该方法的计算复杂度较高,结果难以解释。

### (三)基于深度学习的方法

利用深度学习方法进行议题识别,是一个利用复杂的神经网络模型从文本数据中自动识别和分类主题的过程。与传统的机器学习方法相比,这种方法可以更好地捕捉文本数据的高维特征和非线性关系,提高议题识别的准确性和效率。

1. 深度学习模型的选择

深度学习模型,如循环神经网络(RNN)、卷积神经网络(CNN)和 transformer,都是处理序列数据,尤其是文本数据的强大工具。

(1) RNN 设计用来处理序列数据,通过循环连接能够记忆前面的信息并应用于当前的计算中,适合处理时间序列数据或文本数据,并且理论上能够处理非常长的序列。不过,它也存在梯度消失或梯度爆炸问题,难以学习长距离依赖(LSTM 和 GRU 是对 RNN 的改进,部分解决了这个问题)。另外,序列化的计算过程难以并行处理,导致训练速度慢。

(2) CNN 主要用于图像处理,通过卷积层捕捉局部特征,并能够在多个层级上提取信息。在文本处理中,CNN 通过滑动窗口提取句子中的 n-gram 特征,适用于文本分类、情感分析等任务。其优点是参数共享和稀疏交互使得 CNN 具有较高的计算效率和较少的参数,能够并行处理,训练速度快。在提取局部特征(如图像的边缘,文本中的关键短语)方面表现出色。但固定的窗口大小限制了模型捕捉长距离依赖的能力,而且对序列数据的处理不如 RNN 直观和自然。

(3) transformer 基于自注意力机制(self-attention),去除了循环和卷积结构,能够直接计算序列中任意两个位置之间的依赖关系,并引入位置编码来保持序列中词的位置信息。因此,能够高效处理长序列数据,而且所有计算都可以并行化。这也使得其强大的捕捉长距离依赖能力优于 RNN 和 CNN,在多个 NLP 任务上取得了突破性的成果,如机器翻译、文本生成、情感分析等。其缺点是模型参数量大,对计算资源和数据量有较高的要求,相比 RNN 和简单的 CNN,理解和实现更为复杂。

2. 关键步骤

(1) 收集足够量的舆论文本数据,并进行预处理。

(2) 使用 Word2Vec、GloVe 或 FastText 等预训练词嵌入模型,将文本中的每个词转换为稠密的向量表示,然后将文本中的词向量组合成句子或文档级别的表示,可以使用 RNN、LSTM、GRU 等序列模型来处理文本的序列特征。

(3) 在选择模型时,需要根据具体任务的需求、数据的特性以及计算资源的可用性来决定使用哪种模型。

（4）根据选择的模型构建深度学习网络，定义网络的层次结构、激活函数、损失函数等。然后使用标注的训练数据训练模型，通过反向传播算法优化模型参数。

（5）使用验证集评估模型的性能，如准确率、召回率、F1 分数等指标。根据评估结果调整模型参数或结构，如学习率、网络层数、隐藏单元数等，以提高模型的性能。

（6）使用训练好的模型对新的文本数据进行议题识别，模型会输出每个文本最可能对应的类别。

3. 示例

我们使用 TensorFlow 和 Keras 库来构建一个简单的神经网络模型，用于文本分类。这个例子假设已经有了预处理后的文本数据和对应的标签。参考代码如下：

```
import pandas as pd
import tensorflow as tf
from tensorflow.keras.preprocessing.text import Tokenizer
from tensorflow.keras.preprocessing.sequence import pad_sequences
from tensorflow.keras.models import Sequential
from tensorflow.keras.layers import Embedding, LSTM, Dense
from tensorflow.keras.utils import to_categorical
import numpy as np
import jieba


# 读取微博评论的 csv 文件
df = pd.read_csv("weibo_comments.csv", encoding="utf-8")
texts = df['comment'].tolist()    # 假设评论存储在'comment'列
labels = df['label'].tolist()    # 假设标签存储在'label'列


# 中文分词
```

```
texts = [''.join(jieba.cut(text)) for text in texts]

# 文本预处理
tokenizer = Tokenizer(num_words=10000)
tokenizer.fit_on_texts(texts)
sequences = tokenizer.texts_to_sequences(texts)
data = pad_sequences(sequences, maxlen=50)

# 标签转换为分类格式
labels = to_categorical(np.asarray(labels))

# 划分训练集和测试集
indices = np.arange(data.shape[0])
np.random.shuffle(indices)
data = data[indices]
labels = labels[indices]

training_samples = int(0.8 * len(data))    # 80%作为训练集
validation_samples = len(data) - training_samples    # 剩余20%作为验证集

x_train = data[:training_samples]
y_train = labels[:training_samples]
x_val = data[training_samples:]
y_val = labels[training_samples:]

# 构建模型
model = Sequential()
model.add(Embedding(10000, 8, input_length=50))
model.add(LSTM(100))
model.add(Dense(2, activation='softmax'))
```

```
model.compile(optimizer = 'adam', loss = 'categorical_crossentropy', metrics =
['accuracy'])

# 训练模型
model.fit(x_train, y_train, epochs = 10, batch_size = 32, validation_data =
(x_val, y_val))

# 评估模型
model.evaluate(x_val, y_val)
```

在这个示例中,我们首先将文本转换成了整数序列,然后使用 pad_sequences 对序列进行了填充以保证输入长度一致。接着,我们构建了一个包含嵌入层(embedding)、长短期记忆层(LSTM)和全连接层(dense)的顺序模型。模型使用 adam 优化器和 categorical_crossentropy 损失函数进行编译。最后,在训练集上训练了模型,并在验证集上进行了评估。不过,这只是一个非常基本的例子,实际应用中需要对数据进行更复杂的预处理、调整模型结构、选择合适的超参数等,以达到更好的效果。

## 二、议题演化分析

议题演化是指舆论议题随时间的发展而变化的过程,涉及议题热度的变化、讨论焦点的转移,以及议题传播模式的演变。议题演化分析可以揭示一个议题从出现到成为公众关注焦点的整个过程,包括不同阶段中议题的讨论方式、参与者和影响力的变化,从而有助于深入理解议题背后的动态和驱动因素。不仅如此,通过分析议题的演化过程,还可以识别出议题发展的模式和规律,从而预测议题未来的发展趋势。这对于政策制定、企业战略规划等具有重要价值。

### (一)议题热度

议题热度的变化可以反映公众对特定问题的关注程度和态度,是了解舆情民意风向的重要指标。

1. 议题热度的衡量指标

（1）提及量。在特定时间内，某一议题在社交媒体、新闻报道、论坛等平台被提及的次数，提及量的增加表明议题热度的上升。

（2）参与度。围绕某一议题的互动行为数量，包括点赞、评论、分享、转发等，高参与度表示公众不仅关注议题，而且积极参与讨论，反映了议题的活跃程度。

（3）话题多样性。关于某一议题的讨论覆盖的主题范围或角度的多样性，话题多样性的增加表明议题正在吸引更广泛的关注，或者议题的复杂性在增加。

（4）关键词频率。与某一议题相关的特定关键词在文本中出现的频率，特定关键词的高频率使用表示了该方面在议题讨论中的重要性。

（5）影响力用户参与度。具有高影响力的用户（如名人、专家、意见领袖）对议题的参与和讨论程度，这些用户的参与往往能显著提升议题的可见度和影响力。

（6）搜索趋势。议题相关的在线搜索量变化，如微信指数等，搜索趋势的上升表明公众对议题的兴趣增加。

（7）媒体报道量。某一议题在各种媒体平台上的报道数量，通常反映了议题的公众关注度和社会重要性。

搜索指数是分析关注度的一个简便指标。例如，百度指数是百度提供的一款免费工具，可以用来分析某个关键词或主题在百度搜索中的搜索趋势。利用百度指数可以研究议题热度变化，具体步骤如下所示。

（1）确定议题关键词。确定要研究议题的关键词，可以根据议题的主题和内容，选择一个或多个关键词进行分析。

（2）选择时间范围和地区。在百度指数中，可以设置时间范围和地区来进行分析。时间范围可以是过去几天、几周、几个月或几年，地区可以是全国或者国内某个省份。

（3）查看搜索趋势曲线。百度指数会显示搜索趋势曲线，展示所选关键词在指定时间范围和地区内的搜索量变化趋势，可以通过曲线图查看议题热度的峰值、低谷以及变化趋势。

（4）分析影响因素。可以结合其他数据和信息，分析议题热度变化的影响因素。例如,可以分析重大事件、政策发布、名人效应等因素对议题热度的影响。

2. 议题热度的影响要素

议题的热度受多种因素的影响,包括内容本身、受众特性、传播渠道和社会环境等多个维度。

(1) 利益相关度。公众自然而然地关心那些与他们的个人利益、需求相关的议题。例如,关于健康保险、就业机会、教育质量、环境保护等议题通常会引起广泛关注,因为这些议题直接关系到每个人的生活质量。公众对那些影响或可能影响社会福祉和公共利益的议题也持高度关注态度。例如,重大社会事件、政策变动、公共安全问题等。

(2) 悬念度。当一个议题包含悬念或未解之谜时,它挑战了人们的知识和理解,激发了公众想要发现答案的渴望。这种好奇心驱使人们关注议题发展,寻求更多信息。另外,悬念不仅吸引人们寻求答案,还促进了参与和社交互动。人们倾向于与他人分享自己的猜测和信息,这种讨论和交流进一步增加了议题的可见度和关注度。再加上社交媒体平台放大了这种效应,使得有悬念的议题能够迅速吸引公众的广泛关注。此外,有悬念的议题往往能够构建起更具吸引力的叙事结构,使得议题不再是冷冰冰的事实陈述,而是变成了一段引人入胜的故事,从而更容易吸引和保持公众的关注。

(3) 媒体曝光度。媒体是信息传播的主要渠道,当一个议题在媒体上获得曝光,就能够到达更广泛的受众群体。这种广泛的覆盖范围意味着更多的人会了解到该议题,从而提高其热度。不仅如此,媒体还具有议程设置的功能,许多媒体机构被公众视为可信赖的信息源,能够影响公众认为哪些议题是重要的。通过选择性地报道某些事件或议题,媒体的权威性可以赋予议题一种重要性,促使更多人参与讨论和传播,从而引导公众的注意力。此外,在数字时代,传统媒体与社交媒体之间存在互动关系。一个议题如果在传统媒体上获得关注,就有更大的可能性在社交媒体上被进一步讨论和分享,这种放大效应增加了议题的可见度和关注度。

(4) 意见领袖的参与度。意见领袖通常拥有广泛的社会影响力和高度的公众可见度,当参与讨论某个议题时,他们的观点更可能被媒体报道,并通过社交媒体迅速传播,从而提高该议题的热度。不仅如此,意见领袖在其领域内被视为权威,他们的专业知识或个人经验让公众更倾向于信任他们的意见。当这些人物对某个议题发表看法时,他们的可信度有助于提升议题的重要性,使得更多人愿意关注和了解。更重要的是,粉丝和追随者往往与意见领袖之间建立了强烈的情感连接。这种连接也让公众更加关心这些人物的看法和活动。此外,意见领袖的参与有时还能为某些边缘或不被广泛讨论的议题提供一种合法性,可以使这些议题被更多人视为值得关注的重要问题,进而提升其在公众议程中的地位。

(5)信息的可获取性。信息的可获取性高,意味着人们更容易接触到相关信息,从而增加对该议题的兴趣和关注。另外,信息的可获取性和议题热度之间存在一个正反馈循环。议题一旦受到关注,就会产生更多相关的报道和讨论,进一步提高信息的可获取性,从而吸引更多人的关注。这个循环持续推动议题的热度上升。目前,利用社交网络平台的传播机制加速议题传播,进而提升议题热度已成为一种常见且有效的策略。例如,优化内容,使用高质量的图片和视频,撰写吸引人的标题和描述,让内容能够引发用户的互动(点赞、评论、分享)以符合社交平台算法的偏好。为特定活动或议题创建独特的话题标签(如#ClimateChange 等),并鼓励用户使用这些标签,使内容能够更容易被那些对特定话题感兴趣的用户发现,就可以增加议题的可见性和讨论度。

3. 议题热度的预测

议题热度预测是预测特定话题、事件或产品在未来一段时间内在公众中的关注度或讨论程度的过程,可以为企业、政府和组织提供战略决策支持。通过了解公众对特定事件、产品或品牌的态度和情绪,可以帮助决策者更好地把握公众注意力和关注点,从而有助于调整战略方向,提高组织的竞争力和社会声誉。议题热度预测还可以帮助组织及时发现和应对潜在的危机。通过监测和预测议题热度,可以提前感知到负面信息的扩散趋势,及时采取措施进行危机公关和声誉修复,减少危机对组织的负面影响。议题热度预测有多种方法,接下来进行具体介绍。

(1)基于时间序列的预测方法。该方法是利用历史数据来预测未来趋势的一种方法,假设舆情热度的时间序列具有某种规律性,可以通过分析历史数据来发现这种规律性,并将其用于预测未来的议题热度。

常用的时间序列预测模型包括 ARIMA 模型、指数平滑、Holt-Winters 指数平滑等。ARIMA 模型是一种经典的时间序列预测模型,假设时间序列可以表示为自回归和移动平均过程的组合。ARIMA 模型的参数可以通过最小二乘法进行估计。指数平滑是一种简单的时间序列预测方法,假设未来的值与过去的值之间存在指数关系,其参数也可以通过最小二乘法进行估计。Holt-Winters 指数平滑是一种改进的指数平滑方法,考虑了季节性因素的影响。

(2)基于机器学习的预测方法。该方法可以从历史数据中学习模式,并利用这些模式来预测未来趋势。该方法可以克服基于时间序列的预测方法的局限性。常用的机器学习预测模型包括:随机森林、支持向量机(SVM)、梯度提升树(如 XGBoost、LightGBM)等。随机森林是一种集成学习算法,由多个决策树组成,每个决策树都使用不同的训练数据集进行训练。支持向量机是一种经典的机器学习分类算法,可以通过寻找最大间隔来将数据分隔开来。梯度提升树是一种集成学习算法,由多个决策树组成,每个决策树都用于修正前一个决策树的错误。

(3)基于深度学习的预测方法。该方法可以从数据中学习更复杂的模式,并获得更高的预测精度。常用的深度学习预测模型包括循环神经网络(RNN)、卷积神经网络(CNN)、长短期记忆网络(LSTM)、门控循环单元(GRU)和 transformer 等。

为了展示如何使用时间序列分析来进行议题热度预测,我们使用一个简单的时间序列预测模型——ARIMA。时间序列预测方法适用于预测随时间变化的数据点,如股价、销售量或议题热度等。假设有一段时间内某议题在社交媒体上的提及量数据,想要基于这些数据来预测未来某段时间内的议题热度。这里使用虚构的数据来模拟这个过程。为了简化,假设已经有了过去 10 个时间点的议题热度数据。

接下来,我们使用 ARIMA 模型来进行预测。ARIMA 模型需要三个参数:p(自回归项的阶数),d(差分阶数),q(移动平均项的阶数)。为了简化,我们在这个示例中假设参数为 p=1, d=1, q=1。我们用 Python 来实现这个预测过程,使用的是 statsmodels 库中的 ARIMA 模型。

```
import pandas as pd
from statsmodels.tsa.arima.model import ARIMA
```

```
import matplotlib.pyplot as plt

# 创建一个简单的时间序列数据
dates = pd.date_range(start='2023-01-01', periods=10, freq='D')
heat_series = pd.Series([100, 120, 210, 250, 280, 310, 390, 450, 600, 650], index=dates)

# 定义 ARIMA 模型并拟合数据
model = ARIMA(heat_series, order=(1, 1, 1))
model_fit = model.fit()

# 进行预测,预测未来 3 天的议题热度
forecast = model_fit.forecast(steps=3)

# 绘制原始数据和预测结果
plt.figure(figsize=(10, 6))
plt.plot(heat_series, marker='o', label='Actual Heat')
plt.plot(forecast, marker='x', label='Forecasted Heat', linestyle='--')
plt.legend()
plt.title('Heat Prediction Using ARIMA')
plt.xlabel('Date')
plt.ylabel('Heat Level')
plt.show()
```

在这个示例中,首先定义了一个时间序列数据 heat_series,然后创建并拟合了一个 ARIMA 模型。然后,使用模型对未来三天的议题热度进行了预测,并将预测结果与实际数据一起绘制在图表中以供比较。需要注意的是,这只是一个简化的示例,实际应用中需要对数据进行更详细的分析,包括但不限于季节性检测、最优参数的选择等。此外,对于不同的数据集和预测目标,需要尝试不同类型的时间序列模型,如季节性 ARIMA(SARIMA)、

向量自回归(VAR)或长短期记忆网络(LSTM)等。

## (二)议题演化

在舆论传播中,公众讨论的焦点受到多种因素的影响,会处于持续的变化过程之中。例如,不同群体和利益集团会通过舆论传播来推动自己关注的议题,媒体的报道选择和宣传力度也会引导公众对某些议题的关注,再加上意见领袖的观点和态度也会直接影响公众对议题的看法。因此,议题焦点的不断变化是舆论传播的动态特征,反映了公众对社会问题的关注和认知的演变过程,以及议题建构的内在规律,我们也需要对持续变动之中的议题焦点进行准确把握,其基本方法介绍如下。

1. 动态主题模型

对议题进行动态分析可以使用动态主题模型(dynamic topic model, DTM)。DTM 是一种概率主题模型,可以捕捉文本语料库中主题的演变过程。与传统的静态主题模型不同,DTM 认为主题不是一成不变的,而是会随着时间、事件、环境等因素的变化而动态演化。其基本假设是文档由多个主题组成,每个主题由一系列词语构成,主题的概率分布会随着时间而变化。

DTM 可以表示为一个三层贝叶斯模型:第一层是主题层,每个主题由一系列词语构成,词语的概率分布服从多项式分布;第二层是文档层,每个文档由多个主题组成,文档的主题比例服从狄利克雷分布;第三层是时间层,主题的概率分布会随着时间推移而变化,通常使用高斯过程或变分推断来建模。DTM 可以比较好地捕捉主题的演变过程,反映文本语料库的动态特性,预测未来趋势。

2. 动态主题分析示例

BERTopic 是一种基于 BERT 的主题模型,可以用于从文本语料库中发现主题。BERTopic 允许通过在每个时间步骤上计算"主题表示"来实现动态主题模型(DTM),而无须多次运行整个模型。首先将 BERTopic 拟合到数据中,不考虑时间因素,创建一个普通的主题模型,并且使用"全局表示"来表示可能在不同时间步骤中出现的主要主题。对于每个主题和时间步骤,通过计算 c-TF-IDF 表示。这样在每个时间步骤上都具有了特定"主题表示",而无须从嵌入中创建聚类。接下来,有两种主要的方式进一步对这些特定"主题表示"进行微调,即全局调整和演化调整。

时间步骤 t 上的"主题表示",可以通过将其 c-TF-IDF 表示和"全局表示"进行平均来进行全局调整。这样可以使每个"主题表示"在保留一些特定词汇的同时轻微向"全局表示"移动。同时也可以通过将其 c-TF-IDF 表示和时间步骤 t-1 上的 c-TF-IDF 表示进行平均来进行演化调整。对于每个"主题表示"都进行这一操作,就可以让表示随时间演化。

与传统的主题模型相比,BERTopic 可以更准确地识别文本语料库中的主题,而且提供了每个主题的词语解释,更具可解释性。另外,BERTopic 使用了高效算法,可以快速地从大型文本语料库中发现主题。以下是一个使用 BERTopic 发现主题演化的示例。

假设我们采集了美国一位政要的推文,接下来用 BERTopic 来分析其主题演化。我们先安装 BERTopic 和其他相关库,再对推文进行预处理,然后使用 BERTopic 进行主题建模,创建主题演化图。由于普通计算机运行 BERTopic 容易出现内存溢出的情况,我们将其上传到 Google Colab 上运行,参考代码如下。

```
# 安装必要的库
! pip install bertopic
! pip install umap-learn

# 导入必要的库
import pandas as pd
from bertopic import BERTopic
from sklearn.feature_extraction.text import CountVectorizer
from datetime import datetime
import re

# 加载数据
file_path = '/content/your_uploaded_file.csv'  # 替换为实际文件路径
```

```python
tweets_df = pd.read_csv(file_path)

# 合并日期和时间为一个时间戳
tweets_df['timestamp'] = tweets_df['date'] + ' ' + tweets_df['time']
tweets_df['timestamp'] = pd.to_datetime(tweets_df['timestamp'], format='%Y/%m/%d %H:%M:%S')

# 移除URL和不必要的字符
def clean_tweet(text):
    text = re.sub(r'http\S+|www\S+|https\S+', '', text, flags=re.MULTILINE)
    text = re.sub(r'\@\w+|\#', '', text)
    text = re.sub(r'[^A-Za-z0-9]+', ' ', text)
    return text

tweets_df['cleaned_tweet'] = tweets_df['tweet'].apply(clean_tweet)

# 处理缺失值
tweets_df.dropna(subset=['cleaned_tweet'], inplace=True)

# 分词
tweets_df['tokens'] = tweets_df['cleaned_tweet'].apply(lambda x: x.split())

# 提取分词和时间戳
docs = tweets_df['cleaned_tweet'].tolist()
timestamps = tweets_df['timestamp'].dt.to_period('M').astype(str).tolist()

# 用CountVectorizer初始化BERTopic
```

```
vectorizer_model = CountVectorizer( ngram_range = ( 1, 2 ), stop_words = "english" )
topic_model = BERTopic( vectorizer_model = vectorizer_model )

# 在预处理后的推文上拟合模型
topics, probs = topic_model.fit_transform( docs )

# 使用 topics_over_time 方法
topics_over_time = topic_model.topics_over_time( docs, timestamps )

# 可视化主题随时间的演化
fig = topic_model.visualize_topics_over_time( topics_over_time, top_n_topics = 10 )
fig.show( )

# 保存主题模型以便将来使用
topic_model.save( "bertopic_model" )
```

3. 议题演化中需要重点关注的风险点

在舆论分析中,我们需要密切关注议题演化趋势,特别是那些可能引发社会风险的趋势,以便及时采取措施进行应对。具体而言,具有下述性质的风险点尤其需要密切关注。

(1)威胁性。议题对群体成员生命、财产、安全等方面构成潜在威胁,容易引发焦虑和恐惧情绪。例如,自然灾害、战争、恐怖袭击、重大疫情等主题都具有较强的威胁性。

(2)不确定性。议题本身具有不确定性,或者信息不完整、不明确,容易导致群体成员猜测和误解,从而加剧恐慌情绪。例如,不明原因的疾病、谣言、神秘事件等主题都具有较强的不确定性。

(3)负面性。议题具有强烈的负面情绪,例如悲伤、愤怒、仇恨等,容易引发群体成员的情绪共振,导致恐慌情绪蔓延。例如,暴力事件、虐待儿童等主题都具有强烈的负面性。

（4）敏感性。议题涉及群体成员的敏感点或禁忌，容易引发情绪上的强烈反应，从而导致恐慌情绪失控。例如，宗教信仰、政治观点、民族矛盾等主题都具有较强的敏感性。

（5）煽动性。议题的表达方式具有煽动性，如使用夸张、恐吓、强烈的语言等，容易刺激群体成员的情绪，从而导致恐慌情绪的快速蔓延。例如，一些自媒体在报道突发事件时，过度渲染恐怖气氛，容易引发群体恐慌。

## 三、议程设置分析

议程是指特定群体或机构认为重要并需要讨论和解决的问题清单。议程的设置受到权力关系的影响，通常由掌握权力和资源的群体或机构来决定。议程与议题之间的主要区别在于：从范围来看，议题的范围更广，涵盖所有公众关注的社会问题；议程的范围更窄，仅指特定群体或机构认为重要的议题。从形成机制来看，议题的形成是自下而上的，由公众的关注和讨论推动；议程的设置是自上而下的，由掌握权力和资源的群体或机构决定。从功能来看，议题反映了公众的意愿和需求，具有表达和监督社会权力的功能；议程引导了公众的关注和讨论，具有影响社会舆论和政策制定的功能。因此，进行议程设置分析是对议题分析的进一步深化，在舆论分析中也具有不可替代的价值。

### （一）议程设置理论

1. 传统议程设置

麦库姆斯和肖在《大众传媒的议程设置功能》一文中认为，媒体具有一种为公众设置"议事日程"的功能，媒体的新闻报道和信息传达活动以赋予各种"议题"不同程度显著性的方式，影响着公众关注的焦点和对社会环境的认知。此后，又有不少相关研究对此进行了深入探讨，并提出了一些新观点。

媒体往往不能决定人们对某一议题的具体看法，但可以通过提供信息和安排相关议题来有效左右人们关注某些议题及其先后顺序。媒体对议题的强调程度与受众的重视程度成正比，受众会因媒体提供的议题而改变对议题重要性的认识,并对媒体认为重要的事件首先采取行动。对议题重要性的认识与公众的媒介接触量有关,媒体接触度高的个体议程与媒体议程具有更高的一致性。

这些研究考察的是作为整体的大众传媒在较长的时间跨度内推出的一系列报道活动所产生的中长期的、综合的、宏观的传播效果。这种效果主要停留在认知层面,即发现大众传媒在影响受众"想什么"方面非常有效,由此揭示了把受众注意力引导到特定问题上的理论基础。

2. 属性议程设置

1997年,麦库姆斯和肖在一篇研究西班牙选举的论文中提出了"属性议程设置"(attribute agenda setting)理论,将其作为议程设置理论的第二层次。其核心观点是:媒体报道不仅可以影响人们关注哪些问题,还可以影响人们关注问题的某些方面或属性。这些"属性"可以是问题的某些特定方面、某些特定的关键词或某些特定的视觉元素。具体而言,媒体报道通过选择、强调或扭曲问题的某些方面或属性来影响公众看待和理解问题。也就是说,媒介不仅告诉公众想什么,而且影响公众应该怎么想,这种影响涉及公众的态度、信念以及处理问题的策略与方法。

在传统议程设置理论中,研究者主要关注媒体报道中的"话题",即新闻报道中所涉及的具体事件或现象。而在属性议程设置理论中,研究者则更加关注媒体报道中所突出强调的"属性",即用来描述客体特征的词语或短语。这些属性可以是客观存在的,也可以是媒体自己创造出来的。属性议程设置理论认为,媒体报道事件时所强调的事件属性和问题特征,如事件的根源、因果关系、解决方案等,会影响公众对事件的看法和评价。也就是说,媒体报道的事件属性会成为公众思考事件的依据,媒体强调的问题特征会成为公众关注事件的焦点,从而影响公众对事件的理解和认知。同时,媒体的报道也会塑造公众对事件的态度和情感,从而影响公众对事件的看法和评价。与传统议程设置理论相比,属性议程设置理论更加注重媒体报道的细节和内容,也更加注重公众的参与和反馈,认为公众对媒体报道的反馈和评价也会影响媒体对事件的报道和议程设置。

3. 网络议程设置

随着互联网的兴起,信息的传播不再是单向的,而是多向的、交互的。不仅如此,与传统媒体相比,互联网提供了更多的互动性和参与机会。用户不仅是信息的接收者,也可以成为信息的创造者。这种双向或多向的信息流动增强了公众议程形成的动态性和互动性。可以说,在新传播环境下,传播主体的多元化以及媒体与受众之间关系的转变,对经典议程理论的有效性产生了新的冲击。面对上述挑战,郭蕾和麦库姆斯等借鉴了网络分析的理论框架,提出了网络议程设置理论(network agenda setting,NAS)。其核心观点是:影响公众的不是单个的议题或者属性,而是一系列议题所组成的认知网络。也就是说,媒体不仅告诉公众"想什么"或者"怎么想",而且还影响公众如何将不同的信息联系起来,建构对社会现实的认知和判断。

NAS理论不仅关注媒体报道的内容,还关注公众如何将不同的信息联系起来构成认知网络。这种认知网络是由不同议题之间的联系和关系构成的,而不是简单的单一议题或属性。因此,NAS理论在继承传统议程设置理论的同时,对其进行了创新,将焦点从单一议题或属性转向了议题之间的关联和组织形式,更加符合现代社会信息传播的特点。NAS理论认为,议程设置效应不仅仅是媒体对单一议题的报道效应,更是一种多议题相互影响、相互作用的过程。因此,NAS理论将议题之间的关联和组织形式视为议程设置效应的重要因素,强调了议程设置效应的多元化和复杂性。在数字传播背景下,网络议程设置理论关注信息如何流动、被处理和影响公众的知识、态度和行为,对于分析当代媒体环境下的政治沟通、公共关系和社会运动等具有重要意义。

### (二) 网络议程设置分析

1. 网络议程设置的经典分析方法

网络议程设置分析旨在理解媒体如何影响公众思考的话题及这些话题在公众心目中的相互关联,综合了议程设置理论和网络分析的方法,其关键步骤如下所示。

(1) 收集数据。在明确的时间范围内,收集与话题相关的各种媒体内容样本(报纸、在线新闻、社交媒体等),以及关于该主题的公众感知或讨论数据。

(2) 内容分析。制定一个编码方案,以对媒体内容中的关键主题、话题或问题进行识别和分类,主要涉及定量(主题频率)和定性(话语性质)分析。在此基础上,还要进行属性识别,确定与每个主题相关的属性或特征

(正面/负面倾向、特定属性或子主题等)。

(3) 网络分析。利用编码数据构建网络,其中,节点代表主题或属性,边代表媒体内容和公众话语之间的关系或共现。然后,使用网络分析软件(如 Gephi、UCINET)分析这些网络的结构。要考虑的关键指标包括中心性(识别最重要的主题)、密度(网络的相互连接程度)以及网络内的群集或社区。

(4) 比对媒体和公众议程。主要是比较从媒体内容和公众议程中得出的网络,以确定相似性和差异性。查找在两个网络中都是中心的话题,以及媒体强调但公众讨论较少的话题。然后,通过检查每个网络中话题的出现时间和突出性,确定是否存在方向性影响(如媒体话题引领公众讨论)。

(5) 解释和报告。在研究问题背景下分析结果,分析媒体如何通过涉及的话题及其相互关联来设置公众议程。在此基础上,通过网络可视化等方式,说明媒体和公众议程之间的关系,讨论对媒体、公众感知和政策的影响。

2. 基于大数据的网络议程设置分析

NAS 分析是研究媒体对公众感知影响的强大方法,它不仅揭示了媒体和公众议程之间的底层网络结构,而且提供了超越传统内容分析的洞见。不过,传统的网络议程设置分析通常由于资源限制而依赖手动编码和分析有限的数据集,存在数据收集、分析和解释之间的时间延迟,而且手动编码和分析容易受到人为错误和主观偏见的影响。基于大数据分析方法,可以进一步提升网络议程设置分析的效能,揭示话题和属性之间错综复杂的相互关系,实现对媒体如何塑造议程更深入、更动态和更全面的探索。

(1) 数据收集和准备。对于网络议程设置分析,收集的数据源主要包括新闻文章、社交媒体帖子和其他形式的数字媒体内容,然后进行数据清洗与预处理。

(2) 特征提取。使用自然语言处理技术从文本中提取重要的关键词、短语和实体(如人物、组织)。使用 TF-IDF 或词嵌入(如 Word2Vec)等方法将文本数据转换为数值向量,捕捉语义信息。

(3) 通过机器学习进行模式检测。应用 LDA 模型来发现数据集中的主要主题,每个主题表示为词语的分布,每个文档(如新闻文章、社交媒体帖子)表示为主题的分布。使用聚类算法(如 K-means、DBSCAN)根据特征将相似文档或词语分组,以识别主题模式。

(4)网络分析。使用Gephi、NetworkX或Graph-tool等工具构建网络,其中,节点代表实体(如主题、关键词、用户),边表示关系(如文档内的共现、转发)。分析度中心性(以确定最有影响力的节点)、中介中心性(查找在群集之间起桥梁作用的节点)和模块度(检测网络中的社区)等指标。在此基础上,创建网络的可视化表示,以识别模式,如紧密相关的主题的群集或孤立的子网络。

(5)解释和洞察。这是一个需要融合专业领域知识、批判性思维和对底层方法的理解的细致过程,其重点是解释机器学习和网络分析的结果,识别关键主题、趋势以及它们之间的关系。例如,通过分析网络结构,如"中心"(具有许多连接的节点)、"桥梁"(连接不同社区的节点)和"边缘"(连接较少的节点),可以揭示议题的层次结构或信息流动。通过将机器学习识别的主题映射到网络中,可以了解它们与有影响力的节点或社区的关系。

# 第八章

# 传播路径分析

传播路径分析用于跟踪和分析某个议题在不同媒体平台和社会群体中的传播与演变,可以帮助分析者理解一个议题是如何从一个小范围群体传播到更广泛的公众视野中,以及在这个过程中经历了哪些变化。本章重点结合社会网络分析与复杂网络分析的相关方法,介绍如何对舆论传播中的路径进行深入分析。

## 一、议题起源分析

在舆论分析中,准确理解议题起源可以为分析议题的传播路径、影响力以及公众反应提供基础。对于议题起源的分析,有以下几个重点需要特别把握。

### (一)议题起源分析中的关键点

1. 社会背景分析

了解议题产生的背景是理解其起源的关键。这包括议题涉及的社会、经济、政治或环境因素,以及为何在特定时间和地点成为关注焦点,其重点是揭示某议题在特定历史时期、社会结构、文化背景和政治经济环境中的根源和发展。

(1)历史背景与价值体系分析。重点在于探索议题出现时主要的社会、政治、经济事件,分析这些事件如何塑造了社会结构和价值观,分析社会的核心价值观和普遍信仰,以及这些价值观如何影响公众对议题的看法和立场,并考察不同文化和宗教背景下的价值观差异,以及这些差异如何影响公众对议题的解读和反应。

（2）社会结构与群体身份分析。重点是考察社会结构对议题的影响，特别是阶级、种族、性别、年龄等社会分层因素，如何塑造个人和群体的身份认同，并探索群体身份如何影响成员对议题的看法。

（3）社会变迁和文化流动分析。重点是分析社会变迁对公众观点和舆论的影响，考察议题出现时的政治环境，包括政策变动、政府行为、政治运动和国际关系等；分析经济因素，如经济发展水平、产业结构变化、就业情况和收入分配等对议题的影响；探索政治经济背景如何为议题的提出和发展提供动力或阻力。在此基础上，还可以考察文化流动和全球化如何引入新的观点和价值观，以及这些新元素如何与本土文化相互作用。

（4）社会规范和行为模式分析。考察社会规范和期望行为模式，包括对公共讨论的接受度以及对非传统观点的容忍程度，分析这些规范如何引导个人和群体在公开场合的表达和行为。

（5）历史经验和集体记忆分析。探索历史事件和集体记忆对舆论形成的影响，特别是对特定议题的历史态度和反应模式，分析历史事件如何在公众记忆中被构建和重塑，以及这些记忆如何影响对当前议题的看法。

2. 主要参与者和利益相关者识别

在舆论分析过程中，确定主要参与者和利益相关者，是理解议题影响范围、构建沟通策略以及预测未来发展趋势的关键步骤，其难点和重点是利益相关者的识别。利益相关者是指那些对议题有直接或间接兴趣的个人、群体、组织或实体，他们可能会影响舆论或被舆论影响。识别与议题相关的主要参与者和利益相关者，了解这些参与者的角色、目的以及他们如何影响议题的形成和传播，一般步骤如下所示。

（1）议题定义与分析。明确议题的范围和性质，理解议题的核心内容、背景以及引发关注的原因，分析议题的社会、政治、经济背景，以及议题如何在不同的社会群体中被理解和讨论。

（2）初步识别利益相关者。列出直接影响议题或被议题直接影响的所有个体和组织，包括议题可能的发起者、支持者、反对者、受益者和受害者等。另外，也要考虑那些间接影响议题或被议题间接影响的群体，如政策制定者、媒体、学术机构、行业协会、非政府组织等。

（3）识别更广泛的利益相关者。可以通过利益相关者映射工具，如利益相关者矩阵,根据他们对议题的兴趣程度和影响力进行分类,也可以通过社会网络分析,识别在议题传播和讨论中扮演关键角色的个体或组织,还可以分析议题相关的新闻报道、学术文章、社交媒体帖子等,以识别提及或参与讨论的利益相关者。

(4) 评估利益相关者的影响力。分析每个利益相关者或群体对议题的态度,特别是他们的兴趣、需求、期望和可能的行动方向,评估他们对议题发展的影响力,特别是推动或阻碍议题发展的能力。

(5) 确定关键利益相关者。基于影响力和兴趣的评估,确定那些对舆论发展至关重要的关键利益相关者,即那些具有高度兴趣和/或高度影响力的个体或群体,他们的行动和态度会对舆论的发展产生决定性影响。

(6) 持续监测和调整。议题和社会环境是动态变化的,因此需要持续监测议题的发展和利益相关者的变化,根据新的信息和变化调整利益相关者的列表和分析。

3. 触发事件分析

很多议题的起源可以追溯到特定的触发事件,如重大新闻事件、公共危机、政策变动或重要公共人物的言论。分析这些事件及其如何引发公众的关注和讨论,有助于理解议题的形成过程。在触发事件分析中,需要重点把握以下方面。

(1) 事件的性质和类型。要确定事件是自然发生的,还是由人为因素引起的;分析事件的类型和特点,如是否是争议性事件、是否涉及已知的敏感话题或社会分歧等。

(2) 事件的时间和地点。分析事件发生的具体时间和地点,理解事件的即时影响和地理范围,分析事件的时效性和紧迫性。

(3) 对比和类比分析。对比类似事件在不同时间或地点的发生情况和影响,寻找规律和差异,并通过类比分析,理解特定类型的事件如何影响舆论形成和社会反应。

4. 信源和传播渠道分析

分析议题最初是如何被报道和传播的,特别是信源(如新闻媒体、社交媒体、官方声明等)和传播渠道(如电视、互联网、口口相传等),揭示哪些信源和渠道对舆论形成和变化具有重大影响,以理解哪些信息渠道在议题形成和扩散中发挥了关键作用。在这一过程中,需要关注的重点如下。

(1) 信源的可信度和权威性。分析信源的可信度,包括其历史记录、专业性和声誉,识别信源的潜在偏见或利益冲突,以评估信息的客观性和可靠性。

(2) 信息的原创性和独特性。评估信息是否为原创内容,是否提供了独特的视角或深入的分析,并分析信息的时效性和相关性。

(3) 传播渠道的覆盖范围和受众。识别信息是通过哪些渠道传播的,如传统媒体(电视、报纸、广播)和新媒体(社交媒体、博客、在线新闻平台),分析这些渠道的覆盖范围、受众特征和偏好,以及它们对信息传播速度和范围的影响。

(4) 信息的呈现方式和框架。不同的呈现方式会直接影响信息的可见性与传播速度,所以要重点考察信息是如何被呈现的,特别是使用的话语模态类型。在此基础上,还要分析框架,即信息是如何被构建和解释的,特别是强调的要点、省略的信息以及使用的叙述技巧等。

(5) 社交媒体的角色和影响。重点分析各类社交媒体平台上所形成的热点话题、趋势和影响力人物,并考察社交媒体上信息的互动性,如评论、转发和点赞等,因为这些互动可以加速信息的传播并放大其影响。

(6) 多渠道传播的综合效应。分析信息是如何跨不同渠道传播的,以及不同渠道间的相互作用,考察信息在跨渠道传播过程中的变化,特别是内容的适应和转化。

5. 公众的初始反应分析

在舆论分析中,对公众初始反应的分析可以提供对议题感知初期阶段的深入了解,揭示公众态度的形成和变化趋势。这对于预测舆论的发展方向、制定有效的沟通策略以及管理公众预期具有重要意义。对于公众的初始反应分析,需要把握的重点如下。

(1) 公众反应的情绪倾向。分析公众对议题的情绪反应,如支持、担忧、愤怒或恐慌等。

(2) 公众接收信息的方式和理解程度。考察公众如何接收和理解有关议题的信息,特别是他们能否获得全面和准确的信息,在此基础上还要考察分析信息的表述方式、复杂性以及媒体报道的角度如何影响公众的理解和态度。

(3) 公众的参与度和传播行为。观察公众对议题的参与程度,包括在线讨论、社交媒体上的分享和评论等行为,分析哪些因素促进了公众的积极参与和信息的广泛传播,如话题的相关性、触发事件的影响力或情绪激发的内容。

(4)公众的关注点和讨论框架。识别公众讨论中的主要关注点,以及他们的议题框架,如政策影响、社会影响、道德考量等,并且要重点分析不同群体的不同关注点和框架,以掌握不同群体的不同价值观、利益和预期。

(5)公众观点的多样性。探索公众观点的多样性,特别是对立性的意见和立场,分析这些观点之间的相互作用,如对立、辩论或共识的形成,并识别可能导致观点分歧的因素,如信息来源的差异、个人经验或文化背景的不同等。

(6)对信源的信任度。分析公众对不同信源(如官方声明、媒体报道、社交媒体帖子)的信任度及其对公众态度的影响,考察是否存在信息的误导或虚假信息,以及这些问题如何影响公众的初始反应。

### (二)议题起源中的时间线分析

时间线分析通过收集、分析与议题相关的时间序列数据,来确定议题起源,可以有效识别议题首次出现的时间点、关键事件以及影响议题发展的各种因素。一般而言,进行时间线分析主要包括以下关键步骤。

(1)定义议题范围。明确想要分析的议题是什么,提炼出其核心概念、相关术语和关键词,并确定分析的时间范围。

(2)收集与议题相关的数据,包括新闻报道、社交媒体帖子、官方声明、学术文章等,重点是寻找提及议题的最早记录。在这一过程中,可以使用关键词搜索和数据库查询来找到相关信息,并考虑使用多个来源和平台以获得更全面的视角。同时,要记录每个数据点的日期和来源,确保信息的准确性和可靠性。

(3)构建时间线。使用收集到的数据点构建议题的时间线,标记出议题首次出现的时间、关键事件、重要声明、媒体报道的高峰等,对每个标记的事件或数据点,简要描述其内容、重要性及如何影响议题的发展。

(4)分析时间线。仔细分析时间线,寻找议题起源的线索,可能是第一次提及议题的报道、事件或讨论。注意议题如何随时间发展而变化,识别加速议题传播的事件,如重大新闻事件、社会运动或公众人物的发言。分析时间线上的模式和趋势,如议题关注度的波动、讨论的地理分布变化以及相关话题和子议题的出现。

（5）识别关键节点和转折点。确定时间线上的关键节点和转折点,发现影响议题发展方向或强度的重要事件。在此基础上,分析这些节点前后议题讨论的内容和情感变化以及这些变化对议题传播和公众认知的影响。

（6）验证和对比。对比不同来源和平台上的数据,验证议题起源的准确性。如果可能的话,还可以与其他研究或报道中的时间线进行对比,以进一步验证发现和结论。

## 二、社会网络分析

前面在舆论主体分析中,已经介绍了社会网络分析法。应用社会网络分析也可以来考察议题的传播路径和模式,可以揭示议题在网络中传播的效率、路径以及关键节点和群体的作用。

### （一）社会网络分析过程

（1）网络构建。首先,基于议题相关的交互数据（如社交媒体上的分享、转发、评论等）,构建一个图形网络模型。在这个模型中,节点代表参与议题传播的个体或组织,边代表他们之间的交互关系。

（2）网络密度分析。网络密度描述了网络中实际边数与可能边数的比率,反映了网络的紧密程度。高密度网络表明信息传播更快、更广泛,因为节点之间的连接较多。通过分析议题传播网络的密度,可以评估议题在不同群体或平台上的传播潜力。

（3）聚类系数分析。聚类系数反映了网络中节点的聚集程度,即一个节点的邻居节点互相连接的程度。高聚类系数表明网络中存在紧密连接的小团体,这会影响议题的局部传播模式。例如,议题在紧密连接的群体内迅速传播,但跨群体传播较慢。

（4）平均路径长度分析。平均路径长度是网络中所有"节点对"之间路径长度的平均值,反映了信息从网络中一个节点传播到另一个节点的效率。较短的平均路径长度意味着议题可以更快地在网络中传播,这对于理解议题传播的速度和范围具有重要价值。

(5)度分布分析。度分布关注网络中节点度(即连接数)的分布情况。在许多社交网络中,度分布往往遵循幂律分布,意味着少数节点(如意见领袖或关键媒体机构)拥有远远超过平均水平的连接数,成为议题传播的关键节点。通过分析度分布,可以识别这些关键节点,并理解它们在议题传播中的作用。

(6)关键节点和桥接分析。通过计算节点的中心性指标(如度中心性、中介中心性等),可以识别网络中的关键节点,这些节点在议题传播中扮演着信息中介或关键传播者的角色。桥接节点(连接不同社群的节点)同样重要,因为它们促进了跨社群的信息流动。

通过上述分析,分析人员可以描绘出议题在网络中的传播路径和模式,识别促进或阻碍传播的结构特征,以及设计更有针对性的信息传播策略。例如,如果发现某议题主要在几个高度聚类的社群中传播,那么跨社群传播策略需要找到或创建桥接这些社群的节点或渠道。

### (二)社会网络分析示例

全球媒体对国际舆论场的议程设置是一个复杂化、层次化的过程。一个信息从产生到经过媒体加工最后进入受众视野的过程是层级分明的,媒体到受众的信息传播效果可以被视为媒体对外部的影响力,媒体之间以及媒体与信源之间的信息互动情况则代表了媒体在圈子内部的影响力。因此,为了考察媒体在其社群网络中的内部影响力与角色功能的重要性,需要对网络平台中全球媒体的传播关系数据进行提取,构造全球媒体相关账号的互动网络,并展开网络分析。为此,我们选取了 Twitter 平台 98 家全球媒体的账号,对其发布的所有信息进行采集。采集的内容包含了这些媒体账号所发布的所有推文,以及这些推文所指向的信源及其互动方式。其中包括 retweet(转发信息)、mention(提及或@某人)、quote(引用信息)、reply(回复信息)四类,对这四类关系以及互动对象进行关系抽取,可以分别得到媒体间的关系以及媒体与信源间的关系。基于这些关系数据,我们通过社会网络分析法来描绘出这部分媒体的传播网络结构(图 8-1)。

该传播网络图以媒体账号与信源账号为节点,以它们之间的互动关系为连边。网络中共包含 14 642 个节点,约 74 万条连边。从图 8-1 中可以发现,该网络的互动关系非常复杂,存在很多大型的信息节点与散射状的传播

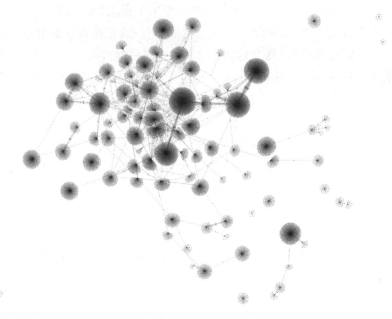

**图 8-1　全球媒体的传播网络结构**

集团,也有许多靠近网络核心的节点将重要媒体连接起来。这说明网络中某些媒体与信源节点承担非常重要的连接工作。通过这个图示,可以直观地理解传播网络的结构特点,包括不同节点的角色、社群的形成以及信息传播的路径,有助于识别信息传播的关键节点,以及考察信息在网络中的流动模式。

## 三、动态网络分析

### (一) 动态网络分析的发展

动态网络分析(DNA)是一种研究网络随时间演化性质的研究范式,是对静态网络分析方法的自然扩展和深化,有助于更好地理解和研究复杂系统中随时间变化的网络结构和行为模式。从早期的图论和社会网络分析出发,网络理论逐渐融入时间维度的考量,形成了动态网络分析的理论基础。互联网的普及产生了海量的时间序列数据,提供了研究动态网络的丰富资源。同时,计算能力的提升也使得处理大规模动态网络数据成为可能。从目前来看,它的应用范围广泛,涵盖从生物科学到社会科学的多个领域,用于分析各种网络,如社交网络、信息传播网络、生物网络等。

从研究问题来看,动态网络分析致力于捕捉网络中节点和边随时间的增减、变化以及这些变化对网络整体结构和功能的影响;试图理解信息、行为或疾病在网络中如何传播,包括传播速度、范围以及影响因素;重点分析网络中社群的形成、演化和解散过程,考察这些过程对个体行为和网络属性的影响,以及个体行为如何反过来影响网络的演化;还用来预测网络未来的行为和发展趋势,以设计有效的干预措施来优化网络结构或控制信息扩散。

比较而言,动态网络分析(DNA)、社会网络分析(SNA)和时间序列分析(TSA)三种方法的共同目标都是从数据中揭示模式、关系,但也有较大差异。从时间维度来看,DNA 专门设计用于处理随时间变化的网络,捕捉关系和网络结构的演化。SNA 通常分析静态网络,即在单个时间点或多个离散时间点上分析,并不一定对这些状态之间的转变进行建模。TSA 重点分析随时间收集的数据序列,以识别趋势、模式、季节效应和潜在的预测模型,它不会固定地分析实体之间的关系结构。

从分析重点来看,DNA 研究网络结构如何演变,考虑节点和边的添加或删除以及这些变化如何影响网络的属性。SNA 集中在给定时间点上的关系结构和模式,包括网络的中心性、集群和子群,不强调时间动态性。TSA 关注理解和预测时间序列数据中的趋势,分析随时间的均值、方差和自相关等指标。

从方法论来看,SNA 使用图论和密度、中心性、连接度等度量指标来分析网络。DNA 将 SNA 的方法学纳入其中,扩展为模拟动态,使用时间图和纵向网络统计等技术。TSA 利用统计方法,如自回归模型、移动平均和傅里叶变换,来分析和预测时间数据模式。从数据结构来看,DNA 和 SNA 处理以图形或网络(节点和边)表示的数据,而 TSA 处理线性数据点序列(时间序列)。

从应用场景来看,DNA 在网络演化方面分析特别有用,如研究社交媒体动态、流行病传播或组织随时间的变化。SNA 应用于了解网络内部关系的动态,以快照或静态时间间隔为单位,如分析社会关系、组织层次结构或互联网拓扑。TSA 适用于时间序列数据的预测、趋势分析和模式识别,如股票价格、天气模式或销售数字随时间的变化。

总而言之,动态网络分析通过跟踪不同节点(个体、组织等)在时间上的角色变化,有助于识别网络中角色地位或影响力演变的关键参与者,凸显在信息传播方面具有潜在领导力或核心地位的人物,而且提供了分析网络随时间变化的框架,捕捉了关系的演化、网络结构的变化以及网络属性的动态变化,对于传播路径分析具有重要价值。

**(二)动态信息分析模型**

针对舆论和信息传播,研究人员提出了多个重要模型来解释和预测信息在网络中的扩散过程。这些模型不仅揭示了信息传播的机制,还帮助理解了舆论形成和传播的动态特性。

1. SIR 模型

SIR 模型是一种广泛应用于流行病学的基本模型,它描述了一个封闭人群中感染疾病的人数随时间变化的过程。SIR 代表三种人群状态:易感者(susceptible)、感染者(infected)、移除者(recovered 或 removed)。这个模型不仅在疾病传播领域内广泛应用,也常被应用于信息传播、社会行为分析等多个领域。

SIR 模型将人群分为三类:易感者(S)是未被感染,但有感染风险的个体;感染者(I)是当前被感染,并能将疾病(或信息)传播给易感者的个体;移除者(R)是不再传播疾病(或信息)给其他人的个体,可能是因为康复获得免疫、被隔离或死亡。感染者通过与易感者的接触传播疾病,易感者接触后变成感染者,感染者在一定时间后变成移除者。

SIR 模型通过一组微分方程描述上述过程,展示随时间的流逝 S、I、R 三类人群的数量变化。设 $S(t)$、$I(t)$、$R(t)$ 分别表示时间 $t$ 时刻的易感者、感染者和移除者的人数,模型可以表示为:

$$\frac{dS}{dt} = -\beta SI$$

$$\frac{dI}{dt} = \beta SI - \gamma I$$

$$\frac{dR}{dt} = \gamma I$$

其中,$\beta$ 是感染率(表示易感者转变为感染者的概率),$\gamma$ 是移除率(表示感染者转变为移除者的概率)。

SIR 模型最初设计用于研究传染病的传播,如流感、HIV 等,后来移植到社会科学研究中,用于研究谣言、新闻、创新等信息的传播过程,分析社会行为模式(如烟草使用、健康习惯的传播等),分析新产品、技术或理念的市场扩散过程。

不过,SIR 模型假设所有个体之间接触的机会相同,但实际中人群接触模式可能更复杂,而且它不考虑潜伏期、个体差异等因素。尽管有这些限制,SIR 模型因其简洁性和适应性,在理解和预测疾病传播和信息扩散方面仍然获得广泛应用。在该模型基础上,还有研究者提出了另一种简化的信息传播模型 SI 模型。该模型忽略了移除状态,用于研究信息在没有显著阻力或遗忘机制情况下的不断扩散。

2. 阈值模型

阈值模型(threshold models)是一种用于分析个体在社会网络中如何受到周围环境影响而改变自己行为或态度的模型。这类模型在社会学、经济学、营销学以及信息传播研究中得到了广泛应用。阈值模型的核心思想是个体的行为变化取决于周围已采纳某一行为或观点的邻居比例是否达到了某个"阈值"。基于该模型,可以认为个体具有异质性,不同个体的阈值可能不同,反映了个体在社会压力或影响下作出行为改变的倾向性差异。不仅如此,个体的行为变化受到其直接社交联系中邻居行为的影响,属于局部相互作用,而不是整个网络的平均行为。另外,整个网络的行为变化展现出复杂的动态过程,小的初始变化可能触发广泛的行为扩散,而且网络可能存在多个稳定状态,具体到达哪个稳定状态,取决于初始条件和个体阈值的分布。

该模型广泛应用于分析某种社会规范或行为如何在社群中形成和传播,如吸烟、健康生活习惯等,以及研究新观点或谣言在社会网络中的传播过程,探讨政治观点、社会运动或公民行动的形成和扩散机制,尤其是如何形成舆论共识或分歧。

不过,阈值模型假设个体间的影响是简单的线性关系,忽略了可能存在的复杂相互作用,而且通常不考虑外部影响力,如媒体报道或外部事件对个体行为的影响。另外,在部分研究中,阈值的确定往往基于经验或假设。因此,在实际应用中如何准确测量个体的阈值是个挑战。

3. 独立级联模型

独立级联模型(independent cascade models,ICM)是一种用于模拟信息、行为或影响力在网络中传播过程的模型。ICM 模型假设,信息传播过程在离散的时间步中进行,每一步中节点可以尝试影响其邻居,每个已被激活(即接受了某种信息或行为)的节点在每个时间步有一次机会去激活它的每个未被激活的邻居,且每次激活尝试是独立的。节点尝试激活其邻居的成功概率是预先设定的,且对于不同的节点对,这个概率可以是不同的,而且一旦节点被激活,它将保持激活状态,并且不能回到未激活状态。

ICM 提供了一个简单而直观的框架来模拟信息或影响力在网络中的传播。通过调整节点间的激活概率,该模型可以适应不同的网络结构和传播场景,用于研究新闻或谣言在社交媒体上的传播路径和速度,探究社会行为或态度变化的传播机制。不过,该模型的独立性假设过于简化,现实中个体的行为会受到多方面因素的影响,特别是群体行为和外部信息。此外,在实际应用中确定精确的激活概率较为困难,需要大量的实验数据支持。

4. 复杂传染模型

复杂传染模型(complex contagion models)是用于理解和模拟信息、行为、创新或规范在网络中传播过程的模型。与简单传染模型(如 SIR 或 SI 模型)主要模拟基于单一接触即可发生的疾病传播不同,复杂传染模型关注的是那些需要多个社会联系或多次接触才能促成的传播过程,这类传播过程通常涉及社会学习、信任建立和群体压力。

复杂传染模型的核心思想包括:一是多重确认,即个体采纳新观点、行为或创新,通常需要来自多个社交联系的确认或影响,而不是单一接触;二是重点关注了社会增强效应,认为传播效果随着支持某一观点或行为的邻居数量的增加而增强,即个体受到周围多数人的影响更大;三是阈值依赖问题,即个体改变行为或接受新观点通常受到个人阈值的控制,这个阈值代表了需要多少比例的邻居采纳某行为或观点,个体才会跟随。

该模型关注由于个体间相互作用而产生的非线性效应,揭示传播过程的复杂动态,强调群体行为和社会结构对个体决策的影响,尤其是在意见形成、文化传播和社会规范的建立过程中,考虑了网络中个体的异质性,包括不同的社会影响阈值和个体间的多样化社会联系,对于分析社会规范、文化习俗和政治观点的形成与传播,分析消费者行为的传播,特别是对于需要社会验证的产品或服务(如高端消费品),研究社会运动、政治抗议的形成过程等具有重要价值。

5. 意见动态模型

意见动态模型(opinion dynamics models)是一类用于研究个体或群体的意见、态度及其随时间变化的模型,试图解释和预测个体在社交互动中如何形成、改变或保持自己的观点。意见动态模型包含很多类型,不同模型基于不同的假设和规则来描述意见更新过程,如 Deffuant 模型、Hegselmann-Krause(HK)模型等。

Deffuant 模型,也称为 Deffuant-Weisbuch 模型,是意见动态领域的一个重要模型,由 Guillaume Deffuant 等人在 2000 年提出。该模型旨在模拟个体如何通过局部互动逐渐改变自己的观点,特别关注观点的收敛和极化现象。Deffuant 模型是研究社会意见形成和演变过程的有力工具,尤其适用于分析意见分歧情况下的互动。

Deffuant 模型给每个个体设置一个在连续空间上的意见值,通常取值于[0,1]区间内,个体随机地与其他个体进行双人对话,交流双方根据彼此的意见差异来更新自己的观点。只有当两个个体之间的意见差异小于某个预设的阈值(通常表示为 μ)时,他们才会相互影响并更新自己的意见。在满足上述条件的传播中,传播者各自将自己的意见向对方靠拢一定比例,这个比例由参数 ϵ(称为收敛参数)控制。设两个个体的初始意见分别为 $x_i$ 和 $x_j$,如果他们的意见差 $|x_i - x_j| \leq \mu$,则他们更新自己的意见为:

$$x'_i = x_i + \epsilon(x_j - x_i)$$
$$x'_j = x_j + \epsilon(x_i - x_j)$$

其中,$x'_i$ 和 $x'_j$ 分别是交流后的意见,ϵ 是收敛参数,控制意见更新的程度。

该模型能够揭示意见如何随着时间逐步聚集成几个明显的群体,或者在某些情况下形成极化的观点。模型结果对于信任阈值和收敛参数高度敏感,这两个参数的设置决定了意见的收敛速度和最终分布。对于研究社会议题、政治立场等方面的意见形成和变化过程,分析不同文化或社群中意见一致性的形成和文化差异的保持,探索消费者对产品或服务的态度变化和市场趋势的形成,该模型都有着广泛应用。不过需要注意的是,实际的社会互动可能比模型假设的更复杂,涉及多方面因素和非线性效应。在一些情况下,意见可能是离散的或类别性的,不完全适用于模型的连续意见空间假设。

Hegselmann-Krause(HK)模型也是意见动态研究中的一个重要模型,由 Rainer Hegselmann 和 Ulrich Krause 在 2002 年提出。该模型通过数学方式模拟个体在社交网络中意见的更新过程,特别强调社会影响和个体间相互作用的角色,专注于理解个体如何基于局部交互,在连续意见空间上形成共识或分化的群体。

HK 模型的核心思想是每个个体拥有一个在连续空间上的意见值,通常取值于某个有限区间内,如[0,1]。个体基于信任阈值进行局部交互,只考虑与自己意见相近(即差异小于某个预设阈值 $\epsilon$)的邻居的意见而进行更新。这意味着个体的社会影响范围受限于其意见相近的邻居。在每一时间步,个体更新自己的意见为其意见相近邻居意见的平均值,这反映了个体倾向于与自己观点相近的群体达成一致。

设 $x_i(t)$ 表示在时间 $t$ 时刻个体 $i$ 的意见,$N_i(t)$ 表示在时间 $t$ 时刻与个体 $i$ 意见差异小于 $\epsilon$ 的邻居集合。个体 $i$ 在时间 $t+1$ 时刻的意见更新为:

$$x_i(t+1) = \frac{1}{|N_i(t)|} \sum_{j \in N_i(t)} x_j(t)$$

其中,$|N_i(t)|$ 表示集合 $N_i(t)$ 中的元素数量,即个体 $i$ 的影响邻居数。

HK 模型能够揭示在不同参数设置下,社交网络中的个体如何形成一个或多个意见群体,或者在某些情况下形成意见上的极化,并揭示了意见形成过程的复杂性,即简单的局部平均规则能够导致复杂的全局行为模式。模型结果对于信任阈值 $\epsilon$ 的选择高度敏感,该阈值决定了意见更新时考虑的邻居范围。该模型有助于分析社会讨论中如何形成共识或达成广泛一致的观点,分析社会政治议题中意见极化的形成机制和条件。不过,该模型考虑的互动模式较为简单,现实中个体的意见更新受到更复杂因素的影响,包括情绪、非理性行为等,而非仅仅是基于意见相似性的平均规则。

### (三)动态网络分析的主要步骤

利用动态网络分析模型研究舆论传播路径是一个复杂但富有洞察力的

过程,接下来我们介绍其主要步骤。

(1)定义研究目标和问题。明确想要研究的舆论议题,如公共健康、突发事件、社会运动等,确定分析的具体目标,比如,考察议题的传播速度、影响范围、关键传播节点和传播路径等。

(2)数据收集和预处理。根据研究议题,从社交媒体平台、新闻网站、论坛等收集相关的帖子、评论、转发和用户互动数据,进行清洗和预处理,去除无关内容,标准化时间戳,识别和分类讨论主题等。

(3)网络构建。确定网络中的节点,通常是参与讨论的个体或组织。然后,基于用户之间的互动(如转发、评论、点赞等)建立边,表示信息传播的路径。在此基础上,基于时间序列构建动态网络,反映不同时间点或时间段内的网络状态。

(4)选择或设计动态网络模型。根据研究目标和数据特性,选择适合的分析模型,如 SIR 模型、阈值模型、独立级联模型等。也可以根据需要设计自定义的动态模型,以适应特定的传播机制或行为规则。

(5)参数设定和模型校准。根据实际数据和预先的假设设定模型参数,如传播率、恢复率、阈值等。可以通过历史数据或小规模的实验来校准模型,力求模型能够合理反映实际的舆论传播过程。

(6)执行模拟和动态分析。使用所选模型在构建的动态网络上执行多次模拟,分析舆论在网络中的传播过程,观察舆论传播的动态变化,包括传播速度、传播范围、关键节点和社群等。

(7)结果分析和解释。分析模拟结果,识别舆论传播的关键特征和模式;识别影响舆论传播的关键因素,如意见领袖、社群结构、信息内容等;解释舆论传播过程中观察到的现象,如快速传播区域、意见极化、共识形成等。

(8)验证和调整。与实际观察到的舆论传播情况进行比较,验证模型的预测准确性。根据需要调整模型参数或策略,以提高分析的准确性和可靠性。

接下来,我们提供一个示例,使用 Deffuant 模型在一个简化的社交网络上模拟"城市绿化"政策议题的意见演化过程。网络包含 100 个节点,每个节点代表一个社交媒体用户,节点的初始意见值在 [0,1] 区间内随机分配。我们设置了信任阈值 $\mu=0.2$ 和收敛参数 $\epsilon=0.3$,意味着当两个用户的意见差异小于 0.2 时,它们会相互影响,使得彼此的意见向对方靠拢。参考代码

如下:

```python
import networkx as nx
import matplotlib.pyplot as plt
import numpy as np
import random

# 设置随机种子以确保结果的可重复性
random.seed(42)
np.random.seed(42)

# 创建一个Erdős-Rényi随机图作为社交网络
G = nx.erdos_renyi_graph(n=100, p=0.1)

# 为每个节点分配一个初始意见值,范围从0(完全反对)到1(完全支持)
for node in G.nodes():
    G.nodes[node]['opinion'] = np.random.rand()

# Deffuant模型的参数
mu = 0.2  # 信任阈值,只有当两个节点的意见差小于此值时,它们才会互相影响
epsilon = 0.3  # 收敛参数,控制意见更新的程度

def update_opinions(G, mu, epsilon):
    pairs = list(G.edges())
    random.shuffle(pairs)  # 随机选择节点对进行互动,以模拟随机交流过程
    
    temp_opinions = {}
    for (u, v) in pairs:
```

```
            if abs(G.nodes[u]['opinion'] - G.nodes[v]['opinion']) < mu:
                new_opinion_u = G.nodes[u]['opinion'] + epsilon * (G.nodes[v]['opinion'] - G.nodes[u]['opinion'])
                new_opinion_v = G.nodes[v]['opinion'] + epsilon * (G.nodes[u]['opinion'] - G.nodes[v]['opinion'])
                temp_opinions[u] = new_opinion_u
                temp_opinions[v] = new_opinion_v

    for node, opinion in temp_opinions.items():
        G.nodes[node]['opinion'] = opinion

# 模拟意见动态演化过程
for _ in range(10):
    update_opinions(G, mu, epsilon)

# 绘制最终的意见分布
opinions = [G.nodes[node]['opinion'] for node in G.nodes()]
fig, ax = plt.subplots(figsize=(10, 8))
pos = nx.spring_layout(G)
nx.draw_networkx(G, pos, node_color=opinions, cmap=plt.cm.viridis, with_labels=False, node_size=50, ax=ax)

sm = plt.cm.ScalarMappable(cmap=plt.cm.viridis, norm=plt.Normalize(vmin=min(opinions), vmax=max(opinions)))
sm.set_array([])
cbar = plt.colorbar(sm, ax=ax)
cbar.set_label('Opinion')
plt.title('Opinion Distribution after 10 Time Steps')
plt.show()
```

这段代码首先创建了一个含有 100 个节点的 Erdős-Rényi 随机图来模拟社交网络,然后初始化每个节点(代表个人)的意见值。通过设定信任阈值和收敛参数,模拟一系列时间步内,节点间基于 Deffuant 模型的意见交流和更新过程。最后,通过绘图展示模拟结束后网络中的意见分布状态。该模型展示了在社交网络中,即使是初始意见分布较为分散的情况下,个体之间的局部互动也可以导致意见的聚集和部分共识的形成。

## 四、多层网络分析

### (一)多层网络分析的发展

多层网络分析(multilayer network analysis)是网络科学的一个分支,研究的是由多个相互连接的网络组成的复杂系统。在多层网络中,同一个节点可以存在于一个或多个层中,并且不同层的节点之间存在相互作用。

多层网络分析法的发展源于对传统网络分析方法局限性的认识。传统的网络分析往往关注单一类型的节点和边,忽视了现实世界中网络之间的复杂交互和多样性。随着科学技术的进步和数据收集能力的增强,人们开始意识到多种类型的交互和联系在形成复杂系统行为中的重要作用,因此提出了多层网络的概念。

从理论思想上来看,多层网络关注了多维度连接,能够同时表示多种类型的关系。例如,在社交网络中,一个层面可以代表朋友关系,而另一个层面可以代表工作关系。更重要的是,多层网络不仅考虑同一层内的节点互动,还考虑不同层间的节点互动,可以分析如何通过一个层面的连接影响另一个层面的行为。因此,多层网络能够提供比传统单层网络更全面的视角,同时考虑系统中不同类型的实体和交互,从而揭示隐藏在复杂系统背后的深层次结构和动态过程,适用于多种类型的系统,包括社会网络、交通网络、生态系统等。

与动态网络分析相比较而言,多层网络允许分析者考虑多种类型的关系和交互,以及它们是如何跨层相互作用的。因此,多层网络分析适用于那些单一网络模型无法充分描述的复杂系统。比如,在同一个系统中存在多种社交关系模式的情形。

多层网络分析和动态网络分析可以结合使用,形成多层动态网络模型。

多层网络分析通过增加网络的维度(层),来捕捉更多种类的信息和交互模式,而动态网络分析则通过引入时间维度,来捕捉系统随时间演化的特性。这种模型能够同时考虑多种类型的关系和这些关系随时间的变化,为理解和预测复杂系统的行为提供了更全面的视角。

舆论传播往往涉及多个主题,不同的主题之间相互关联,形成耦合关系。例如,经济发展议题可能与民生议题、社会公平议题等相互关联。不仅如此,舆论传播不限于单一平台,而是发生在微博、微信、论坛、新闻网站等多个平台之间。不同平台的舆论相互影响,形成互动关系。再加上舆论传播涉及政府、媒体、企业、公众等多个主体,不同主体的行为相互影响,形成博弈关系。因此,这种舆论主题之间的相互影响、平台之间的相互影响以及主体之间的相互影响,都要求使用多层网络分析来对舆论传播进行研究。

**(二)多层网络分析模型**

1. 相互依存网络

相互依存网络(interdependent networks)是一种特殊类型的网络系统,由两个或多个网络组成,这些网络之间存在着相互依存的关系。这种依存性意味着一个网络的节点功能依赖于另一个网络中一个或多个节点的状态。相互依存网络的概念对于理解和分析现实世界中的复杂系统,特别是那些由多个子系统组成且存在相互作用的系统,具有重要价值。

从拓扑结构特征来看,相互依存网络的关键特征是网络之间的依存关系。例如,一个网络的正常运作可能完全依赖于另一个网络中特定节点的功能状态。在相互依存网络中,不同网络的节点之间可以形成一对一(一个节点在一个网络中依赖于另一个网络中的单个节点)、一对多(一个节点依赖于多个节点)或多对多(多个节点相互依赖)的依存关系。相互依存的网络通常展示出层次性结构,每个层次代表一个独立的网络。这些网络可以有不同的拓扑结构,如规则网络、随机网络或复杂网络等。由于网络间的依存关系,相互依存网络的鲁棒性和脆弱性特征与单一网络不同。一方面,网络间的支持关系可以增强系统的鲁棒性;另一方面,依存性可能导致"级联失败",其中一个网络的小规模故障可以迅速传播至整个系统。

2. 多路复用网络

多路复用网络(multiplex networks)是一种特殊类型的多层网络,其中同一组节点在不同的层中以不同的方式连接。每一层代表一种特定类型的关系或交互,而同一个节点在不同层中可以有不同的连接模式。多路复用网络的关键特征是,尽管每层网络的节点集合相同,但每层上的边集合可以不同,反映了不同类型的连接或关系。

从拓扑结构特征来看,多路复用网络中每一层代表一个独立的网络层,每层网络可以有自己独特的拓扑结构。在多路复用网络中,同一个节点可以在不同的层中扮演不同的角色,体现在其连接模式的差异上。例如,在社交网络的不同层中,一个人可以是家庭成员、同事、朋友等。虽然多路复用网络的主要特征是每层的独立性,但研究中也可以考虑层间的边,即连接不同层中相同节点的边,这有助于分析节点在不同网络层面的一致性或差异性。由于每一层网络可以独立构建,多路复用网络能够反映出极高的复杂性和多样性,使得它们非常适合模拟现实世界中的复杂系统,如社交网络。

3. 时序多层网络

时序多层网络(temporal multilayer networks)是一种结合时间动态性和多层网络结构特征的复杂网络。这种网络不仅考虑了不同层次上的多种类型的关系,还引入了时间维度,以捕捉网络连接随时间的变化。这种网络模型能够更全面地描述现实世界中系统的动态性和复杂性,特别是在节点之间的互动和连接在不同时间和不同层面上发生变化的情况。

从拓扑结构特征来看,时序多层网络的边,不仅在不同层之间具有多样性,而且随时间变化,反映了连接的动态性。与传统多层网络一样,时序多层网络包含多个层,每个层代表不同类型的关系或交互,每个层的结构也可能随时间而变化。在时序多层网络中,节点的存在和节点之间的边可能会随时间出现或消失,反映了系统内部的动态变化。网络中的每条边都可以带有时间戳,指示节点间交互发生的具体时间。不同层之间的相互作用会随时间变化,所以层间关系的动态变化是分析时序多层网络的关键因素。

### (三)多层网络分析的主要步骤

在舆论传播路径分析过程中,多层网络分析可以用于研究信息如何在不同的网络层次和渠道中传播,从而揭示信息流动的模式、关键节点和层间的动态关系。

(1)明确分析的目的,如理解特定事件的舆论传播路径、识别关键传播节点、分析不同社交媒体平台间的信息流动等。确定研究的范围和关注点,包括时间段、事件类型、相关的社交媒体平台和其他传播渠道。

(2)根据研究目标收集数据,进行数据预处理,包括清洗(去除无关数据)、格式化(统一数据格式)和筛选(选择研究相关的数据)。

(3)构建多层网络模型,为每个传播渠道构建单独的网络层,节点可以是个人、组织或关键词,边代表信息传播行为(如转发、评论、点赞)。需要考虑层间连接,如同一主体在不同平台上的活动或不同平台间的信息流。

(4)分析每一层内的网络结构,考察度分布、社区结构等,以识别关键节点和传播子群体。在此基础上进行层间分析,探索不同层之间的关系和信息流动模式,比如使用多层网络度量(多层中心性、层间度量)。

(5)进行舆论传播路径分析,识别舆论的起源点、关键传播节点和路径,分析不同时间段内舆论的传播趋势和变化,探索不同传播渠道对舆论形成和扩散的影响。

(6)解释多层网络分析的结果,将发现与研究目标和问题联系起来,并提出基于分析结果的建议。

接下来,我们使用 Pymnet 构建一个包含评论关系和转发关系两层的社交网络。Pymnet 是一个用于网络分析和建模的 Python 库,提供了各种网络分析工具,如中心性、聚类和社区检测等指标,以及用于生成和可视化网络的工具。参考代码如下:

```
# 在 Jupyter Notebook 中使用适当的绘图后端
%matplotlib inline

import pymnet
import matplotlib.pyplot as plt

# 创建一个多路复用网络
net = pymnet.MultiplexNetwork()

# 定义节点
```

```
users = ['User1', 'User2', 'User3', 'User4']

# 添加节点到网络
for user in users:
    net.add_node(user)

# 定义两层:评论关系和转发关系
layers = ['Comments', 'Retweets']

# 添加评论关系
# 假设 User1 评论了 User2 和 User3 的帖子,User3 评论了 User4 的帖子
net['User1', 'User2', 'Comments'] = 1
net['User1', 'User3', 'Comments'] = 1
net['User3', 'User4', 'Comments'] = 1

# 添加转发关系
# 假设 User2 转发了 User1 的帖子,User4 转发了 User3 的帖子
net['User2', 'User1', 'Retweets'] = 1
net['User4', 'User3', 'Retweets'] = 1

# 设置绘图
fig = plt.figure(figsize=(12, 8))
ax = fig.add_subplot(111, projection='3d')
ax.set_title('Multilayer Social Network: Comments and Retweets')

# 可视化网络
pymnet.draw(net, ax=ax, layout='circular', layergap=0.2)
plt.show()
```

在这个示例中,我们首先创建了一个多路复用网络对象 net。然后,定

义了四个用户节点并将它们添加到网络中。之后,我们为评论关系和转发关系分别定义了层,并在相应的层上添加了边来表示这些关系。最后,我们使用 pymnet.draw( )函数,以圆形布局来可视化这个多路复用网络。

本示例的目的是展示如何使用 Pymnet 来构建并简单可视化一个包含不同类型社交互动关系的多路复用网络。对于复杂的可视化需求,需要使用更高级的图形库或工具。

# 第九章

# 情感与群体心理分析

情感与群体心理是影响舆论形成和传播的重要因素。通过分析舆论传播中的情感倾向和群体心理，可以了解舆论产生的根源、发展趋势和影响范围。本章重点结合自然语言处理技术，介绍情感极性与情感类型的分析方法，并探索了多模态与时间序列的情感分析以及群体心理中的典型现象。

## 一、认识情感分析

情感分析(sentiment analysis)是自然语言处理中的一种方法，目的在于通过识别、提取、量化和研究文本数据中的主观信息，来分析其内蕴的情绪态度。情感分析可以应用于在线评论、社交媒体帖子、新闻报道、论坛讨论等各类文本的分析，以帮助了解公众对某一话题、产品或服务的情感倾向。从目前应用来看，情感分析不仅能够识别文本的情感极性，还可以进行更细致的分析，比如情感强度的量化、不同情感维度的识别(如喜怒哀乐)等，对于市场研究、客户服务、舆论分析、公共关系管理等具有重要价值。

### (一) 情感与舆论传播

在舆论的表达与传播过程中，情感承担了多种角色并发挥着多样化的功能，这些角色和功能不仅影响信息的传播速度和范围，还塑造了公众的认知和行为。

1. 触发器

情感作为舆论表达与传播中的触发器，发挥着启动信息流的关键作用。具体而言，在信息过载的现代社会中，具有激烈情感倾向的内容更容易获得人们的注意力。人们倾向于对那些能够触动他们情感的信息产生兴趣,无论是正面情感(如幸福、爱、希望)还是负面情感(如愤怒、恐惧、悲伤)。这种情感上的触动使得相关信息在众多信息中脱颖而出,成为公众关注的焦点。

不仅如此,强烈的情感反应促使人们与他人分享信息,无论是通过社交媒体、口头交流还是其他形式。正面的情感会促进人们分享喜悦和成功的故事,而负面情感则促使人们分享不公正或悲剧性的事件,以寻求支持或引发行动。这种共享行为加速了信息的传播,扩大了影响范围。更重要的是,作为触发器的情感不仅影响信息的传播速度和范围,还影响舆论的形成和方向。情感化的信息可以塑造公众对议题的看法,激发公众对特定问题的兴趣和行动。

2. 增强器

情感使信息更具有吸引力和记忆点,强化信息在接收者心中的印象。首先,个体的情感状态不仅影响他们对信息的处理和解释,还影响他们将信息传播给他人的意愿。情绪化的内容,尤其是那些能够激发强烈共鸣或反响的信息,更有可能被分享。因此,作为增强器,情感决定了哪些信息因其情感价值而被优先传播。此外,情感对信息的记忆和回忆有重要影响。强烈的情感体验往往更容易被记住,并且在未来更容易被回忆起。这意味着那些引发强烈情感反应的事件或信息更可能成为公众讨论的焦点,从而在舆论传播中占据重要位置。因此,情感对于长期记忆的这种影响在舆论的形成和演变过程中具有增强器的作用。

3. 过滤器

情感不仅作为一个初级的触发器和增强器引发人们对信息的注意,还作为一个复杂的过滤器,决定了信息如何被接收、理解和传播。

具体而言,第一,情感状态可以影响个体对信息的选择性注意,即人们倾向于注意与自己当前情感状态相符合的信息。例如,当个体感到忧郁时,他们一般更加关注负面信息;相反,当感到快乐时,则更容易注意到正面信息。这种选择性注意影响了信息的初始接收阶段,进而影响了舆论的形成和方向。

第二,个体的情感状态不仅影响他们选择性地注意哪些信息,还影响他们如何解释和评价这些信息。情感可以作为一种认知偏差,导致个体对信息作出倾向性的解释。例如,负面情绪一般使人们对信息持更为悲观的看法,而正面情绪则会导致过于乐观的评价。这种情感驱动的解释和评价进一步塑造了个体的意见和态度,从而影响舆论的内容和倾向。

第三,情感过滤器还影响信息的接受度。当信息与个体的情感状态和先入为主的情感偏好相匹配时,这些信息更容易被接受。相反,与个体情感状态不符的信息则更可能遭到抵制或忽视。这种情感过滤作用在公共议题和社会事件的讨论中尤为明显,影响公众对特定议题的认同和反应。

4. 催化剂

情感在舆论表达与传播中充当催化剂的功能体现在其能够激发行动、提高信息的传播效率,以及促进或抑制特定的社会行为和态度变化。情感的这一功能在社会运动和公共事件的参与度上表现尤为明显。例如,共鸣和愤怒可以激励人们参与社会运动或公共事务,推动社会变革。在这种情况下,情感不仅传递了信息,还促进了人们对问题的关注,并将这种关注转化为具体的行动。此外,强烈的情感表达可以使信息更具说服力,影响受众的态度和观点。富含情感的信息能够触及受众的心灵深处,促使他们重新评估自己的立场和信念。情感的这种催化作用在政治宣传、广告营销和社会运动中尤为明显。

5. 连接器

情感能够在舆论表达与传播中充当"连接器",关键在于它能够建立起个体间的共鸣,强化社会团体的认同感。这种情感连接不仅促进了信息的共享和传播,还加强了社会网络中的联系,使个体感到归属感和社会支持。

具体而言,情感表达可以在个体之间建立共鸣,使人们对他人的经历和情感产生共感。这种共感促使人们更加关注并参与到相关的议题或事件中,因为他们能在情感层面与之产生联系。共鸣和共感是社会凝聚力的重要组成部分,有助于构建更加紧密、同理心更强的社会关系。更重要的是,情感还能加强群体成员之间的认同感和归属感。通过共享和表达相似的情感反应,个体感到自己是某个更大社会集体的一部分。这种情感上的连接有助于形成或加强社会身份和群体凝聚力。因此,在社交媒体平台上,情感化的交流促进了社会支持网络的形成,为人们提供情感慰藉、鼓励和实际帮助。这种支持网络在危机时刻尤为重要,能够提供必要的援助和资源。

### (二)情感分析的应用领域

情感分析通过量化和分析文本数据中的情感信息,使得决策者能够基于数据驱动的洞察采取行动。这种方法增强了组织对公众情绪的理解和响应能力,有助于更有效地沟通,并及时应对可能的危机。

1. 市场研究和消费者洞察

情感分析通过将大量的非结构化文本数据转化为可操作的洞察,使市场研究者能够深入理解消费者的行为和动机。这种分析方法不仅能帮助企业提升产品和服务,还能优化其营销策略和品牌建设,最终实现与消费者之间更紧密的联系和更高的市场竞争力。

(1)通过对消费者评论、评价和反馈的情感分析,企业可以量化消费者对其产品或服务的满意度。情感分析不仅可以指出总体趋势,还能揭示具体问题和亮点,帮助企业理解哪些方面最受欢迎或需要改进。此外,情感分析能帮助识别最忠诚和最不满意的客户群体,企业可以据此调整策略,提升客户满意度和忠诚度。

(2)情感分析能够揭示消费者对品牌和竞争对手品牌的看法,帮助企业了解自己在消费者心目中的位置。这种分析可以透露哪些产品特性是消费者讨论的热点,以及讨论是正面的还是负面的。企业可以利用这些洞察优化自己的市场定位策略,强化产品的独特卖点,或者改进那些引起消费者不满的方面。

(3)情感分析可以帮助企业捕捉到正在形成的消费者情绪和观点趋势,预测市场动态。通过对时间序列数据的情感分析,企业可以识别出消费者需求的变化趋势,发现新的市场机会或潜在的风险。这种趋势分析对于新产品的开发和创新、市场进入策略以及营销活动的策划具有重要价值。

(4)通过分析目标客户群对某个营销活动或广告的情感反应,企业可以更好地理解哪些信息、形象或价值主张最能引起共鸣,哪些可能引发负面反应。另外,情感分析还可以揭示不同客户群体之间的情感差异,使营销策略更加个性化。

(5)企业可以通过持续监控消费者对产品和服务的情感反馈,来迭代和改进其产品线。另外,情感分析提供的深度洞察,有助于企业在开发新产品或升级现有产品时,使其设计和功能与消费者的偏好相匹配。

2. 公共决策分析和社会研究

情感分析提供了一种强大的工具来理解复杂的社会动态和公众情绪。

这不仅增强了决策的数据驱动基础,还促进了政策和社会项目的有效实施,为应对社会挑战和推动社会进步提供了支持。

(1) 情感分析可以帮助政治分析师、社会学家和政策制定者实时监测和分析公众对重大事件、政策变更或社会问题的情绪反应。这种分析揭示了人们对特定问题的感受强度和情感极性,为政策制定和公共关系管理提供了数据支持。

(2) 政府和公共机构可以利用情感分析来评估公众对政策的接受度和反馈。这不仅有助于测量政策的社会影响,还可以识别公众关切的领域,进而调整政策,以更好地满足公众需求。另外,通过分析公众对公共服务(如交通、教育、医疗等)的情绪反馈,相关部门还可以识别服务短板,优化服务流程和质量。

(3) 情感分析可以揭示公众对社会问题(如环境保护、公民权利、公共危机等)的关注程度和情感态度,对于引导公共讨论、提高公众意识和促进社会行动具有重要价值。另外,政府和非政府组织(NGOs)可以利用情感分析的结果来设计更有效的宣传活动,动员社会资源,促进社会变革。

(4) 在西方国家,情感分析还常用来衡量公众对候选人、政党或政治议题的情感倾向。通过分析来自社交媒体和其他在线平台的数据,政治团队可以调整其策略,更好地与选民沟通,塑造积极的公众形象。情感分析还可以揭示政治运动的动态,帮助政治活动组织者了解其信息的受众接受度和激发的情感反应,从而优化他们的传播策略和活动。

3. 投资和金融市场分析

通过分析新闻报道、社交媒体帖子、分析师报告和其他文本数据中的情感倾向,情感分析可以帮助投资者捕捉到传统分析方法可能忽视的信号,为金融市场分析和投资决策提供一种新的维度。因此,情感分析在投资和金融市场分析中的应用越来越广泛。

(1) 情感分析可以帮助投资者识别整体市场或特定资产的情绪趋势。通过分析大量文本数据,可以量化市场对经济事件、公司公告或政治变化的情绪反应。这种市场情绪分析有助于投资者把握市场趋势,作出更为明智的投资决策。

(2) 许多研究表明,市场情绪与资产价格的变动之间存在一定的相关性。通过跟踪和分析情绪变化,投资者可以在一定程度上预测市场或特定资产价格的短期走势。尽管这种方法不能完全取代传统的市场分析方法，但它为投资策略提供了一个有价值的补充。另外，传统的金融分析依赖于量化数据，如收益、市盈率和经济指标等。情感分析补充了这些数据，通过定量化非结构化信息，提供了一种新的数据来源，可以揭示市场参与者的行为和预期。

（3）结合情感分析和传统的金融分析方法，投资者可以设计出更为复杂和精细化的投资策略。例如，通过识别市场情绪的极端波动，投资者可以发现过度反应的交易机会，从而在市场纠正时获利。

（4）情感分析可以作为风险管理工具，帮助投资者识别可能导致市场波动的情绪触发因素。通过监控情绪的异常波动，投资者可以及时调整其投资组合，以减轻潜在的市场下跌风险。

（5）资产管理公司和投资银行可以利用情感分析来提升其研究报告的深度和质量。通过分析社交媒体和新闻报道中的情绪，研究人员可以提供更为全面和及时的市场分析，帮助客户做出更好的投资决策。

（6）情感分析还可以集成到自动化交易系统中，使交易决策能够响应市场情绪的实时变化。这些系统可以根据预设的情感阈值自动执行买卖指令，增强交易的时效性和准确性。

总体而言，虽然情感分析不应被视为独立的投资工具，但它在整体投资策略中占有越来越重要的地位，为投资者和金融专业人士提供了有力的辅助分析工具。

4. 危机管理和风险沟通

情感分析提供了一种有效的工具，能够揭示公众对某一事件或信息的情感态度，从而指导组织采取相应的沟通策略和行动计划。

（1）通过对社交媒体、新闻报道和其他在线内容的实时情感分析，组织可以快速识别负面情绪的发展趋势。作为一个早期的风险弱信号，情感分析使组织能够在危机全面爆发前采取预防措施，准备相应的应对策略。

（2）在危机发生时，准确地理解公众的情绪反应是基础。情感分析可以帮助组织识别公众的主要情绪（如恐惧、愤怒、怀疑），以及这些情绪是如何随时间变化的，从而为制定有效的沟通策略和缓解措施提供基础。

（3）根据情感分析的结果，组织可以调整其危机沟通策略，以更好地与公众情绪共鸣，减少误解和恐慌。例如，如果公众情绪主要是恐惧，组织可以发布更多安抚性的信息;如果主要是愤怒,组织则需要采取更为积极的解释和补救措施。

(4)危机沟通的目标是改变或稳定公众情绪,减少负面影响。通过持续的情感分析,组织可以监控其沟通策略的效果,了解公众情绪是否有所改善,以及哪些沟通策略是有效的,哪些需要调整。

## 二、情感分析方法

### (一)基于规则的情感分析方法

基于规则的情感分析是一种传统且直观的方法,主要依靠预定义的规则和情感词典来识别和分类文本中的情感表达。这种方法不需要训练数据集,而是通过分析文本中的关键词和短语及其上下文来判断整体的情感倾向,其应用过程主要包括如下部分。

(1)情感词典。情感词典是这种方法的核心,它包含了大量的情感词汇及其情感极性(正面、负面、中性)和强度。这些词汇一般包括形容词、副词、动词和名词等,例如"喜欢"(正面)、"讨厌"(负面)等。一些情感词典还可能提供关于词汇情感强度的量化评分,帮助进一步细化情感分析的结果。

(2)规则制定。规则是指导如何根据词汇和短语的组合以及它们在句子中的位置来判断句子或文本情感的指令集。这些规则考虑了否定词的影响(如"不高兴"中的"不")、程度词的作用(如"非常喜欢"中的"非常"),以及句子结构等因素。规则还可以包括处理连词(如"但是""然而")所引起的情感转折,以及识别情感表达的复杂结构(如比喻、反讽等)。

(3)情感计算和分类。文本的情感分类通常基于对文本中所有词汇情感值的累加计算,考虑其情感极性和强度。最后,根据计算结果,整体文本被分类为正面、负面或中性。在某些情况下,分析可能会更加细致,区分出更多的情感维度,如愤怒、喜悦、悲伤等。

(4)上下文和语言特性考虑。基于规则的方法还需要考虑语言的特性,如上下文依赖性、语言的多义性和复杂的语法结构。这要求规则不仅要简单地匹配关键词,还要能理解词语在特定上下文中的含义。

基于规则的情感分析方法不依赖大量的训练数据,透明度高,容易理解和实施。对于一些特定的、结构化较好的任务,能够快速实现并提供合理的结果。但是制定高效且全面的规则非常具有挑战性,而且难以适应语言使用的变化和新的表达方式,维护成本高。尽管如此,在某些应用场景下,它仍然是一种有价值的工具。

**(二)基于机器学习的情感分析方法**

基于机器学习的情感分析利用算法从文本数据中自动识别和提取情感倾向。这种方法依赖于从大量标注数据中学习情感表达的模式,从而使机器能够对文本进行情感分类,其核心步骤具体如下。

(1)数据准备与预处理。先收集包含情感表达的文本数据,如社交媒体帖子、产品评论、新闻文章等,再人工标注这些数据的情感倾向,为模型训练提供监督信号,然后进行数据预处理,以净化数据并提取有用的特征。

(2)特征提取。可以利用词袋模型,将文本转换为词频向量,忽略词序和语法,只考虑词汇出现的频率;也可以利用 TF-IDF,考虑词汇在文档中的频率和在语料库中的逆文档频率,用于增强模型对重要单词的敏感度;还可以用词嵌入法,如 Word2Vec、GloVe 或 BERT 等预训练模型,将词汇映射到密集的向量空间中,以捕捉词汇间的语义关系。

(3)模型训练。可以选择多种机器学习模型,包括传统的线性模型(如逻辑回归)、决策树、随机森林,使用标注的数据集对模型进行训练,模型通过学习数据中的模式来最小化预测错误。

(4)模型评估与应用。使用测试集(模型训练过程中未见过的数据)来评估模型的性能,常用的评估指标包括准确率、召回率和 F1 分数。训练好的模型可以应用于实际的情感分析任务。

值得注意的是,机器学习模型需要能够理解上下文信息,以准确识别如反讽或双关语等复杂的情感表达。另外,还要注意跨领域的适应性,模型在一个领域表现良好,并不意味着它可以直接应用于另一个领域,因为不同领域的文本可能包含不同的专业术语和表达方式。

**(三)基于深度学习的情感分析方法**

基于深度学习的情感分析技术运用了深度神经网络来自动识别文本中的情感倾向,这些技术在捕捉文本的复杂特征和语义层面上表现出了卓越的能力。深度学习方法能够处理大量未标记的数据,并通过学习这些数据中的模式来改善其对情感的识别效果。应用大型预训练模型进行情感分析,是当前自然语言处理领域的前沿。这些模型如 BERT、GPT 和 RoBERTa 等,在大规模数据集上进行预训练,学习了丰富的语言特征和世界知识,之后通过微调应用于特定的下游任务,其核心步骤具体如下。

(1) 首先,选择一个适合情感分析任务的预训练模型。不同的模型可能在不同的任务或数据集上表现出不同的性能。例如,BERT 是一个广泛使用的选择,它通过双向训练的方式捕捉文本中的上下文信息。

(2) 收集数据,获取包含情感标签的文本数据,然后进行预处理,包括文本清洗、必要的分词处理以及适配预训练模型所需的格式调整。

(3) 使用适合的深度学习库加载预先选择的模型,并加载 Tokenizer。Tokenizer 用于将文本转换为模型能够处理的格式,包括分词、添加必要的特殊标记(如 CLS、SEP 标记)以及将词转换为词索引。

(4) 在预训练模型的基础上,添加适合情感分析的输出层,通常是一个或多个全连接层,用于分类情感标签。接着,设置训练参数,设置适当的学习率、批处理大小、损失函数(如交叉熵损失)和优化器。然后,再在情感标注的数据集上进行微调。这一步骤使模型能够根据预训练阶段学到的语言知识,调整并学习情感分析任务的特征。

(5) 评估模型,在测试集上使用准确率、召回率、F1 分数等指标评估微调后模型的性能。符合要求的话,再将训练好的模型应用于实际的情感分析任务。

(6) 基于测试结果,可能需要调整模型参数或训练过程以优化性能。如果可用数据有限,可以考虑数据增强技术来提高模型的泛化能力。

需要注意的是,大型预训练模型通常需要较高的计算资源,包括 GPU 或 TPU,以加速训练和推理过程。考虑到模型大小和性能之间的权衡,有时候,较小的模型(如 DistilBERT)在资源受限的情况下反而是更好的选择。

### 三、情感分析应用类型

情感分析已经发展出多种具体的应用类型,不仅涵盖了从文本中提取情感信息的各个方面,还包括了理解和分析情感如何在个体、社群和社会中表达和传播的深层次问题,构成了一个复杂多维的研究领域。

## (一) 情感极性分析

情感极性分析旨在确定一段文本所表达情感的倾向性。这种倾向性通常被分类为正面、负面或中性。简而言之,情感极性分析试图回答"这段文本是积极的、消极的还是中立的"的问题。

1. 关键步骤

(1) 使用词嵌入技术(如 Word2Vec、GloVe 或预训练模型如 BERT 提供的嵌入),将文本转换为固定长度的向量。词嵌入能够捕捉单词之间的语义关系,为深度学习模型提供丰富的输入特征。

(2) 选择模型架构,构建深度学习模型。例如,可以使用多层的 LSTM 网络来处理文本数据,并在最后添加一个或多个全连接层来输出情感分类的结果。

(3) 设置训练参数,定义损失函数(通常是交叉熵损失)、优化器(如 Adam)、学习率和训练批次大小。然后在训练集上训练模型,同时在验证集上进行验证,以监控过拟合情况并调整模型参数。如果使用预训练模型(如 BERT、GPT),通过在特定任务上的微调来进一步提高模型性能。

(4) 使用独立的测试集评估模型的性能,常用指标包括准确率、召回率和 F1 分数等。训练好之后,将模型部署到实际应用中,进行情感极性分析。

2. 应用示例

假设我们采集了电商平台上顾客对某品牌手机的评论,下面用预训练模型对这些评论进行情感极性分析,参考代码如下。

```
import pandas as pd
from transformers import pipeline

# 读取 csv 文件
df = pd.read_csv('path_to_your_comments.csv')

# 加载预训练的情感分析模型,指定模型名称
```

```
sentiment_analyzer = pipeline('sentiment-analysis', model='distilbert-base-
uncased-finetuned-sst-2-english')

# 对每一条评论进行情感极性分析
def analyze_sentiment(comment):
    result = sentiment_analyzer(comment)[0]
    return result['label']

# 新增 sentimental polarity 列
df['sentimental polarity'] = df['comments'].apply(analyze_sentiment)

# 保存为新的 csv 文件
df.to_csv('customer_comments_with_sentimental_polarity.csv', index=False)

print("情感极性分析已完成,结果已保存.")
```

## (二) 情感类型分析

情感类型分析也称为细粒度情感分析,旨在从文本中识别和分类更为具体和细致的情感类型。与情感极性分析主要区分正面、负面或中性情绪不同,情感类型分析关注于将文本中的情感细分为更具体的类别,如喜悦、悲伤、愤怒、惊讶、恐惧和厌恶等。比较而言,情感类型分析在方法应用上更为复杂和细致,在数据准备、模型结构、训练过程以及评估指标等方面与情感极性分析有着明显的差异。

1. 情感类型分析的特点

(1) 在数据准备和预处理方面,情感极性分析的数据标注相对简单,通常分为正面、负面和中性三类。因此,数据集的构建和预处理相对直接,主要集中在文本清洗和基本的文本转换上。但情感类型分析需要更精细的标注工作,标注的类别更多,包括喜悦、悲伤、愤怒等具体的情感类型。这要求标注者有更丰富的专业知识,同时在预处理阶段也需要更复杂的处理,以保留对不同情感类型识别有用的信息。

（2）在模型选择和构建方面，情感极性分析虽然可以使用复杂的模型，但由于任务相对简单，简单的深度学习模型（如基础的 CNN 或 RNN）就能取得不错的效果。情感类型分析由于需要区分更细微的情感差别，更倾向于使用复杂的深度学习模型，如 LSTM、GRU 或 transformer 模型。这些模型更擅长捕捉文本中的长期依赖关系和细粒度的语义信息，有助于提高情感类型识别的准确性。

（3）在训练过程和技术方面，情感极性分析由于分类任务相对简单，模型训练过程直接，关注点主要在于避免过拟合和提高泛化能力。情感类型分析则需要采用更高级的技术，如注意力机制、多任务学习或模型蒸馏等，以提取更丰富的特征并处理更复杂的分类任务。此外，对于情感类型分析，数据增强和细粒度标注数据的有效利用变得尤为重要。

（4）在评估指标方面，情感极性分析通常使用准确率、召回率和 F1 分数等标准分类指标来评估模型性能。情感类型分析除了关注上述指标外，由于情感类别更多，评估时还会特别关注模型在每个情感类别上的表现，以及模型是否能平衡地处理所有类别（特别是那些在数据集中相对较少的情感类型）。

（5）在实际应用方面，情感极性分析适用于需要快速了解文本情感倾向的场景，如品牌监测或初步市场反馈分析。情感类型分析更适合深入分析用户情感和理解复杂情感背景的应用，如精细化的市场研究、舆论分析或提供更人性化的 AI 对话体验。

2. 应用示例

假设我们通过预训练模型，继续对上一个示例中的顾客评论进行情感类型分析，参考代码如下。

```python
import pandas as pd
from transformers import pipeline

# 读取 csv 文件
df = pd.read_csv('path_to_your_comments.csv')

# 加载预训练的情感类型分析模型
```

```
emotion_analyzer = pipeline('text-classification', model='joeddav/distilbert-
base-uncased-go-emotions-student', top_k=None)

# 对每一条评论进行情感类型分析
def analyze_emotion_type(comment):
    result = emotion_analyzer(comment)
    # 获取最高得分的情感类型
    max_score_emotion = max(result[0], key=lambda x: x['score'])
    return max_score_emotion['label']

# 新增 sentimental type 列
df['sentimental type'] = df['comments'].apply(analyze_emotion_type)

# 保存为新的 csv 文件
df.to_csv('customer_comments_with_sentimental_type.csv', index=False)

print("情感类型分析已完成,结果已保存。")
```

### (三) 多模态情感分析

随着社交媒体和网络平台的发展,用户生成的内容不再局限于文本,还包括图片、视频和音频等多种形式。多模态情感分析试图结合这些不同模态的信息来进行更全面的情感分析。多模态情感分析可以利用不同模态信息之间的互补性,提高情感分析的准确性。但因为不同模态信息之间存在差异性,如何有效地融合这些信息是关键。目前,多模态情感分析的研究还处于起步阶段,但随着技术的不断发展,其应用前景也将越来越广阔。从技术上来看,与普通情感分析相比而言,多模态情感分析有三种独特方法。

1. 特征级融合

在多模态情感分析中,特征级融合(feature-level fusion)也称为早期融合(early fusion),是一种将来自不同模态的特征在输入阶段或特征提取阶段就合并起来的融合策略。这种方法的核心思想是,通过结合各种模态的原始数据或初级特征，以创建一个综合的特征表示，然后基于这个融合后的特征集来训练单一的模型进行情感分析。

进行特征级融合，首先分别从每种模态的数据中提取特征。例如，从文本数据中提取词嵌入向量、从图像中提取视觉特征（如通过预训练的CNN模型）、从音频中提取声音特征（如MFCCs）。然后将不同模态提取的特征合并成一个单一的特征向量。合并的方法可以是简单的特征拼接，也可以是更复杂的特征融合技术，如特征加权和归一化。在此基础上，使用融合后的特征向量训练一个深度学习模型。因为所有模态的特征都被整合在一起，模型能够同时学习到跨模态的信息和内在的关联。

特征级融合过程中，通过整合不同模态的特征，能够捕捉到更多的信息，提高情感分析的准确度和鲁棒性。相比于后期融合，特征级融合在模型训练和预测过程中，只需要训练和推理一个模型，也更为简洁高效。不过不同模态的特征可能处于不同的特征空间，具有不同的数据分布和尺度，直接融合这些特征可能会导致信息失衡或干扰。另外，在早期将特征融合，可能导致一些模态特有的细节信息在融合过程中丢失。

2. 决策级融合

决策级融合（decision-level fusion）也称为晚期融合（late fusion），是在模型决策阶段，将来自不同模态的分析结果合并的融合策略。不同于特征级融合（早期融合）直接在输入层面合并特征，决策级融合在各模态独立处理和分析之后，将各自的输出或决策结果进行融合，以得出最终的情感分析结果。

在决策级融合过程中，首先，对每个模态的数据（如文本、图像、音频）使用专门的模型进行处理和情感分析，产生各自模态的情感分析结果或概率分布。然后，将不同模态产生的情感分析结果通过某种融合策略合并起来，以得出最终的综合情感分析结果。融合策略可以是简单的投票机制、加权平均、逻辑回归或更复杂的模型如多层感知器（MLP）。最后，基于融合后的结果做出最终的情感判断，这一判断应该综合考虑了所有可用模态的情感信息。

由于各模态独立分析，决策级融合提供了高度的灵活性，允许针对每种模态选择最适合的处理和分析模型，而且当某一模态的数据质量不高或不可用时，决策级融合能够利用其他模态的结果，保持整体分析的鲁棒性。但由于在最终的融合阶段才合并各模态的信息，无法充分利用模态间的互补性和相互关系,并且不同模态的预测结果可能存在矛盾。

3. 模型级融合

模型级融合(model-level fusion)也称为中间融合(intermediate fusion),介于特征级融合(早期融合)和决策级融合(晚期融合)之间。这种融合方法将来自不同模态的信息在模型的某个中间层进行整合,以便利用各模态数据的互补性,从而在深度学习模型内部获得更丰富、更综合的表示。

在模型级融合的过程中,首先对每种模态的数据(如文本、图像、音频)独立进行特征提取。这可以通过各自模态专用的神经网络完成,如使用RNN或transformer处理文本数据,CNN处理图像数据。然后将上述各模态的特征在模型的某个中间层进行融合。融合方法可以是简单的拼接、加权求和或更复杂的操作,如使用注意力机制来动态调整不同模态特征的权重。最后进行联合模型训练,基于融合后的特征,继续通过深度学习模型的后续层进行处理,最终输出情感分析的结果。整个模型(包括特征提取和融合部分)通常是联合训练的,以最大化地利用各模态的互补信息。

模型级融合能够有效利用不同模态之间的互补信息,提高情感分析的准确度和鲁棒性。相比特征级融合,模型级融合在融合过程中能够保留更多的模态特定信息;相比决策级融合,它又能更早地考虑模态间的相互影响,提供更丰富的数据表示。不过,融合操作的引入增加了模型的复杂度,需要更多的数据和计算资源进行训练。因此,如何设计有效的融合机制来最大化地利用和整合来自不同模态的信息,是模型级融合中的一个关键挑战。

4. 应用示例

接下来,我们通过文本和图像数据分析,提供一个多模态情感分析的示例。新闻史上有一张经典的照片《饥饿的苏丹》,一名饥饿的苏丹女童跪倒在地,秃鹫站立在她后方虎视眈眈,像是在伺机猎食。当时,苏丹战乱频繁,还发生了饥荒。我们对这幅图的情感类型进行分析,参考代码如下。

```
import torch
import clip
from PIL import Image
```

```python
from transformers import pipeline

# 加载 CLIP 模型和处理器
model, preprocess = clip.load("ViT-B/32")

# 加载图像
image_path = 'path_to_your_pic.jpeg'  # 替换实际的图像路径
image = preprocess(Image.open(image_path)).unsqueeze(0)

# 定义描述该图像的文本
text = "A starving child being watched by a vulture."

# 将文本转换为 CLIP 所需的格式
text_tokenized = clip.tokenize([text])

# 将图像和文本输入模型,提取特征
with torch.no_grad():
    image_features = model.encode_image(image)
    text_features = model.encode_text(text_tokenized)

# 计算图像和文本特征的相似性
similarity = torch.cosine_similarity(image_features, text_features).item()

# 加载具体情感类型分析模型
emotion_classifier = pipeline("text-classification", model="j-hartmann/emotion-english-distilroberta-base", top_k=None)

# 分析文本描述的情感
emotion_analysis = emotion_classifier(text)[0]
```

```
# 找出得分最高的情感
dominant_emotion = max(emotion_analysis, key=lambda x: x['score'])
emotion_label = dominant_emotion['label']
emotion_score = dominant_emotion['score']

# 输出结果
print(f"Image-Text Similarity: {similarity}")
print(f"Emotion Analysis: {emotion_analysis}")

# 介绍图像所传达的具体情感
if similarity > 0.5:
    print(f"The image and text are strongly correlated. The image conveys a strong sense of {emotion_label.lower()} with a confidence score of {emotion_score:.2f}.")
else:
    print(f"The image and text are not strongly correlated. The text analysis suggests a sense of {emotion_label.lower()} with a confidence score of {emotion_score:.2f}.")
```

### （四）时间序列情感分析

时间序列情感分析关注分析文本情感随时间变化的趋势，可以帮助了解情感是如何随着时间推移而变化的，以及哪些因素会导致情感变化，对于跟踪公共事件、新闻话题或品牌声誉等具有重要价值。

从方法上来看，除了传统的文本特征外，时间序列情感分析还需考虑引入影响情感表达变化的时间特征，如时间戳、季节性因素等，采用能够处理时间动态性的特殊模型，如时间序列分析模型（ARIMA、季节性分解等）、状态空间模型或专门设计的深度学习模型，而且在模型训练过程中需考虑情感趋势的变化和季节性因素。

接下来，我们提供一个示例，使用深度学习方法捕捉情感类型随时间的变化。假设我们继续分析议题动态演化中所采集的美国政要的推文，先利用深度学习模型判断其情感类别,再依据日期进行时间序列情感分析。

```python
import pandas as pd
from transformers import pipeline

# 读取 tweets.csv 文件
file_path = 'path_to_your_tweets.csv'  # 替换实际的文件路径
tweets_df = pd.read_csv(file_path)

# 加载情感分析模型
emotion_classifier = pipeline("text-classification", model="j-hartmann/emotion-english-distilroberta-base", top_k=None)

# 定义一个函数进行情感分析
def analyze_emotion(text):
    if isinstance(text, str):    # 输入是字符串类型
        emotion_analysis = emotion_classifier(text)[0]
        dominant_emotion = max(emotion_analysis, key=lambda x: x['score'])
        return dominant_emotion['label']
    else:
        return "unknown"   # 对于非字符串输入,返回 unknown

# 对每条推文进行情感分析,并新增一列名为 sentimental_type
tweets_df['sentimental_type'] = tweets_df['tweet'].apply(analyze_emotion)

# 保存结果到新的 csv 文件
output_path = "tweets_with_sentiments.csv"
tweets_df.to_csv(output_path, index=False)

# 根据日期进行时间序列情感分析
```

```python
tweets_df['date'] = pd.to_datetime(tweets_df['date'])
tweets_df.set_index('date', inplace=True)

# 绘制时间序列图
import matplotlib.pyplot as plt

plt.figure(figsize=(10, 5))
for emotion in tweets_df['sentimental_type'].unique():
    emotion_data = tweets_df[tweets_df['sentimental_type'] == emotion].resample('D').size()
    plt.plot(emotion_data.index, emotion_data, label=emotion)

plt.xlabel("Date")
plt.ylabel("Number of Tweets")
plt.title("Emotion Trends in Tweets")
plt.legend()
plt.grid(True)
plt.show()
```

## 四、群体心理分析

群体心理分析(group mentality analysis)是一种研究和理解群体中成员的心理状态、情绪、信念和行为模式的方法。这种分析强调群体环境如何影响个人的思考和行为,以及群体内部如何形成共同的态度和行为准则。

群体心理分析能够提供对群体行为、态度形成和变化机制的深刻理解,在舆论分析中具有重要价值。具体而言,通过群体心理分析,可以深入了解个体如何在群体影响下形成意见、态度与行为,以及这些如何随时间演变成为广泛接受的观点,可以帮助识别哪些因素(如情绪感染、社会认同、信息来源的可信度等)在舆论形成过程中发挥了关键作用。群体心理分析还有助于提高政策和广告的有效性。在制定政策时,了解群体心理有助于预测公众对政策的接受度,从而设计出更具针对性和接受性的政策。在广告和市场营销中,群体心理分析能够帮助营销人员设计出能够触动目标群体情感、符合其价值观的广告策略。在风险状态下,通过分析群体心理,还可以发现并解决社会矛盾,促进不同群体间的理解和对话,增强社会的凝聚力。

**(一) 情绪传染**

情绪传染是指在群体中,情绪态度或行为方式通过观察或直接交流而在个体间传播的现象。这一概念基于认知科学和社会心理学的理论,强调情绪可以像"传染病"一样从一个人传播到另一个人,特别是在紧密联系的群体或社交网络中。情绪传染现象反映了人类作为社会生物的本质,以及我们如何与周围的人建立联系和互动,其原因可以从多个角度进行解释。

从心理学视角来看,人类有天生的模仿他人的表情、姿势和声音等非言语行为的倾向。这种模仿行为使得情绪在个体间传播,因为观察到别人的情绪表达(如微笑或皱眉)会促使观察者产生相似的表情和情绪反应。不仅如此,人还有共情能力,即个体感知和理解他人情绪状态的能力。这种能力促进了情绪的交流和共鸣。当人们通过共情与他人建立情感联系时,会自然而然地"感染"他人的情绪。从社会学视角来看,作为社会性生物,人类渴望与他人建立联系和融入群体。共享相同的情绪状态可以加强群体成员间的凝聚力和归属感,因此情绪传染有助于社会群体的维系。神经科学研究也发现,人脑中的镜像神经元在观察他人行为时会被激活,仿佛是自己在执行那些行为。这种神经机制不仅涉及模仿行为,也与情绪传染有关,因为它帮助大脑解码他人的情绪状态,并在观察者中产生相似的情绪反应。

在舆论的表达与传播中,情绪传染现象广泛存在,并且对社会动态、公共意见以及集体行为有着深远的影响。其中尤其值得关注的是负面情绪放大,即在社交网络平台中,负面信息和情绪(如恐惧、愤怒、悲伤)比正面情绪更易于被传播和放大的现象。具体来说,负面新闻或信息因其紧迫性和刺激性往往更容易吸引人们的注意力,从而在社交媒体上迅速传播。再加上通过点赞、转发、评论等互动,负面情绪可以像病毒一样迅速扩散,覆盖大量用户。另外,社交媒体的个性化推荐算法也倾向于将用户固定在过滤气泡中,使得用户不断接触到相似的负面信息,形成情绪反馈循环,加剧情绪的放大。但负面情绪的放大会抑制理性讨论,影响公共讨论的质量和效率,影响公众对政策和事件的看法,从而对公共决策产生负面影响。

共情反应是情绪传染中的一个核心机制。共情反应的神经科学基础之一是镜像神经元系统。研究发现,当个体观察他人表达情绪时,脑中负责相同情绪体验的区域会被激活,仿佛他们自己也在经历这种情绪。这表明,共情是一种深植于人类大脑的自然机制。大脑的情绪调节区域,如前扣带回、杏仁核等,也在共情过程中发挥作用,它们处理情绪信息并参与情绪体验的产生。共情的第一步是情绪认知,即个体能够识别和理解他人的情绪状态,涉及对他人面部表情、语言、声调、身体语言等非言语线索的观察和解读。在认知他人情绪的基础上,个体在情感层面与之产生共鸣,开始体验到与他人相似的情绪。这种情感共鸣是情绪传染的关键,使得情绪能够在个体之间传播。个体通过言语和非言语方式表达情绪时,为他人提供了共情的机会,成为情绪传染的触发点。需要注意的是,共情不仅是单向过程,还涉及社会互动中的反馈循环。个体对他人情绪的共情反应会影响自己的情绪表达,从而影响他人的共情体验,形成情绪交流和共鸣的循环。

从影响因素来看,与他人的社会关系质量影响共情的深度和效果,亲密关系中的个体更容易通过共情产生情绪共鸣。不同文化背景下,对情绪表达和认知的社会规范不同,会影响共情的过程和情绪传染的效果。另外,人们在共情能力上也存在个体差异,会影响他们理解和体验他人情绪的能力。

在舆论的表达与传播中,特定的话语策略能够有效推动情绪传染。最基本的方式是使用具有强烈情绪色彩的词汇,如"震惊""恐怖""欣喜"等,能直接触发受众的情绪反应。除此之外,还有些更加精巧的方式,需要在舆论分析中关注。例如,通过构建有吸引力的叙事框架,将信息置于战斗、旅程、复兴等叙事中,可以增强信息的情绪影响力和传播力。此外,强调与受众共享的群体认同和社会归属感,通过诉诸共同的价值观、信仰或目标,触发受众对核心价值观和信念的共鸣,如自由、正义、爱国等,也可以促进情绪的共鸣和传播。

在网络上,还有些话语类型有助于推动情绪传染,在舆论分析中需要特别加以重视。例如,表情包作为社交媒体上一种流行的沟通方式,通过结合幽默、讽刺或情感充沛的图片和文字,能够迅速吸引注意力和引发情感共鸣,成为情绪传染的强大工具。表情包中的图片通常包含生动的场景或夸张的表情,配合图片的文本往往简短而精练,通过幽默、双关或直接的情绪表达强化图像的情绪效果,使信息更加易于理解和共鸣。人们在看到表情包时,通过共情或模仿反应,内化并复现这些情绪,从而实现情绪的传播。表情包经常围绕特定的社群文化、亚文化或共同的社会经验制作,使用特定群体能够理解的内部笑话或符号,加强群体成员之间的情感连接和身份认同。因此,在群体成员间共享和使用表情包,不仅增强了情绪的共鸣,也促进了情绪在更广泛社交网络中的扩散。此外,表情包通常简单易制作,易于在社交媒体和即时通讯平台上分享,使得个体可以快速参与到情绪的表达和传播中,而且一些表情包因其视觉元素的普遍性和简单的文本,能够跨越语言和文化障碍,实现更广泛的情绪传播。

### (二)情绪极化

情绪极化是指在特定社会群体或社交网络中,成员之间的情绪反应和态度趋于一致但更加极端化的现象。这种极化通常发生在持续的情绪传播和群体互动中,尤其是在围绕争议性话题的讨论中更为明显。情绪极化的核心在于,原本多样或中立的情绪态度被推向极端,形成强烈的正面或负面倾向,导致群体内部同质化,同时增加与外部的差异性。

情绪极化是一个复杂的社会现象,其成因涉及心理、社会、文化和技术等多个层面。情绪极化往往伴随着强烈的群体认同感,个体由于归属于特定的社会群体或意识形态圈子,其情绪反应会与群体趋同,导致个体情绪反应的极化。社交媒体的算法推荐系统通过促进同质化信息的流通和增强过滤气泡(即回音室效应),使得个体更频繁地接触到与自身立场一致的信息和情绪表达,减少了对立立场的曝光和理解,也会加剧情绪极化现象。另外,情绪在群体中的传播不是线性的,而是具有复杂的互动和反馈机制。情绪的相互传染和增强,尤其是在密集的社交网络中,加速了情绪极化的形成。再加上个体倾向于选择与自己现有观点和情绪态度一致的信息,同时避免或否定与之相悖的信息,这种选择性曝光也进一步加剧了情绪极化。

在舆论表达与传播中,情绪极化的话语表达和行动特征表现多样且明显。从话语表达来看,其主要表现有:第一,使用更加激烈、极端的词汇和表述来表达观点,往往充满情绪色彩,如愤怒、轻蔑;第二,在话语表达中倾向于只强调支持自己观点的信息,忽略或贬低对立观点,出现单方面论述的特征;第三,使用"我们"与"他们"的区分,对不同观点的群体进行归类和标签化,强化对内的同一性和对外的排他性。

从行动特征来看,其主要表现有:第一,极化的个体和群体更倾向于在意见相似的社交圈子内交流,加强了现有观点和情绪的反馈循环,减少了不同观点之间的交流;第二,在社交媒体上选择性地分享和传播与自己情绪态度一致的信息,忽略或反对不一致的观点;第三,极化的情绪可能激发同一观点或情绪态度的个体参与特定的线上线下活动,如抗议、签名活动或社交媒体上的倡议活动;第四,情绪极化有时候也会激发网络暴力、言语攻击或对持不同观点的个体和群体的抵制行为。

在舆论中,某些议题由于其敏感性、复杂性或与个体的身份和价值观紧密相关,更容易出现极化现象。例如,在性别问题方面,性别角色和行为规范深受文化和传统的影响,长期以来形成了固定的性别刻板印象,对这些规范的挑战或支持往往引发强烈的情绪反应和极化立场。不仅如此,性别平等与经济、政治利益密切相关,因此在推动性别平等的过程中,可能会触动某些团体或个体的利益,也会导致对立和极化。在性别平等方面的立法和政策制定过程中,不同立场和利益团体之间的冲突明显,会导致社会分歧加深。由于社会观点的极化,一些旨在促进性别平等的政策面临实施障碍。

容易出现极化的议题往往触及人们的现实利益或深层情感和信念。例如,在动物保护问题上也容易出现极化现象,主要是因为这一议题触及多元复杂的价值观、经济利益、文化传统和伦理道德等方面,不同的观点和立场反映了人们对于动物权利、人类活动影响以及自然环境保护等核心问题的深刻分歧。从价值观来看,人类中心主义的观点倾向于强调人类的利益和需求优先,而生态中心主义则强调人与自然和谐共存,尊重动物的权利。这两种截然不同的价值观在动物保护议题上容易形成对立。从伦理观来看,支持动物权利的观点认为动物应享有生存的基本权利,反对任何形式的虐待和剥削。相反,一些文化和传统认为利用动物(如食用、实验、娱乐)是可接受的,这种差异也会导致观点极化。此外,从现实利益来看,动物保护措施可能与农业、渔业、制药、娱乐业等行业的经济利益发生冲突,行业代表和动物保护主义者之间的利益冲突也容易导致极化。

### (三)群体洞察

群体洞察指的是对特定群体或社会集体在特定情境下的心理状态、行为模式、情绪反应、信念系统以及决策过程的深入理解和分析。这种洞察旨在揭示驱动群体行为的内在动机,以及群体成员之间如何相互影响,共同形成特定的心理态度和行为倾向。

群体洞察的核心任务包括:第一,分析群体成员的情绪倾向和对特定事件、议题或对象的态度,理解这些情绪和态度如何在群体中形成和传播;第二,探究群体所共享的信念体系,以及这些信念如何塑造群体的认同感和行为准则;第三,分析群体内部以及群体与外部世界之间的互动模式,包括社会影响力、沟通渠道和信息传播路径;第四,观察和分析群体在特定情境下的行为反应,包括集体行动、决策过程和行为变化趋势;第五,揭示驱动群体行为的心理动机,如寻求安全、归属感、自我实现等基本需求。

在具体实践中,群体洞察的具体工作一般包括八个步骤:第一,利用数据分析工具追踪目标群体的在线行为,包括点击率、浏览路径等,以洞察目标群体对不同内容的兴趣和偏好;第二,分析社交媒体活动,通过评论、点赞、分享等互动行为,了解目标群体对某些话题或信息的情感反应和态度倾向;第三,应用自然语言处理进行主题分析,识别目标群体讨论的核心话题和关键词,揭示其关注的焦点和兴趣点;第四,结合心理学和社会学理论,研究目标群体的认知偏差、群体影响、文化背景等因素如何影响信息的处理和解释;第五,进行问卷调查、深度访谈或焦点小组讨论,收集目标群体的直接反馈,以深入了解他们的认知过程和信息需求;第六,分析目标群体在社交网络中的互动模式和影响力结构,识别关键意见领袖,了解他们如何影响其他受众成员;第七,运用 A/B 测试等实验方法,对比不同信息呈现方式(如不同的消息框架、视觉设计、叙事手法)对目标群体认知和行为反应的影响,找出最有效的传播策略;第八,利用机器学习技术对目标群体数据进行分析,建立预测模型,预测其对特定信息的反应,以及可能的行为变化,识别目标群体的行为和认知模式规律及趋势。

需要注意的是,在进行群体洞察的过程中,需要通过结合定量和定性方法以及不同类型的数据源,来增强研究的全面性和可靠性。在可能的情况下,使用不同的数据集或方法对研究结果进行交叉验证,以提高研究的信度。在分析不同文化或社会群体的数据时,要充分理解文化背景和社会语境,避免文化偏见或误解。特别是在进行定性分析时,正确理解语境对于揭示深层含义极其重要。另外,还要考虑研究结果可能对参与者或研究对象产生的影响,避免造成负面问题或加剧社会分裂。

# 第十章

# 话语框架与价值立场分析

话语框架和价值立场是影响舆论表达的深层次因素。通过分析话语框架和价值立场,不仅可以了解舆论背后的思想和利益冲突,更好地理解舆论的真实意图和广泛影响,而且还可以帮助分析者了解社会思潮和民众心态,从而进行更深入的社会研究。本章在介绍框架理论的基础上,重点结合话语分析方法探讨了如何通过总结核心话语与话语框架,映射背后的价值立场。此外,也介绍了当前政治、经济、文化领域对形塑框架具有重要影响的社会思潮。

## 一、框架理论

### (一)认识框架

框架(frame)的概念源自贝特森(Bateson),由戈夫曼(Goffman)将这个概念引入文化社会学,后来又被引入到大众传播研究中。戈夫曼认为,对个体来说,真实的东西就是其对情景的定义。这种定义可分为条和框架。条是指活动的顺序,框架是指用来界定条的组织类型。他认为,框架是人们将社会真实转换为主观思想的重要凭据,也就是人们或组织对事件的主观解释与思考结构。框架理论有坚实的心理学基础。心理学方面的研究主要是从"认知心理"的角度来研究框架,认为框架是一种认知结构(或称基模,schema)。[1]

---

[1] Axelrod, R. (1973), "Schema Theory: An Information Processing Model of Perception and Cognition", *American Political Science Review*, 67(4), pp. 1248-1266.

框架理论的研究对象包括媒体报道、政治宣传、社会运动等社会信息传播活动。研究者通过分析这些信息传播活动中的框架选择,来研究框架对公众认知和态度的影响。相关研究成果表明,框架对公众认知和态度的影响是普遍存在的,不同的框架可以导致公众对同一事件或问题产生不同的看法和态度。

(1)定义问题。框架首先定义了一个问题是什么,以及为什么它是一个问题。通过强调某些事实、数据或观点,框架有助于塑造公众对某一事件或议题的初步认识。这种定义影响着人们如何理解问题的本质,以及哪些方面应当被关注,哪些可以忽略。

(2)解释原因。框架提供了对原因的解释,这种解释通常基于特定的价值观和假设。通过为问题指定原因,框架帮助公众理解问题出现的背景和根源,引导他们形成特定的态度和意见。

(3)框限认知。框架通过突出特定的信息和观点,影响人们对事件或议题的感觉和认知。这种影响可能会加强或改变人们对某些事实的重视程度,从而在心理层面上塑造他们对事件的理解和评价。

(4)提供方案。框架不仅定义问题和解释原因,还提供或暗示解决问题的方法和策略。这些解决方案反映了框架背后的价值观和利益关系,它们指导公众思考如何应对问题,哪些行动是可取的,哪些是不可行或不可接受的。

(5)形塑议程。通过对特定议题的持续关注和强调,框架有助于形塑公共议程,决定哪些问题应当被公众和决策者优先考虑。这种议程设置功能使得一些问题成为焦点,而其他问题则被边缘化或忽视。

框架通过影响公众的认知和态度,进而塑造公众讨论的方式和内容。舆论往往围绕着特定的框架进行,这些讨论反过来又会加强或挑战原有的框架。媒体和各类利益集团等都可能使用框架来影响公众意见,推动特定议程。

### (二)框架传递

框架传递(frame transfer)是指在社会信息传播过程中,某个框架从一个社会群体传递到另一个社会群体的过程。框架传递可以分为两个阶段:第一阶段是框架的产生和选择,即某个社会群体在面对某个事件或问题时,

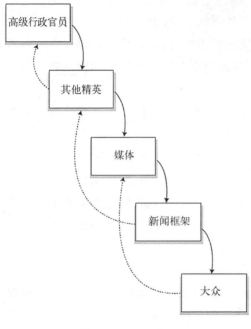

图 10-1　级联模型

选择了某个框架来解释和评价这个事件或问题;第二阶段是框架的传递和影响,即这个框架从一个社会群体传递到另一个社会群体,并影响了另一个社会群体对这个事件或问题的看法和态度。公共政策制定者常常会利用框架来形成政治话语、解释政策和引导公众的想法。如恩特曼(2003)提出的级联活化模型①(cascading activation)指出(图10-1),信息框架从高层的权威机构(如白宫)开始,逐级传递到中层的政府机构、媒体机构、专家和智库,最后到达公众和普通媒体受众。

在舆论的表达与传播中,框架传递的模式可以根据信息流动的方向、传递过程中参与者的角色以及框架传递的效果等,划分为多种模式。这些模式并不是彼此独立的,而是相互交织的。

(1)自上而下的传递(top-down transfer)。在这种模式中,框架通常由社会的权力中心(如政府机构、大型媒体组织、大公司等)制定,并向下传递给普通公众。这种传递往往通过官方公告、新闻发布会、媒体报道等形式进行,旨在塑造或引导公众对特定事件或议题的理解和看法。

(2)自下而上的传递(bottom-up transfer)。自下而上的模式强调的是草根水平上的框架通过社会运动、社交媒体、公民记者等途径上升至主流舆论和决策层面。这种模式凸显了民众、社会运动和小型组织在塑造舆论中的作用,以及他们对抗主流叙事和促进社会变革的能力。

---

① Entman, R. M. (2003), "Cascading Activation: Contesting the White House's Frame after 9/11", *Political Communication*, 20(4), pp. 415-432.

（3）水平传递（horizontal transfer）。水平传递指的是框架在相同层级的个体或群体之间的传播，如社交媒体平台上的用户、同一社区的居民或同行业的企业之间。这种模式依赖于个人网络、社群媒体和口碑传播，强调了同伴间交流对于观点和态度形成的影响。

（4）网络式传递（networked transfer）。在网络式传递中，框架通过复杂的信息网络进行传播，包括多个层级和多个方向的流动。这种模式体现了当代社会信息传播的特点，即通过互联网和社交媒体的连接，不同背景和立场的人群可以相互影响，框架在这个过程中会被重新解释或改变。

（5）交叉传递（cross-level transfer）。交叉传递模式涉及框架在不同层级之间的传播，例如一个由民众倡导的框架被媒体采纳并报道，随后影响政策制定者的决策，或者政府的官方框架通过社交媒体被普通公众重新解读和讨论。这种模式显示了信息流动的多维性，以及不同社会层级之间的相互作用。

（6）反馈循环传递（feedback loop transfer）。在反馈循环传递模式中，框架的传播不是单向的，而是包含了从接收者到发送者的反馈过程。例如，政府可能发布一个政策框架，公众通过社交媒体或其他渠道对该框架进行讨论和反馈，政府根据公众的反应调整其框架，这种模式突出了舆论形成和传播的动态互动过程。

### （三）框架竞争

框架竞争（frame contestation）是指在公共讨论、媒体报道、政治辩论等领域中，不同的个体、群体或组织之间围绕特定事件、议题或政策采取的不同解释框架之间的竞争和冲突。框架竞争通常发生在社会的意义构建过程中，当不同的社会参与者试图为相同的现实或事件提供不同的解释时。这种竞争的动机往往源于参与者在利益、价值观、政治目标和社会身份上的差异，以及不同社会力量试图通过塑造公众理解和认知来推进自己的议程、价值观和利益。框架竞争的实例遍布各个领域，包括但不限于环境议题（如全球变暖）、社会政策（如医疗改革）、性别议题（如女性权益保护）等。在这些领域中，不同的群体围绕如何进行问题定义、归因、解决方案和影响评估等方面展开激烈的框架竞争，反映了社会沟通和意义建构的复杂性。

框架竞争本质上是对事件或议题的意义争夺。在框架竞争中，不同的参与者试图以自己的框架为主导，来理解事件的"真相"及其原因、影响及应对措施。成功的框架不仅定义了某一议题的理解方式，还能够提升该议题在公共议程中的地位，从而吸引更多的关注和资源。

参与者在框架竞争中会采取各种策略，推进自己的框架，争取更广泛的公众支持、政策变化或社会认知的转变。第一，参与者会精心选择和强调支持其框架的信息和证据，同时忽略或淡化不利于自己框架的信息。通过这种选择性呈现，他们试图塑造议题的特定理解方式，引导公众关注某些细节而非其他。第二，使用吸引人的故事讲述和隐喻来构建情感连接和认同感，使得复杂议题更容易被公众理解和接受，也是常用的策略。因为故事和隐喻能够简化复杂议题，使之个人化、情感化，进而更有效地传达特定框架。第三，通过重复使用特定的短语、标语或话语来强化框架。特别是建立特定的词汇和术语，有助于讨论在特定的话语体系内进行。第四，有效利用媒体资源来传播和加强自身的框架，包括通过新闻报道、专栏文章、社交媒体等渠道传播信息，以及通过公关活动和事件吸引媒体关注。在某些情况下，也会通过建立或支持特定的媒体平台来直接传达自己的框架。第五，与持有相似框架的组织或个体建立联盟，共同推进特定框架。通过建立广泛的支持网络，参与者可以集合资源、分享信息和协调行动，从而增强框架的社会影响力。第六，极端情况下，也会直接挑战对手的框架。这种策略包括揭露其背后的假设、动机和潜在弱点，揭示对方框架的利益冲突，或提供替代性的解释和视角。第七，通过政策倡导和法律行动，将框架转化为具体的政策或法律变化，包括与决策者沟通、参与公共政策的讨论和制定过程，以及通过法律诉讼来推进或保护特定的框架。

随着社会环境的变化、新信息的出现和公众情绪的变化，框架的影响力也会发生变化。这种动态性意味着事件或议题的意义不是固定的，而是在不断的社会互动中被塑造和重塑的。

## 二、话语框架

话语是构成和传达框架的基本工具。话语包括语言、符号、文本、图像等一系列交流方式，是人们用来表达思想、情感、观点和价值观的媒介。框架围绕特定的价值观、信念和假设构建,这些价值观和信念通过话语来传达。具体来说,一旦框架建立,它就像一个过滤器,指导如何选择和组织话语,以便在传播中有效地传达框架内的观点和意义。这意味着框架可以影响话语的形式和内容,包括话语的风格、使用的概念以及信息的呈现方式等。

### (一) 话语分析法

话语分析是一种跨学科的研究方法,用于研究语言的实际使用方式及其在社会文化背景中的作用和意义。话语分析基于的理论假设是,话语不仅反映现实,而且建构和塑造现实。通过话语,个体和群体构建知识、身份、社会关系和权力结构。因此,话语分析不仅关注文字和口头语言本身,还关注包括非语言符号、图像等各种沟通形式,其目的是揭示话语如何构建现实、身份、社会关系和权力结构,以及它们是如何在特定的社会、政治和历史背景中产生意义的。此外,通过观察话语随时间的变化,还可以追踪框架的演变和转变,理解社会观点和议题如何随时间发展。

话语分析的方法比较多样,包括文本分析、语篇分析和多模态分析等。文本分析关注的是书面或口头文本,包括词汇选择、句法结构、叙述方式等。语篇分析关注更广泛的语篇实践,如文本如何相互关联,构成更大的意义体系。多模态分析则重点研究包括文字、图像、声音和其他符号系统在内的多种沟通方式如何共同建构意义。从已有研究来看,分析媒体报道、广告、电影等文化产品中的话语,可以理解它们如何构建社会身份和关系。研究政治演讲、新闻报道和公共政策文档中的话语,可以揭示政治意识形态和权力结构。探讨工作环境中的沟通实践,可以分析组织文化、身份建构和权力动态。研究医疗健康领域的话语,包括医患沟通、公共健康信息的传播等,可以了解话语如何影响健康观念和行为。

话语是关于社会观念再生产、传播的实践,探寻话语框架建构的过程,需要由表及里对其进行解析。在舆论分析中,通过话语分析来考察话语框架,重点有四个环节。首先是核心话语分析。核心话语是话语的中心思想和主题凝练,并且具备符号化的特征,它通过话语实践产生,服务于某一话语实践目的,可以通过对框架性词汇的识别与分析来总结。其次是话语策略分析,即考察舆论文本中使用的话语策略,如修辞手法(比喻、比拟、重复等)、论证模式等。这些话语策略反映了表达者试图构建的框架及其影响受众的方式。再次是识别并分析框架的四个基本构成要素。一是问题定义,如:议题是如何被定义的?哪些方面被强调,哪些被忽略或淡化?二是因果解释,如:事件或情况的原因是如何被解释的?有哪些因素被归咎?三是价值评价,如:涉及的行为、决策或政策被如何评价?使用了哪些价值观或道德标准?四是解决方案,如:提出了哪些应对措施或解决方案?这些建议反映了什么样的价值观和优先顺序?最后是考察框架在特定的社会、文化和政治背景下是如何产生和发挥作用的,这涉及分析框架如何反映或应对社会结构、权力关系和历史背景等。

### (二) 核心话语分析

核心话语(core discourse)是指在特定文化、社会或组织中被广泛接受和认同的一组话语或叙述,构成了该文化或社会共识的基础。这些话语反映了集体的价值观、信仰和认知框架,对成员的思维方式、行为习惯和决策过程有着深远的影响。

从特征来看,核心话语具有普遍性和共识性,得到社会大多数成员的认同,成为社会共识的一部分。核心话语还具有隐含性和内化特征,往往是隐含的、不言自明的,被社会成员内化为自然而然的思维和行为模式。例如,民族主义话语强调国家、民族的共同身份和价值,对外维护国家利益和尊严,对内增强国民的团结和自豪感。发展主义话语强调经济增长和科技进步作为国家和社会发展的核心驱动力。性别平等话语主张男性和女性应享有平等的权利、机会和待遇,反对性别歧视和不平等。

总结核心话语的关键是识别框架性词汇。框架性词汇是指那些用来框定议题、建立因果关系或表明评价的词汇,会直接影响读者对议题的理解和感知。一般来说,在舆论分析中,要重点关注下列词汇类型。

(1) 频繁出现的词汇。关注在文本中频繁出现,尤其是在关键段落或论点中出现的词汇。

(2) 特定术语和专业词汇。识别那些用于描述特定领域概念或事件的术语和专业词汇,这些词汇往往暗示了特定的理解框架。

(3) 情感和价值词汇。注意那些带有强烈情感色彩或价值判断的词汇,如"灾难""胜利""不公正"等,这些词汇反映了作者对事件的评价和态度。

（4）对比和二元对立词汇。这类词汇通过建立对比或强调二元对立（如"我们 vs. 他们""进步 vs. 保守"）来塑造议题的框架，有助于明确界定群体身份，强化群体内的凝聚力，同时突出与群体外的差异。

（5）命令和行动呼吁词汇。这些词汇用于鼓励或要求采取特定行动，如"行动起来""反对""支持"。它们不仅定义了问题，还提出了对应的行动框架，鼓励受众参与到某种形式的社会或政治行动中。

（6）权威和引证词汇。包括引用专家意见、研究结果或权威机构的词汇。这些词汇借助外部权威的声望来增强论点的可信度和说服力，同时也反映了作者试图构建的知识框架和权威框架。

（7）时间和空间指示词汇。涉及时间（如"紧急""持久""即刻"）和空间（如"全球""地方""国内外"）的词汇，可以用来强调议题的紧迫性、持续性或影响范围，影响受众对问题重要性的感知。

（8）法律和道德词汇。这类词汇涉及法律语言或道德评价（如"合法""不道德""正义"），用于在法律或道德框架内构建议题，强化特定立场的合法性或正当性。

（9）具象和抽象词汇。具象词汇通过描述具体的人、地点、事件来建立直观的理解框架；而抽象词汇则侧重于概念、原则或价值，用于构建更为广泛和理论化的议题框架。

### （三）话语策略分析

在舆论分析中，通过话语策略分析，可以揭示舆论文本如何通过特定的修辞和论证模式来塑造公众对议题的理解和感知。

#### 1. 修辞策略分析

在舆论分析中，进行修辞策略分析的目的是揭示如何通过特定的言语手段影响读者的理解和感受。修辞策略分析是一个深入的过程，要求分析者不仅关注文本表面的语言使用，还要深入挖掘语言背后的意图、影响和文化含义。一般来说，进行修辞策略分析的关键步骤如下。

（1）确定分析目标。明确分析目标，可以帮助在舆论分析过程中保持焦点。在舆论分析中，分析目标主要包括：如何构建论证？如何激发受众情感？如何通过修辞策略使用反映特定的社会、政治立场？

（2）识别修辞手段。修辞学提供了一系列用于分析语言表达方式的工具，包括但不限于：隐喻，通过将一件事比作另一件事来揭示其相似性，构建理解或情感联结；比喻，使用"像"或"如同"来直接比较两件事物，强调它们之间的相似性；排比，在句子结构、短语或节奏上的重复，用来增强语言的节奏感和说服力。

（3）考察修辞手段与文本目的的关系。先标记出文本中使用修辞手段的具体位置，注意修辞手段在文本中的分布和频率，并探讨每种修辞手段的功能和目的。例如，隐喻可能用于构建新的理解框架，情感呼吁可能用来增强说服力。在此基础上，就可以重点分析修辞手段如何服务于文本的整体目的。例如，一个旨在动员行动的文本可能大量使用情感呼吁和命令语气，而旨在分析问题的文本可能更侧重于逻辑论证和事实支持。

（4）分析修辞策略的效果。考虑舆论文本中应用的修辞策略对目标受众的潜在影响，包括可能的情感反应、认知变化或行动动机。

（5）综合解释。修辞策略分析不仅关注舆论文本的内容，还关注内容的呈现方式，特别是如何使用修辞策略来构建论证、激发情感、塑造观点等。因此，还要将修辞策略分析的发现综合起来，构建对文本如何通过特定的语言使用实现其修辞目的的全面理解。

2. 论证模式分析

对论证模式的分析是理解文本、讲话或任何形式的传播如何说服或影响受众的重要一环，也是舆论分析中的关键步骤，其主要内容包括识别和评估传播者使用的逻辑结构、证据类型、推理方式和说服策略等。进行论证模式分析，需要批判性思维和对逻辑推理的深入理解，以深化对文本说服力背后机制的认识。

（1）确定主要论点。首先要识别文本或讲话中的中心论点，即传播者试图传达的主要信息或立场，并提取支持论点，记录所有支持主要论点的次级论点或论据，这些支持论点构成了主论点的基础。

（2）分析逻辑结构。分析论证是如何组织的，如演绎推理（从一般到特殊）、归纳推理（从特殊到一般）或类比推理（基于相似性比较）。在此基础上识别逻辑连接，要注意文本中使用的逻辑连接词，如"因此""然而""尽管如此"，这些词汇有助于揭示论证的逻辑流程。

（3）评估证据类型。列出传播者提供的所有证据，包括数据、事实、专家意见、统计信息、个人经历、案例研究等,评估这些证据的可靠性、相关性和足够性,即证据是否真实可信、与论点的相关性以及是否充分支持论点。

(4) 探索推理和假设。分析传播者如何从已有的证据或前提推导出结论,是否存在逻辑谬误或推理跳跃,并识别论证中可能的隐含假设,即那些未明说但对理解论证至关重要的前提或信念。

(5) 评估说服策略。说服策略主要包括三种类型:情感呼吁(pathos)、理性呼吁(logos)以及道德呼吁(ethos)。基于这三种策略展开评估,需要重点分析文本如何利用情感上的呼吁来增强说服力,如通过激发同情、愤怒或恐惧;需要考察论证中的逻辑和证据是如何构建说服力的,评估论证的逻辑严密性和证据的充分性;评估传播者是如何建立自己的可信度或权威性的,如展示知识专长、公正性或道德诚信。

(6) 反思和批判。分析文本是否考虑并反驳了可能的反对意见或替代观点,这是评估论证公正性和全面性的重要方面。特别是要从批判性的角度评估论证的整体效力,包括论证的强度、可能的弱点以及论证可能对特定受众的影响。

### (四) 框架要素分析

深入分析框架的四个基本构成要素,是理解框架如何塑造议题理解和公众反应的关键,有助于揭示话语背后的结构,即如何通过语言选择和表达方式来界定议题、责任归因、价值评价以及提出应对措施。

(1) 问题定义分析。问题定义是框架的核心,决定了讨论的焦点和边界。在前述话语分析的基础上,分析舆论文本中的问题定义,要特别注意文本中如何描述议题,因为使用的词汇和短语通常指向了议题被定义的方式;要考察文本如何界定问题的范围和性质,包括议题的重要性、紧急性和相关性。另外,还要观察文本中省略和强调的部分,注意文本在定义问题时选择强调哪些方面,以及是否有意省略或淡化某些信息。

(2) 因果解释分析。因果解释是指对事件发生原因和后果的解释,具体分析工作包括:第一,识别因果链,分析文本中如何建立因果关系,包括使用的逻辑连接词(如"因为""所以")和因果解释的结构;第二,评估责任归属,注意文本如何归因责任,包括责任是归于个人、组织还是更广泛的社会结构;第三,探索背后的假设,理解因果解释中隐含的假设,包括对社会运作、人类行为和自然法则的基本假设。

（3）价值评价分析。评价涉及对行为、决策或情况的评价，通常蕴含价值判断，其分析工作主要包括：第一，识别评价性语言，如赞扬、谴责、标签化或道德判断；第二，考察文本所依据的标准和价值观，包括如何区分正义与不正义、善与恶；第三，评估影响，思考这种评价如何影响受众对议题的情感反应和态度形成。

（4）建议策略分析。建议策略提供对问题的应对措施和解决方案，其分析工作包括：第一，注意文本提出的具体行动建议、政策变化或行为改变；第二，分析这些解决策略的可行性、潜在影响和预期结果；第三，探索未提及的替代方案，分析省略这些方案的可能原因和影响。

在话语策略分析的基础上进行框架要素分析，需要为识别出的框架性词汇建立编码系统，根据它们在构建框架中的作用进行分类。例如，可以为表示问题定义的词汇、揭示因果关系的词汇、表达价值评价的词汇等分别设置不同的标记，然后利用文本分析软件或标注工具，如 NVivo、Atlas.ti 或简单的颜色编码，在文本中对这些词汇进行可视化标记。通过这种分析，分析者可以深入理解框架如何在不同层面上构建议题的理解和反应，揭示话语如何被用来塑造公众的认知和情绪，进而影响社会的认知框架和行动路径。

### （五）社会场域分析

框架深深植根于特定的社会、文化和政治环境中，反映了这些环境的价值观、信仰、历史和动态。在舆论分析中，考察框架的社会场域也是理解框架产生、发展和影响的重要环节。

（1）理解社会文化背景。可以分析框架所处的历史时期和背景，理解这一时期的主要社会、政治事件以及它们对公众意识和话语的影响。可以探讨框架中反映的核心价值观、信仰和假设，以及它们如何与广泛的文化传统和信仰体系相联系。还可以考察框架如何映射或挑战当前的社会结构和权力关系，包括阶级、种族、性别和其他社会分化的维度。

（2）分析框架的社会功能。可以分析框架如何在社会中构建或反映共识，特别是对问题的普遍认识和接受的解决方案。可以探讨框架如何围绕特定身份或群体构建，促进群体凝聚或区分。还可以考察框架如何用于动员社会行动，包括社会运动、公共政策倡导活动。

(3）考察框架与社会变迁的关系。可以分析框架如何响应社会变迁和新兴议题,包括技术进步、社会运动和全球化等。可以探讨框架如何促进或阻碍社会变革,包括改变公众意见、影响政策制定或重塑社会价值观。

(4）比较跨文化框架。通过比较不同文化、国家或社会中相似议题的框架,理解框架如何受到特定社会文化背景的影响,分析全球化背景下框架的传递和适应,包括全球框架对地方议题的影响和地方框架的全球传播。

(5）结合理论框架。在社会文化背景分析中,可以结合社会学、人类学、传播学等领域的理论框架,融合跨学科视角和方法,提供更为全面和深入的分析,深化对框架的社会文化背景的理解。

## 三、社会思潮

基于社会思潮来解析话语框架,是一种深具洞察力的分析方法。作为反映特定历史时期内广泛流行的思想、观念和价值观的集合,社会思潮为理解和解析话语框架提供了重要的社会文化背景和语境,可以揭示话语框架如何与更广泛的社会变迁、文化趋势和集体心理相互作用和影响,进而提供对话语框架深层次的社会文化含义和动力机制的见解。具体来说,有以下五个方面。

第一,从社会思潮入手,可以帮助分析者理解特定话语框架形成和流行的背景条件,包括社会经济状况、政治氛围、科技进展和文化趋势等,这些背景因素对于深入理解话语框架的产生、流行和接受度具有重要价值。

第二,话语框架通常围绕特定的价值观和信念构建,这些价值观和信念往往与当时的主流或边缘社会思潮紧密相关。通过分析社会思潮,可以揭示话语框架中的核心价值观和信念系统,理解其对公众意见和行为的影响。基于社会思潮的分析还可以帮助理解话语框架的说服力来源,因为社会思潮中普遍接受的观念、普遍情绪和期望可以加强或削弱特定话语框架的说服力,影响其在社会中的传播和接受。

第三,分析社会思潮可以揭示话语框架随时间变化的趋势,特别是新兴话语框架的出现和旧有框架的衰退,进而有助于理解社会变迁对公众讨论和意见形成的影响。

第四,了解当前和过去的社会思潮对话语框架的影响,可以为预测未来的社会讨论趋势和公众意见变化提供依据。这种分析对于政策制定者、社会活动家和文化研究者等都具有重要意义。

作为反映特定时期社会意识和文化趋势的思想流,社会思潮可以根据其性质、目的和影响范围被分为多种类型。这些类型并不是互相独立的,它们之间存在交叉和互动。

**(一)政治思潮**

政治思潮涉及与政治体制、政治权力、治理模式及政策制定相关的思想和观念。这些思潮可以推动政治改革,促进民主化进程,或者支持某种政治意识形态,如自由主义、民族主义或民粹主义等。

1. 自由主义

自由主义是一种深刻影响现代政治、经济和社会的重要思想流派,其根源可追溯至启蒙时代。自由主义将个人自由视为最高价值,认为每个人都应拥有追求幸福、表达思想、宗教信仰和经济活动的自由。不过,这种自由是有限制的,即一个人的自由不应侵犯到他人的自由。自由主义主张政治民主制度,支持通过选举制度和多党竞争来保证政治权力的分散和平衡,强调法治、透明度和公民参与政治过程的重要性,以保障个体自由和防止权力滥用。在经济领域,自由主义支持市场经济和私有财产制度。它认为经济活动应由市场机制而非政府干预来调节,以促进效率和创新。同时,自由主义也认识到市场失灵的可能性,接受有限度的政府干预,以纠正市场失灵、保护消费者权益和提供公共物品。自由主义强调个体权利的保护,包括言论自由、集会自由、宗教自由等基本人权,主张所有人在法律面前的平等,反对基于出身、种族、性别或宗教的歧视。

自由主义理论认为,社会和政府的基础是一种社会契约,即个体之间基于共同利益自愿形成的协议,政府的合法性来源于它对保护个体自由和权利的承诺。自由主义倡导理性思考和科学方法,相信通过教育和知识的传播,社会能够不断进步和完善,强调开放的讨论和批评对于发现真理和促进社会发展的重要性。虽然自由主义在不同国家和时期有不同的表现形式,但这些基本原则贯穿其整个思想体系。值得注意的是,自由主义内部存在多种流派和观点,如古典自由主义、社会自由主义等,它们在对自由主义原则的解释和应用上有所差异。

## 2. 民族主义

民族主义是一种强调民族或民族国家的独特性、优先权和利益的政治思潮,在历史上和当代世界中都扮演着复杂多变的角色。根据不同的社会、文化和政治背景,民族主义可以采取多种不同的形式。

民族主义强调一个民族作为基本的社会政治单位,其中民族可以基于共同的语言、文化、历史经历、宗教或地缘关系而形成。民族主义主张建立和维护这种共同认同,促进民族内部的团结和凝聚力。民族主义强调每个民族有权建立自己的国家并自主决定其政治命运,这包括对外部干涉的抵抗以及争取国家主权和领土完整。因此,民族自决权是民族主义的核心原则之一。民族主义倡导在政治、经济和文化政策中优先考虑民族利益,表现为保护国内产业、限制外国文化影响或推动民族语言和文化的复兴。民族主义可以促进国家统一、独立和文化自豪感,特别是在抵抗外部压迫和殖民统治的背景下。然而,极端民族主义也会导致排外、民族冲突、对少数民族的歧视甚至种族清洗等严重问题。

虽然民族主义与爱国主义密切相关,但民族主义更强调民族认同和民族利益,而爱国主义更侧重于对国家的忠诚和热爱。民族主义有时候会采取更为积极的态度,要求为民族利益而进行政治或领土上的改变。总体来看,民族主义的特点在于其对民族认同的强调、对民族自决权的倡导以及对民族利益的保护。它是一种多面的思潮,可以在不同的历史时期和地区表现出不同的面貌。理解民族主义的多样性和复杂性,对于分析国家内外政策、国际关系和社会动态具有重要价值。

## 3. 民粹主义

从政治思潮的角度看,民粹主义强调底层民众的利益和意愿,来对抗精英或建制的统治,在不同国家和文化中有着不同的表现形式,既可以出现在政治左翼,也可以出现在政治右翼,其核心在于反对所谓的精英阶层,并主张底层群众的主权和利益。

民粹主义最核心的特征之一是构建"底层"与"精英"之间的对立。在民粹主义的叙述中,"底层"通常被描绘为一个纯洁、有共同利益和价值观的群体,而"精英"则被视为腐败、自私并与"底层"的利益背道而驰的存在。这里的"精英"既可以是政治精英,也可以是经济、文化或学术界的精英。民粹主义者对现有政治、经济和社会秩序存在不满,特别是对现行政治体制和权力结构持批评态度,主张进行根本性改革,以更直接地反映"底层"的意志。民粹主义往往通过简化的政治诉求来吸引支持者,提出直截了当的解决方案来应对复杂的社会问题。这种简化有时候会忽视问题的复杂性,甚至提出不切实际的政策。虽然民粹主义声称要代表"底层"的意志,但其对现有民主制度的态度复杂多变。一方面,民粹主义者利用民主机制来获得政治权力;另一方面,他们可能会挑战民主制度的某些方面,特别是当这些制度限制了"底层意志"的直接体现时。

总体而言,民粹主义的特点在于其通过构建"底层"与"精英"之间的对立,反映了广泛的民众不满和对现状的批判。它既是对民主制度中存在的问题的反映,也会对民主原则和制度构成挑战。民粹主义的兴起往往与经济不平等、社会变迁和政治不信任感加剧有关。理解民粹主义的复杂性,对于分析当前的政治生态和未来的政治发展趋势具有重要价值。

### (二)经济思潮

经济领域中的主要思潮体现了不同的经济理论、政策主张和实践方法。这些思潮不仅影响了经济学的学术研究,也对全球经济领域中的舆论产生了深远影响。

#### 1. 新古典自由主义

新古典自由主义也被称为新自由主义,是20世纪中叶以来影响深远的经济思潮,主张市场自由、最小化政府干预经济活动,以及强调个人自由和企业家精神。这一思潮在20世纪70年代末和80年代初崛起,特别是在玛格丽特·撒切尔(英国)和罗纳德·里根(美国)领导下的政策中得到了鲜明的体现。

新古典自由主义认为,市场是资源分配最有效的机制。在市场机制下,价格由供求关系决定,能够自动调节生产和消费,从而达到资源的最优配置。因此,其核心主张是政府在经济中的角色应该限制在最小范围内,仅限于提供公共物品和服务(如国防、法律秩序等),保护产权和执行合同。政府过度干预会导致资源错配、降低效率和抑制个人自由。新古典自由主义强调竞争的积极作用和企业家精神的重要性,认为竞争促进创新和效率,而企业家作为经济发展的驱动力,其创新和风险承担为经济增长提供动力。此外,新古典自由主义主张减少或消除贸易壁垒,支持自由贸易,认为自由贸易能够促进国际经济的增长和资源的全球最优配置。

弗里德里希·哈耶克(Friedrich Hayek)是新古典自由主义的重要思想家之一,他的作品《通往奴役之路》强烈批评政府干预。哈耶克强调知识在社会中是分散的,市场比政府更能有效地利用这些分散的知识。米尔顿·弗里德曼(Milton Friedman)是美国经济学家,在《资本主义与自由》一书中提出了对最小国家的支持,认为政府的作用应该限制在保护自由竞争市场的框架内。他还是货币主义的代表人物,强调货币政策在经济稳定中的重要性。罗伯特·诺齐克(Robert Nozick)是一位政治哲学家,虽然他的工作更侧重于政治哲学而非经济学,但他在《无政府、国家与乌托邦》中关于最小国家的辩护,对新古典自由主义思潮产生了重要影响,特别是他对个人权利的强调和对国家干预的限制主张。

新古典自由主义反映了对自由市场、个人自由和有限政府的信仰。虽然这一思潮在全球范围内广受推崇,但也面临着诸如使不平等加剧、社会保障减弱等批评。

2. 凯恩斯主义

凯恩斯主义是基于英国经济学家约翰·梅纳德·凯恩斯(John Maynard Keynes)的理论而发展起来的经济思潮,对20世纪中叶的经济政策产生了深远影响,尤其是在应对经济衰退和大萧条的时期。

凯恩斯主义重视总需求管理,认为经济周期和失业主要是由总需求不足引起的。政府应通过财政政策(如增加公共开支)和货币政策(如降低利率)来调节总需求,以达到充分就业和经济稳定。凯恩斯主义强调,政府应在经济中扮演积极角色,特别是在经济衰退时期,要通过增加支出和减税来刺激经济增长。凯恩斯强调未来预期对经济活动的重要影响。不确定性高时,企业和消费者会减少支出和投资,导致经济衰退。凯恩斯还引入流动性偏好理论,认为人们持有货币的意愿与利率和收入水平有关。在经济不确定时,人们更倾向于持有现金而不是投资,这会减少有效需求。

批评者认为,凯恩斯主义政策过分侧重于刺激需求,会导致经济过热和通货膨胀,并把20世纪70年代的滞胀(经济停滞同时伴随通货膨胀)问题归结于凯恩斯主义政策的局限性。自由市场经济学家,如米尔顿·弗里德曼,批评凯恩斯主义提倡的政府干预导致效率低下、政府过度扩张和债务累积。另外,凯恩斯主义主要关注需求侧管理,批评者认为它忽视了供给侧改革的重要性,如提高生产效率、鼓励创新和改善劳动力市场的灵活性。不过尽管面临各种批评,凯恩斯主义在经济学和政策制定中仍占有重要地位。在 2008 年全球金融危机后,许多国家再次采用凯恩斯主义政策来刺激经济复苏,显示了其理论和政策的持续相关性。

3. 发展经济学

发展经济学关注的是提高生活水平、实现经济增长、减少贫困和促进经济平等的方法,强调经济增长的重要性,特别是工业化和经济结构变化对促进发展中国家经济增长的作用。该学派认为,教育和健康是提高生产力和经济发展的关键,支持对人力资本的投资,强调技术引进、吸收和本土创新在促进发展中国家经济赶超发达国家的过程中的作用,关注开放贸易与保护主义对发展中国家经济的影响以及如何通过参与国际贸易促进经济发展。另外,该派别也特别关注政府干预与市场机制的角色,特别是基础设施建设、社会服务提供和市场失灵的纠正等问题。

例如,瓦尔特·罗斯托(Walt W. Rostow)提出了著名的"经济增长阶段"理论,描述了国家从传统社会到高度生产力社会经济发展的五个阶段。阿马蒂亚·森(Amartya Sen)强调,发展应该关注扩大人的自由和选择的能力,而不仅仅是经济增长。他关于贫困、福利和不平等的研究,对发展经济学有深远影响。

发展经济学试图找到促进发展中国家经济持续增长和改善人民生活水平的有效方法。不过,从目前来看,发展经济学的策略可能导致发展不平衡,例如城乡差距扩大、收入不平等加剧等。不仅如此,发展经济学注重的经济增长可能以牺牲环境质量为代价,导致资源过度开发和环境污染。另外,发展项目有时忽视当地的文化和社会结构,导致社会冲突和文化失落;另外,对外资和技术的过度依赖也可能导致发展中国家经济缺乏自主性,难以实现可持续发展。

4. 生态经济学

生态经济学关注经济活动对环境的影响以及如何实现经济和生态系统的可持续发展,试图解决传统经济模式忽视环境成本和自然资本价值的问题,影响跨越经济学、生态学和环境科学等多个领域。

生态经济学的核心主张是可持续发展,强调经济发展应与环境保护和资源的可持续利用相结合,以保证当前和未来世代的人类都能满足其需求。

生态经济学关注自然资本与生态服务,认为自然环境提供的生态服务和自然资本是经济活动的基础,这些服务包括空气和水的净化、气候调节、生物多样性以及为人类提供食物、材料等。生态经济学强调经济活动受到地球生态系统承载能力的限制,超过这一限制将导致不可逆转的环境破坏和生态失衡,所以还主张在经济决策中应该将环境成本和自然资源的损耗内部化,即这些成本应该反映在商品和服务的价格中,以更真实地反映其经济价值和环境影响。

赫尔曼·E. 达利(Herman E. Daly)是现代生态经济学的先驱之一,提出了"稳态经济"(steady-state economy)的概念,强调经济规模应当在生态系统的承载能力范围内。罗伯特·科斯坦扎(Robert Costanza)在生态系统服务价值评估方面做出了重要贡献,他的工作帮助界定和量化了自然生态系统对人类福祉的贡献。

尽管生态经济学试图协调经济发展和环境保护的关系,但在实践中经常面临二者目标冲突的挑战,特别是在短期经济增长压力下。生态经济学提倡的政策,如环境税收、资源定额等,在实际操作中也遇到了不少的政治和经济障碍,以及社会接受度的问题。另外,生态服务和自然资本的价值很难准确评估,尝试将自然资源量化为经济价值,会低估其真实的生态和社会价值。不过,生态经济学提供了一种更全面的视角来考虑经济活动和环境之间的关系,强调在不牺牲环境健康和未来世代福祉的前提下追求经济发展。尽管面临诸多挑战,生态经济学的原则和理念在全球越来越多地被接受和实践,在舆论中获得的认可度越来越高,对促进可持续发展政策的形成和执行具有重要影响。

### (三) 文化思潮

当前文化领域的主要社会思潮反映了多样化的价值观、生活方式以及对艺术和文化产物的理解。这些思潮既是社会变迁的产物,也是推动社会、文化和技术变迁的力量。

1. 后现代主义

后现代主义是20世纪中叶以来在西方哲学、艺术、建筑和文化批评中兴起的一种思潮。它对现代主义的确定性、普遍性原则和宏大叙事持批判态度,强调相对主义、多元性和反讽。

具体而言,后现代主义反对现代主义的宏大叙事,如历史进步论、启蒙理性主义等,认为这些宏大叙事忽视了复杂性、差异性和局部性经验。后现代主义提倡"小叙事",强调个体经验和主观性,强调知识、价值观和真理的相对性和多元性。后现代主义认为,没有绝对的标准来判断真理,不同文化和个体有自己的真理和道德标准。后现代主义强调文本的开放性和解构,认为文本(包括文学、艺术作品、社会文化现象等)含义具有多重性和开放性,拒绝固定的解读,鼓励从多种视角解构文本,以揭示其内在的矛盾和权力关系。在艺术和文化表现中,后现代主义强调形式和风格的实验性,借助拼贴、混搭、反讽等手法,挑战传统审美和叙事结构。

后现代主义对舆论传播也有较大影响。后现代主义倾向于质疑主流媒体和传统权威的客观性和真实性,强调媒体建构现实的过程中的主观性和选择性。另外,后现代主义还促进了文化和身份政治在舆论中的兴起,如性别、种族、民族身份等议题成为公共讨论的焦点,反映了对个体差异和社会多元性的重视。

2. 消费主义与后消费主义

消费主义和后消费主义是当代社会中两个关键的文化和经济思潮,对个人的生活方式、价值观念产生了深远的影响。

消费主义将物质消费视为实现个人幸福、社会地位和身份认同的主要手段,推崇市场的解决方案,强调通过营销及广告激发和创造消费需求。在消费主义影响下,持续的消费被视为经济增长和发展的关键因素。

舆论中频繁出现的关于最新产品、品牌和消费趋势的讨论,强化了消费作为生活方式和价值取向的中心地位。全球化下的消费主义也推动了文化和生活方式的同质化,舆论趋向于围绕全球性品牌和消费模式展开。另外,长期以来,消费主义导向的舆论较少关注过度消费对环境的破坏和社会不平等问题。

后消费主义超越物质消费,质疑将物质消费作为幸福和社会地位象征的观念,强调非物质价值如经验、人际关系和个人成长的重要性,推崇环境可持续性、社会责任和有意义的个人生活实践,如环保、公平贸易和简约生活。另外,后消费主义对消费文化和市场营销的操控持批判态度,提倡更加自觉和批判性的消费行为。

舆论议题中越来越多地关注环境问题、气候变化和可持续消费的讨论,更多聚焦于简约生活、自给自足等生活方式,以及个人成长、心灵满足等非物质追求,反映了公众对后消费主义价值观的接受。舆论中也逐渐出现对消费主义文化的反思和批判,探讨消费主义对个人、社会和环境的长期影响。

总的来说,消费主义和后消费主义对舆论议题的影响反映了社会价值观念和生活方式的变迁。消费主义促进了物质消费文化的广泛传播,而后消费主义则提出了对这种文化和生活方式的反思和批判,鼓励人们追求更加可持续和有意义的生活。这两种思潮在舆论中的表现,揭示了公众对消费行为、环境责任和生活质量的态度变化。

3. 地方主义

地方主义是一种强调本地化管理、经济自足和地方文化认同的社会思潮。它倡导在全球化背景下保护和促进地方特色、文化和经济,强调地方社区在维护其独特性和解决全球性问题(如环境变化、经济不平等)中的作用。

从核心主张来看,地方主义重视减少对全球供应链的依赖,通过支持本地产业、农业和商业来实现经济的本地化,增强地方经济自给自足的能力,同时减少环境成本。地方主义与生态可持续发展紧密相连,支持使用可再生资源、减少资源消耗和降低碳排放的做法,认为地方社区在推进环境保护中扮演关键角色。地方主义反对全球化导致的文化同质化,强调保护和振兴地方文化、语言和传统。地方主义认为,地方文化的多样性是全球文化财富的重要组成部分。

地方主义推动了媒体和公众对地方问题和成功案例的关注,尤其是在环境保护、经济发展和社区治理等方面。通过社交媒体和地方新闻,地方主义还增强了人们对地方社区的认同感和归属感,鼓励居民参与地方事务,从而增强了社区的凝聚力。另外,地方主义在舆论表达中也体现出对全球化趋势的批判,提倡更平衡的全球化进程,主张权力下放到更接近民众的地方政府和组织。地方主义支持的环境可持续和经济本地化主张,在舆论中推动了对可持续生活方式、本地食品系统和绿色消费的广泛讨论。

值得关注的是,当某种社会思潮在公众中获得足够的关注和认同时,可能促成以这种思潮为核心的社会运动。社会运动是一种集体、组织化的努力,旨在推动或阻止社会、政治、经济或环境领域中的变革。社会运动通过提高公众意识、组织抗议活动、影响政策制定等方式，试图改变现有的社会结构或价值观念。社会运动不仅是社会思潮的实践表达，也能通过其活动和成果反哺和丰富原有的社会思潮。运动中产生的新观点、策略和经验可以反过来影响和深化相关的社会思潮，促进其进一步发展和演化。社会思潮和社会运动共同作用于公共舆论和政策制定过程。社会思潮通过塑造人们的价值观念和认知框架影响公众意见，而社会运动则通过具体行动将这些思潮转化为社会议题，推动政策的变革和社会的改进。

# 第十一章

# 谣言传播与事实核查

随着社交媒体的迅速发展,基于大数据和算法推荐技术的支撑,各类信息可以实现自动化、大规模的精准传播,谣言也因此在全球肆虐。本章重点分析了谣言传播的规律和趋势,并根据当前事实核查活动的发展前沿介绍了谣言与社交机器人识别的主流方法。

## 一、谣言传播

谣言的内涵一直较为模糊,它往往与虚假信息(misinformation)、误导信息(disinformation)、假新闻(fake news)等概念交叉混杂。这既是西方学界近年来在"非真信息"研究领域着力推进"概念建构"的主观结果,也是社交媒体深度普及导致信息传播实践在性质上日趋复杂的客观结果。

已有研究总体上认为,意向性和真实性是识别、定位上述概念分野的关键维度。虚假信息一般指意向性不明,但客观上足以欺骗、误导他人的信息。误导信息一般是指故意制造的欺骗、误导他人的信息。而 rumor 则指意向性、真实性均有待查实的消息,其实译为"传言"更为恰当。假新闻一般被视为模仿新闻形式的虚构信息,也常被政治人物用来批评一些新闻机构的批判性报道。基于前人定义,可以将"谣言"相关概念以意向性(纵轴)、真实性(横轴)为坐标作可视化界定(图 11-1)。

但在实践中,基于意向性与真实性这两个维度进行概念界定也存在问题。因为人们在动态变化的信息环境中,不仅难以及时且清晰地区分初始传播者的真实意图,更难以用单一的类型界定一个具有过程性质的信息是误传还是虚假信息,但是欺骗和误导效果却往往在上述性质得以甄别厘清

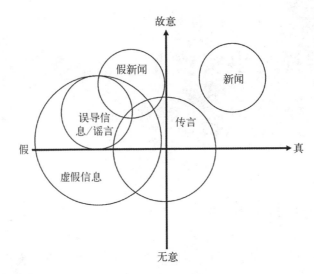

图11-1 "谣言"相关概念关系图

之前便已然形成。鉴于这种情形，不论某信息的人为操纵意图是否明确，一旦其本质上是缺乏事实基础或歪曲事实欺骗和误导他人的信息，那么在被完全排除人为主观捏造的可能性之前，就可以被认定为"谣言"。

### （一）谣言的兴起动因

谣言并非现代的产物，在古代和中世纪，谣言主要通过口耳相传的方式在人群中传播。由于当时缺乏快速、广泛的传播手段，谣言的传播范围相对有限，但在小范围内可以产生重大影响，比如影响政治局势、社会秩序甚至引发暴动。

印刷术的发明是一个重要的转折点，它极大地加快和扩大了信息的传播速度和范围，同时也加剧了谣言的传播。印刷品能够迅速制造并传播消息，使得谣言更广泛、更迅速地扩散。随着报纸、广播和电视等传统媒体的出现和普及，信息传播进入了一个新的时代。这些媒体不仅加快了信息的传播速度，也提高了信息传播的可靠性，但同时它们也被用作传播谣言的工具。

现代互联网和社交媒体的兴起彻底改变了信息传播的格局，使得每个人都可以是信息的生产者和传播者。这一变化极大地加快和扩大了谣言传播的速度和范围，使得辨别真伪成为一项挑战。

谣言传播的原因和目的多样,包括但不限于政治操纵、经济利益、社会控制和文化影响。首先,在政治斗争和权力游戏中,控制信息及其真实性一直是重要的策略。通过伪造、歪曲或隐藏信息,统治者和政治力量能够维持控制、打击对手、塑造公众形象,甚至改写历史。可以说,信息被视为权力的一种工具,其真实性往往根据政治需要而被操纵。

其次,在经济活动中,信息的真实性同样关乎重大利益。通过误导性的广告、虚假的商业报告或捏造的市场数据,企业和个人试图影响市场行为、消费者决策,以增加利润或市场份额。在这一过程中,传播谣言成为一种竞争手段。

再次,信息真实性的伪造还用于社会控制和文化影响。通过制造虚假的社会规范、历史叙述,可以塑造社会认同、维持社会秩序、传播特定的价值观和信仰。这种信息操纵有时用于正面的社会动员,但也可能用于误导公众、压制异议。

此外,在冲突和战争中,信息真实性的伪造是心理战和宣传战的一部分。通过虚假的情报、误导性的报道和捏造的故事,一方试图削弱对方的士气,操纵国际舆论,或误导敌方决策。

总的来说,谣言现象反映了信息在人类社会中的核心地位和复杂作用。无论是为了权力、利益、控制还是影响,利用谣言来进行的对信息真实性的操纵,都是试图塑造现实认知和社会结构的重要手段。

**(二)造谣策略**

造谣策略是指造谣者为了达到特定目的,故意编造或传播虚假信息的方法。造谣策略具有隐蔽性、欺骗性、易传播性等特点,对社会秩序和公共安全造成严重危害。从古至今,谣言伴随着人类社会的发展,其传播形式和影响随着通信技术的进步而演变,但造谣策略不外乎如下方法。

1. 无中生有

无中生有不依赖于对现有信息的歪曲或重新解释,而是完全创造出不存在的事实、事件或数据,以误导公众、塑造假象或达到特定的宣传目的,是虚假信息制造中的一种极端策略,利用了公众对信源的信任或对特定话题的关注,来推广根本不存在的"事实"。

从策略来看,无中生有的方式有三种。第一,编造事件。创造完全没有发生过的事件,并为其配上详细的背景、原因、过程和结果,使其看起来像是真实事件。第二,虚假证据。利用编辑软件制作假照片、视频或音频材料,或者编造虚假的数据和统计信息,作为支持虚构事件或观点的"证据"。第三,伪造人物和证言。创造不存在的人物,并编造他们的言论、经历或专业背景,用以支撑虚假信息的可信度。

2. 捕风捉影

捕风捉影的基本特点是基于非常薄弱的事实来制造或传播关于某人、某事的虚假信息,或对模糊不清、来源不明的信息进行夸大歪曲。这种策略利用了人们对未确认信息的好奇心和传播未经验证信息的倾向,通过放大无根据的猜测或小道消息,制造出具有误导性的叙述。

从具体策略上看,常见的捕风捉影方式有如下三种。第一,基于猜测制造新闻。以非官方声明、未经证实的消息来源或纯粹的猜测为基础,制作和发布新闻报道或社交媒体帖子,给公众造成一种"可能是真的"的错觉。第二,放大无关紧要的事实。选取某些无关紧要或完全正常的细节,通过夸大其重要性或暗示其背后有不为人知的秘密,制造虚假信息。第三,利用已有的社会偏见或恐惧心理。捕风捉影的信息往往针对特定群体或话题,利用并加剧公众已有的偏见、恐惧或不满情绪,使得虚假信息更容易获得共鸣。

3. 断章取义

断章取义是指从原始文本、语境或数据中选择性地抽取片段,以支持某一特定的论点或观点,同时忽略或省略那些可能反驳、淡化或提供更全面理解的信息。这种策略的目的在于塑造特定的叙事或引导公众认知,使得部分真实的信息在失去原有语境后产生误导性的解读。从本质上来说,断章取义是对信息真实性和完整性的破坏。它不完全创造虚假信息,而是通过改变信息的呈现方式,使得信息的部分真实被用来误导受众,利用了人们对信息的初始印象和认知偏差。这种策略的狡猾之处在于,被抽取的信息片段本身可能是准确的,但是由于被剥离了原始语境或被赋予了新的含义,因此整体上对真相的表达是不完整甚至是歪曲的。

从策略上来看,断章取义的实施主要有如下方法。第一,选择性引用。从一个较大的信息源中选择那些看起来能够支持特定论点的片段,而忽略掉与之相矛盾或能够提供更平衡视角的内容。第二,操纵语义。通过对信息片段的重新解释或赋予新的含义,改变信息的接收方式,包括对词语的选择性解释,或是对句子进行重新框架,使其听起来支持某一观点。第三,编辑和剪辑。这种策略经常用在视觉和听觉媒介中,通过编辑和剪辑技术,去除或重新排列内容,创造出支持特定观点的新叙述。第四,标题和摘要的误导。通过在标题、摘要或社交媒体帖子中使用断章取义的内容,吸引受众的注意力,使他们在未深入了解原始信息的情况下形成误解。

4. 移花接木

移花接木的本质是将某个信息、事实或数据从其原始的语境、来源或含义中转移,再以不真实或误导性的方式重新呈现或解释,以达到欺骗目的。该策略的关键在于"转移"和"重塑"两个步骤。首先是将信息从其原本的背景、场合或语境中"转移"出来;随后是在新的语境中对其进行"重塑"或重新解释,使之服务于一个全新的目的。这种策略的危害在于它混淆了信息的原始来源和意图,使得公众难以识别信息的真实性和准确性。

从策略来看,移花接木的应用方式主要有如下几种。第一,改变语境。将信息或声明从其原始语境中抽取出来,忽略了信息产生的背景、条件或限制因素,然后在一个完全不同或与原意相悖的新语境中重新呈现。第二,错误归因。将某个事件、现象或成就错误地归因于某个人、组织或因素,从而误导公众对其原因和效果的理解。第三,混淆事实与观点。将主观观点、解释或评价与客观事实混为一谈,使得受众难以分辨哪些是基于事实的陈述,哪些是个人或集体的观点。第四,利用模糊或多义词语。选择具有模糊性或多重含义的词语和表达,使得原本明确的信息在新的语境中产生歧义,导致受众产生误解。

5. 以讹传讹

以讹传讹指的是基于错误或虚构的信息,通过人们之间的交流和传播,使得不准确或虚假的信息得以进一步扩散和放大。这种策略在社交媒体和网络传播的环境中尤为有效。

以讹传讹通常起始于一个错误或虚构的信息片段,可能是一个错误的事实陈述、误导性的解释、捏造的数据或被断章取义的内容。传播这种错误信息的行为可能是无意的,也可能是有意为之。无意中的传播通常由于缺乏验证而导致,而有意传播则是为了达到某种目的,如煽动情绪、抹黑对手或制造混乱。在传播过程中,原始的错误信息可能会被进一步扭曲或夸大,每一次传播都有可能增加信息的失真程度。

以讹传讹的起点，通常是具有争议性、情绪化或与公众兴趣密切相关的虚假信息。然后，会在特定的社交群体中散布，利用群体内的信任和归属感促进信息的接受和传播。为了让谣言更加可信，可能会创造伪造的文本，作为"证据"支持错误信息。

**（三）谣言传播趋势**

随着计算宣传技术的大规模应用，有意制造并大规模精准发布的谣言肆虐。计算宣传指的是使用算法、自动化和人工策划展示等手段，在社交平台上进行的有目的地操控和分发虚假信息的传播行为。在计算宣传活动驱使下，当下的谣言生产与传播出现了诸多值得关注的新趋势。

1. 谣言生产的智能化

通过"数据收集、算法驱动、智能运转"等方式，人工智能正在全面重构新闻传播格局和生态，特别是在传播内容的生产与分发方面。在谣言的生产与传播中，人工智能等技术的广泛应用实现了谣言生产的精准化与智能化。

首先，基于人工智能技术进行"受众洞察"，为谣言的精准生产打下了基础。受众洞察本是商业营销中的核心概念，在精准传播中具有特别的价值。但传统的受众洞察多基于用户的年龄、性别、受教育水平等人口统计学指标，或基于浏览、收藏、购买、推荐等消费行为数据而建构，旨在实现广告营销、消费预测等商业目的。随着人工智能技术的迅速发展，基于自然语言处理技术，利用社交媒体内容与行为数据，智能化的"受众洞察"模型迅速完善，可以挖掘特定群体的身份、行为、情绪趋向、心理需求，甚至对政治光谱、意识形态立场进行精准检测与深度学习。

谣言生产所依赖的受众洞察，是建立在受众画像、受众认知与受众行为三角基础上的，以受众需求为导向的洞察范式。它主要包括以下三个部分。第一，目标受众画像洞察。受众画像是受众洞察的起点，关键是通过完善的标签体系，把握目标受众的群体特征，进而掌握用户需求信息。第二，受众认知洞察，关键是掌握目标受众群体对于不同议题、不同国家、不同文化的认知，掌握其媒介接触偏好与倾向。第三，受众行为洞察，关键是基于目标群体的行为习惯，以及反映某特别群体生活方式相关行为的洞察，来间接推导受众的真实信息需求。总而言之，其关键是基于多源异构数据，根据谣言传播的目标需求，进行重点群体和个体的深入洞察，为精准化的谣言生产打下基础。

其次,在受众洞察的基础上,深度学习技术还推进了谣言生产的智能化水平。机器学习技术经过数十年发展,目前不仅可以实现对于传播素材、行为的造假,甚至可以直接推进"事件"造假,并且可以让生产流程和产能实现质的飞跃。在素材上,已经有学者发现,深度学习技术所制作的虚假文字评论,不仅能够令普通人难以辨别真假,更能成功骗过平台方的过滤机制。① 在行为上,应用于 Twitter、Facebook 等社交网站的深度学习技术,可以快速创造海量机器人账号,通过发帖、点赞、评论、转载等各种行为实现协同引流。② 更有甚者,可以将上述两类功能整合。经由乔治城大学研究,GPT-3 人工智能系统能够围绕某一宣传任务,自主选择重要交谈对象、自动生成内容,并展开对话与说服工作。研究人员发现,这种系统可以将具有针对性的虚假信息的生产缩短到几分钟内,并且在模仿特定的文风与情绪上有着不俗的表现。③ 总体来看,基于深度学习算法、增强学习算法、模式识别算法、机器视觉算法等,谣言的生产成本和技术门槛被大大降低,生产效率大大提高,并且实现了"人机协同"的智能化模式转型。

2. 谣言话语的多模态化

从文本属性上来看,在计算宣传技术加持下,谣言生产出现了由单一"口语型"向"多模态型"的转变。话语的多模态是指调用了听觉、视觉、触觉等多种感知模态,或者通过语言、图像、声音、动作等多种手段和符号资源进行表达的话语形式。就性质而言,多模态话语是人类感知通道在交际过程中综合使用的结果。④ 谣言自古以来有着鲜明的"口语性",即依赖口耳相传。在网络传播"短视频化"以前,虽然谣言的话语形态转变成文字为主,

---

① Yao Y, Viswanath B, Cryan J, Zheng H, Zhao BY(2017), "Automated Crowdturfing Attacks and Defenses in Online Review Systems", *Proceedings of the 2017 ACM SIGSAC Conference on Computer and Communications Security*, Association for Computing Machinery, pp. 1143-1158.

② Ferrara E, Varol O, Davis C, Menczer F, Flammini A(2016), "The Rise of Social Bots", *Communication of the ACM* 59(7), pp. 96-104.

③ Buchanan B, Lohn A, Musser M, Sedova K(2021), *Truth, Lies, and Automation*, Center for Security and Emerging Technology, retrieved from https://cset.georgetown.edu/publication/truth-lies-and-automation.

④ 朱永生:《多模态话语分析的理论基础与研究方法》,《外语学刊》,2007 年第 5 期,第 82—86 页。

但也基本属于单模态型。例如,国内互联网上曾流传的"谣盐",从话语形态上看,与两千年前的"大楚兴、陈胜王"并无本质区别。但随着计算宣传技术的迅速发展,在帮助谣言实现意义传递的符号系统中,诸如图片、表情包、音频、视频、游戏、音乐、VR/AR 等介质逐渐兴起,它们叠加组合,构成了谣言话语形态的"多模态"化。

较之于单一模态的文本,多模态话语在复杂传播环境中具有更强的话语竞争力。中国互联网上曾经流传的一句"有图有真相",便通俗地说明了话语模态与真实性之间的关系。从理论上来看,多模态话语具有单一模态的口语或文字所无法比肩的注意力竞争能力、社会动员力量和形象建构能力。不仅如此,使用多模态话语还可以有效突破主要针对文字的网络审查,更容易得到大范围的传播。

此外,加速发展中的人工智能技术也进一步提升了多模态谣言的逼真性与生产效率。从当前技术发展与应用来看,人工智能不仅可以制造以假乱真的文字,还可以利用深度伪造技术对图片、声音、视频等各种媒介类型进行伪造,并足以制造出近乎完美的"拟真"场景效果,完全可以令"多模态"谣言的自动化生产成为现实。总体而言,这些新技术实现了谣言生产的多模态信息结构,催生了场景化、沉浸式、具身性的互动与传播,大大提高了谣言扰乱认知的能力。

3. 谣言生产与传播的产业化

产业化一般是指某种产业在市场经济条件下,以行业需求为导向,以实现效益为目标,依靠专业服务和质量管理,形成的系列化和品牌化的经营方式和组织形式。由于谣言所具有的广泛的政治、经济与社会影响,各类利益主体客观上存在着购买谣言服务的需要,再加上成熟的技术支撑,使得谣言信息商品化,并催生了一个高度产业化的"信息黑市"。可以说,从"谣言"到"舆情"的过程,就是这种特殊信息消费需求在信息市场中反复交易后的自然表达。事实上,已有诸多弊案昭示着谣言生产规模化、专业化、产业化的趋势。例如,在 2016 年美国总统选举中,共和党和民主党都被证明曾雇佣数据服务商来制造本党候选人大受欢迎的互联网幻象。[①] 在我国,"网络

---

① Woolley, S. C. (2016), "Automating Power: Social Bot Interference in Global Politics", *First Monday*, 21(4).

黑公关"等网络"黑产"也属于这种类型。

谣言产业链条主要包含三类主体,分别是发包者、组织者与执行者。以西方国家为例,政府、政要或商业机构通常是项目的发包者;各类公关公司、数据服务商、舆情服务商,甚至某些平台媒体本身,则往往承担着组织者的角色;而虚假信息分发环节的执行者,则由经过组织者筛选、匹配后的各类社交媒体平台账号承担,它们的公开身份往往是政要、媒体、NGO 组织、智库、大 V,甚至是水军、机器人。

从产业模式来看,谣言融合了传统公关与流量经济两种类型。一方面,谣言的生产与传播应用了传统公关模式。发包者提供资金,处于需求侧;组织者占据技术和资源的"旋转门"提供服务,处于供给侧;而执行者通过出卖流量和注意力来换取经济收益,而流量带来的政治红利、市场红利回馈发包者,从而完成利益闭环。另一方面,谣言传播还适应了网络平台流量经济的发展模式。在泛媒体环境下,各类自媒体平台依靠为其成员开放更多内容接口和提供便捷的商业变现渠道,不断吸引巨量的个人和组织加入自媒体的运营。但是,以几何倍数增长的传播者及其生产的庞杂信息,面对的仍是数量已经基本固定的受众及其有限的注意力,于是,以"流量"为代名词的"受众注意力"成为所有传播者争夺的焦点。这样,在"信息过剩,但注意力稀缺"的互联网上,流量就成了硬通货,基于流量变现形成的新经济模式——流量经济已经成为主流模式,即通过构建平台,获取更大的市场流量,进而通过广告等形式进行流量变现。在这种流量经济模式中,公关公司、技术公司和平台方均处于供给侧,它们本就是利益共同体。其内部的竞合为谣言产业提供了可持续的资金、技术、人才和市场环境支持。平台方近年来在多重社会压力之下,加大了对虚假账户的查处力度。

## 二、事实核查

事实核查(fact-checking)是指对重要社会人士的言论、党派声明、新闻报道或其他公开的非虚构文本中声称为事实的内容,进行准确性核验的活动,具有重要的社会价值。政治人物、公众人物和某些媒体可能会出于各种原因散布误导性或不准确的信息。事实核查揭露这些陈述的真实性,有助于纠正公共话语中的错误和偏见,遏制那些试图操纵公共意见和扭曲舆论的企图,保证公共空间不被有意的假信息和操纵性内容所主导。不仅如此,基于准确信息进行的舆论分析可以更好地指导政策制定和社会决策。政策制定者和决策者可以利用事实核查的结果来了解公众关切的实质问题,从而做出更加明智的选择。此外,事实核查不仅是验证信息的工具,也是一种教育手段,它教育公众如何批判性地分析和评估信息,对于公民在数字时代提高信息素养也具有重要意义。

### (一)事实核查的过程

1. 选取待核查文本

在西方国家,事实核查的选题主要集中在社会公共领域,核查内容多聚焦于政治人物提出的误导性主张、各党派团体的误导性声明,追踪政治人物或政党对选民承诺的执行情况,新闻媒体发布的失实报道,以及互联网中流传较广的虚假信息等。事实核查机构会以公众利益关涉程度、信息热门程度以及能否查证等情况为标准,决定是否展开核查。

以美国事实核查网站 PolitiFact 为例,该机构的事实核查一般在政治人物(包括在职的和正在竞选的)公开的演讲、新闻稿、竞选宣传、电视广告、社交媒体帖文以及采访稿中,选择有新闻价值的待核查文本。在决定什么最有核查价值时,通常会根据下列准则判断:

- 政治人物做出的表述是基于可验证的事实,还是基于个人的观点?(事实核查的范围不包括基于个人观点的言论)
- 政治人物做出的表述是否有误导大众的嫌疑?
- 政治人物做出的表述是否具有重要性?
- 政治人物做出的表述是否有可能被大量传播?
- 一般读者在听到或读到该表述时,会否好奇该表述是否准确?

2. 核查事实与报告写作

选择了有待核查的文本后,事实核查机构一般会指派专门的核查人员,与相关主体或机构联系,要求他们提供可证明自身言论真实性的证据。除此之外,事实核查机构还会用信源识别、内容核查、社交情景核查等方法,比对可靠消息来源与公开资料,对被核查文本的准确性进行评估。

经过上述核查程序后,完成的核查报告一般包括三个方面的内容。第一,介绍被核查文本及相关背景信息。第二,被核查文本真实性的具体分析。该部分是事实核查报告的重点,需要对被核查文本的每个具体部分进行详细考证,并给出确凿的证据。每条证据也都会详细列明信源、时间以及相应的超链接,使核查拥有可验证性。第三,最终的真实性评价结论。

3. 事实核查结果的呈现与传播

为了提升事实核查的传播效果,一些事实核查机构会给被核查文本打分。例如,PolitiFact使用"真实程度量表"(Truth-O-Meter),将被核查的内容分成"真实"(true)、"基本真实"(mostly true)、"半真实"(half true)、"基本失实"(mostly false)、"完全失实"(pants on fire)五个等级。有的还在此基础上使用一些可视化技术,将分数呈现得更直观且有趣味性。例如,《华盛顿邮报》采用匹诺曹的卡通形象来标识分数,匹诺曹越多则代表信息越不可信;颠倒的匹诺曹则代表立场转变。使用评分量表可以让事实核查更为直观明了,但也会造成对事实的简化。因此,也有部分事实核查机构不使用评分的办法。

### (二)事实核查的方法

传统媒体时代对新闻线索进行核实的基本方法都可以为事实核查所用。例如,文献核查法、回访法、专家咨询法等。但随着社交媒体成为主要的传播媒介,信息量与信息传播速度均超出了人工核查的能力范围,而得益于人工智能技术与自然语言处理技术的发展,尤其是神经网络模型的应用,对海量新闻数据进行自动事实核查在技术上成为可能。因此,基于人工智能和大数据技术的自动事实核查成为当前事实核查的主流手段,核查方法主要包括以下类型。

1. 信源核查

在事实核查过程中,进行信源核查是保证信息准确性和可靠性的关键步骤。信源核查主要是评估信息来源的可信度,包括分析来源的历史、声誉、透明度和偏见程度。

(1)评估来源的权威性。查看信息来源是否为其领域内公认的权威。例如,政府机构、知名学术机构、经过验证的新闻机构通常被视为可靠来源。检查发布信息的作者或机构是否具有相关领域的专业背景或资格。

(2)审查来源的历史和记录。研究来源过去发布的信息的准确性,长期提供可靠信息的来源更可能是可信的。如果可能,查找关于来源的第三方评估或评论,可以帮助识别任何已知的偏见或问题。

(3) 分析来源的透明度。考察信息来源是否明确,提供了其信息收集和发布的方法。透明度高的来源会详细说明其信息的来源、研究方法和编辑策略。检查是否容易找到联系信息和关于组织结构的详细信息,可靠的来源通常会在其网站上提供这些信息。

(4) 检测潜在的偏见和目的。识别信息发布者可能的动机和偏见,考虑其资金来源、政治立场或任何可能影响信息准确性的其他因素。了解信息发布者是否有公开的政治或商业关联,这可能影响其发布的信息的公正性。

(5) 对比和交叉验证信息。使用多个来源对信息进行验证,如果多个可靠且相互独立的来源确认了相同的信息,可以增加信息的可信度。注意避免"回声室效应",即只引用相互引用的来源,而没有独立的验证。

(6) 使用专业工具和数据库。利用可用的在线工具和数据库,如事实核查网站、学术数据库和官方统计数据,以帮助评估和验证信息源。

2. 内容核查

在事实核查过程中进行内容核查是一项复杂但非常重要的任务,其重点是对被核查素材中的内容逻辑、时间、地点、背景环境等关键要素进行核实,以确定其真实性。

(1) 内容逻辑核查。尽可能地追溯到信息的原始来源,对于新闻报道、社交媒体帖子或其他形式的信息,找到最早的来源。对比信息中的数据、事实与已知的、可靠的信息是否一致,是否存在逻辑矛盾。分析信息是否符合逻辑推理,是否有充足的证据支持声明的因果关系。

(2) 时间核查。主要任务是有效地核查和验证信息内容中的时间元素,确保所处理的信息在时间上是准确无误的。具体方法有如下几种。第一、确定所核查信息出现的确切时间,可能需要查找原始新闻报道、官方声明、带时间戳的社交媒体帖子或其他可靠的时间记录。对于在线内容,可以使用工具如Wayback Machine,查看网页在过去的特定时间点的状态,帮助确定信息首次出现的时间。第二,使用多个来源验证事件的时间。不同的可靠来源报道同一事件的时间应该是一致的,任何时间上的不一致可能表明信息不准确或被误报。在可能的情况下,寻找官方或权威机构的记录,如政府报告、官方新闻稿等,通常会提供事件发生的准确时间。第三,如果事件跨越不同的地理位置,需要考虑时区差异,特别是国际事件的报道时间可能会因为地区而异。第四,对于数字内容,如图片或视频,查看文件的元数据(如果可用)来确定文件的创建日期和时间。虽然元数据可以被修改,但它仍然是一个有用的起点。另外,还可以使用专门的工具来分析图片或视频内容的上传时间,可以帮助验证内容与声明的时间一致性。

(3)地理位置核查。主要任务是确认信息所述地点的准确性和上下文,求证图片、视频或文本描述的事件是否确实发生在声称的地点,具体方法有如下几种。第一,地理信息元数据分析。对于包含地理位置信息的图片和视频,可以使用 EXIF 工具来查看元数据,其中可能包括拍摄地点的经纬度坐标。需要注意的是,不是所有的图片或视频都包含 EXIF 信息,而且这些信息可能被删除或修改。第二,使用卫星地图和街景服务。使用 Google Earth 或 Google Maps 的卫星视图功能,对照声称的地点进行视觉核查,查看地理特征是否匹配。Google Street View 提供了从地面角度查看特定地点的功能,有助于验证特定建筑物、路标或其他可识别地标的存在。第三,分析带有地理标签的社交媒体内容。利用社交媒体平台的搜索功能,查找标有特定地点地理标签的内容,以确认在特定时间是否有相关事件报道或讨论。第四,使用地理编码服务。地理编码工具(如 Google Maps API)可以将地点名称转换为精确的经纬度坐标,反向地理编码则可将坐标转换为地点名称,有助于核实地点的准确性和地理位置信息的一致性。第五,使用专业地理信息系统(GIS)软件(如 ArcGIS 或 QGIS)进行更深入的地理分析。GIS 软件可以帮助分析地理数据、创建详细的地图,并将不同的数据层叠加,以核查和分析特定地点的信息。

(4)背景环境核查。背景环境核查有助于验证信息的真实性,确认图片、视频或文本描述的场景与声称的背景是否一致。在事实核查过程中,当信息涉及特定的事件或情境时,对信息内容的背景环境进行核查就具有了特别的价值。其具体任务有如下几类。第一,视觉内容分析。对于包含图片或视频的信息,使用视觉分析技术来识别图片或视频中的特定地标、建筑、自然景观或其他可识别元素,可以帮助确认内容的拍摄地点。第二,气象条件核查。如果信息中提到了特定的天气条件,可以通过查找历史天气数据来验证。在线天气档案和数据库能提供过去特定日期和地点的详细气象记录。对于实时事件的报道,当前的天气服务网站可以用来核实声称的天气条件是否准确。第三,光线和阴影分析。分析图片或视频中的光线和阴影方向,以推断拍摄时间。特定的光线条件(如日出或日落时的金色光线)和阴影长度及方向可以提供关于拍摄时间的线索。这种分析需要考虑地点的地理位置和拍摄日期,以准确计算太阳位置。第四,植被和季节特征识别。对于显示特定植被或季节变化的图片和视频,分析这些特征以验证信息声称的时间和地点。特别是植物的类型、颜色和生长状态可以提供季节性线索,使用植物学和地理知识来辨识特定地区特有的植物类型或季节性变化。第五,文化和社会环境核查。注意信息中的语言、标志、服装和其他文化元素,这些都可以提供地点的线索。例如,路标的语言、人们的穿着或节日装饰都可能揭示信息的地理和文化背景。对于描述特定社会事件或节日的信息,核查当地历史和文化记录,确认这些事件的日期和习俗。

3. 社交情景核查

这是一种间接核查方法,主要是基于被核查材料的传播数据,通过梳理其传播网络,分析传播时段,挖掘相关网络评论等方式,判断该信息在社交情景中的传播情况,进而来判断信息本身的可信度。其主要任务如下。第一,分析传播路径。利用网络分析方法来映射信息的传播网络,揭示信息是如何从原始源头扩散到更广泛的受众的。要特别关注信息传播的关键节点和影响力用户,他们对信息的传播起到了放大作用。第二,评估传播时段。分析信息传播的时间线,包括它是如何随时间增长的,特定事件或声明是否导致了传播的激增。考察信息传播的速度和范围,快速大范围的传播可能表明信息引起了广泛的公众兴趣或情绪反应。第三,挖掘和分析网络评论。通过阅读和分析对原始信息的公开评论,了解公众对该信息的反应和观点,以帮助判断受众如何解读该信息,以及它激发了何种情绪反应。第四,识别传播模式和异常。在信息传播的过程中寻找模式,如是否有特定时间段或事件与信息传播量的增加相关联。注意传播路径中的异常,如信息是否主要通过少数账户传播,这可能表明机器人或自动化账户的参与。第五,评估社交媒体账户的真实性和可信度。对信息源头及关键传播者的社交媒体账户进行深入分析,评估其真实性和可信度。查看这些账户的历史记录、关注者数量和互动情况。考察信源的动机和可信度,包括是否有可能存在推广某种议程的意图。通过上述步骤,可以深入理解信息在社交情景中的传播特征和公众反应,从而对信息本身的可信度做出更加全面和细致的判断。

4. 分布式核查

事实核查机构除了利用所属的核查工作人员以外,也会基于网络自组织协作机制,积极利用社会力量推进核查工作,这就是分布式核查。分布式核查(distributed verification)是一种集体参与的事实核查方法,由广泛的参与者网络共同协作,以验证信息的真实性。这种方法充分利用了众包(crowdsourcing)的力量,汇集了来自不同背景、具有不同专业知识和技能的人们,共同对公众关心的信息进行核实。

分布式核查通常依赖于在线协作平台或社交媒体工具,这些平台使得信息共享、任务分配、进度更新等变得容易,支持远程协作和实时交流。分布式核查具有广泛参与的特点,不仅限于专业的事实核查员或记者,普通公众、专家学者、志愿者等都可以参与进来,贡献他们的知识和技能。利用群体的智慧进行信息核查,通过集合多方面的知识和视角,增加了核查工作的深度和广度,能发现单一核查者可能忽视的细节。

分布式核查体现了一种集体合作和知识共享的精神,通过广泛的社会参与来提高信息核查的效率和可靠性。然而,要实现其潜力,需要有效的组织管理、技术支持和持续的参与者培训;要保证参与核查的所有人遵循严格的核查标准和方法,保证信息核查的质量和准确性;要有效组织和协调大量分散的参与者,保障核查工作的有效进行,避免重复劳动和资源浪费;还要激励和保持参与者的积极性,同时建立参与者之间以及公众对核查结果的信任。

5. 核查工具

事实核查过程中使用到的软件工具大致可以分为以下几类,每种工具针对事实核查的不同方面提供支持。

(1) 搜索引擎和专业数据库。

Google、Baidu 等:常规搜索引擎,用于快速查找信息、新闻报道和相关背景资料。

Google Scholar、PubMed、CNKI:专业的学术搜索引擎,用于查找学术论文、研究报告和专业文章。

Wayback Machine:互联网档案库,用于查看网页的历史版本,追踪信息的原始来源和版本变化。

(2)社交媒体分析工具。

TweetDeck、Hootsuite：帮助管理和监控社交媒体账户和流，对于追踪特定话题和趋势很有用。

Brandwatch、Social Blade：提供深入的社交媒体分析和监控服务，包括用户行为、趋势分析和传播路径追踪。

(3)图像和视频核查工具。

TinEye、Google Reverse Image Search：逆向图像搜索工具，用于找出网络上相同或相似的图片及其来源。

InVID & WeVerify：专门针对新闻媒体的图像和视频验证工具，提供元数据分析、视频关键帧提取等功能。

Forensically：一款免费的在线工具，提供图像分析功能，如放大、查看元数据、检测图像编辑痕迹等。

(4)数据和统计分析工具。

Tableau、Google Data Studio：数据可视化工具，用于创建交互式图表和报告，有助于分析和呈现复杂数据。

Excel、Google Sheets：电子表格软件，用于数据整理、计算和初步分析。

(5)地理信息系统(GIS)和地图工具。

Google Earth、ArcGIS Online：提供强大的地图查看和地理分析功能，可以用于核查地理位置、分析地理信息。

在进行事实核查时，通常需要结合使用多个工具来获取最全面和可靠的结果。此外，验证信息时应保持批判性思维，因为即使是元数据也可能被修改或伪造。

## 三、社交机器人识别

社交机器人是一种人工智能系统，被设计用来与人类用户通过文字、语音或者其他人类可以理解的交互方式进行交流。这类机器人的主要目的是提供信息、娱乐、陪伴，或者帮助人们在社交媒体平台上进行互动。社交机器人可以在多种平台上运作，比如即时消息应用、社交网络、网站或智能音箱等。

社交机器人的功能和复杂度各不相同，从简单的自动回复系统到能够进行较为复杂对话和任务处理的高级系统都有。它们利用自然语言处理、机器学习和其他人工智能技术来理解和生成人类语言,可以提供更自然、更个性化的交流体验。

**(一) 舆论传播中的社交机器人**

社交机器人在舆论传播中的应用非常多样,它们通过自动化的方式参与社交媒体对话、信息传播和用户互动,在形成和影响公众舆论方面扮演着越来越重要的角色。

1. 社交机器人的舆论传播功能

(1) 信息传播和宣传。社交机器人被用来快速传播新闻、政治观点、商业广告或其他信息,帮助特定信息在社交网络上迅速获得曝光。它们可以自动发布内容、转发帖子,或在不同的社交媒体平台上互动,以增加特定议题或品牌的可见性。

(2) 舆论监控和分析。通过监控社交媒体上的对话和趋势,社交机器人可以帮助组织和个人理解公众对某些议题的看法和感受。这些机器人可以自动收集和分析大量的社交媒体数据,提供有关公众情绪、关注焦点和舆论动态的见解。

(3) 舆论引导和形塑。通过在社交媒体上发布特定内容或与用户互动,社交机器人可以被用来影响公众对某一议题的看法,甚至塑造舆论趋势。这种应用在西方政治竞选、公共关系战略和营销活动中尤为常见。

2. 社交机器人在舆论传播中的影响

社交机器人在舆论传播中的广泛应用,引发了多种负面影响,尤其是在信息真实性、公众信任度和社会动态方面。

(1) 社交机器人通过传播特定的观点或信息,加剧了社交媒体上的过滤气泡和回音室效应。这导致人们更可能只接触到与自己观点一致的信息,限制了观点多样性,削弱了不同观点之间的对话和理解。

(2) 社交机器人被用来大规模传播误导性信息、假新闻,进行舆论操纵,影响公众对特定议题的看法和态度,这种操纵行为对公共政策讨论和社会稳定构成严重威胁。

(3) 通过放大极端观点和争议性议题,社交机器人加剧了社会分化和极化。这种极化会削弱社会凝聚力,导致公众在重要社会问题上的对立加剧。

(4) 社交机器人传播的假新闻和误导性信息侵蚀了公众对媒体、政府和其他机构的信任。长期来看,这种信任的丧失也会对社会稳定和治理能力造成深远的影响。

**(二) 社交机器人的识别方法**

1. 基于内容特征的识别方法

基于内容特征来识别社交机器人是一种常用方法,依赖于分析和理解社交媒体上发布的文本内容的特性。这种方法主要是寻找机器人在内容生成上的模式和差异,这些模式和差异通常与人类用户的行为有所不同。

(1) 重复性内容检测。社交机器人往往会发布重复或高度相似的内容。通过分析文本的重复性,可以识别出可能由机器人生成的内容,特别是完全复制的帖子、使用相同的链接或媒体文件以及只有轻微变化的文本模式。

(2) 文本一致性和复杂性分析。机器人生成的文本在语法、用词和风格上显得过于一致或简单。利用自然语言处理工具,可以分析文本的复杂性、语法多样性和创造性,识别非人类的生成模式。

(3) 情感分析。人类用户的帖子通常包含丰富的情感色彩,通过情感分析,可以检测文本中的情感倾向和强度,而机器人生成的内容一般在情感表达上显得单一或不自然。

(4) 话题一致性与多样性分析。真实用户通常会就多样的话题进行交流,而机器人一般会反复发布与特定话题相关的内容。因此,分析账户发布内容的话题范围和多样性,也可以揭示机器行为。

(5) 链接和标签使用模式分析。机器人一般会大量使用特定的链接或标签来推广某些网站或议题,通过分析链接和标签的使用频率和模式,可以识别出非人类的行为。

(6) 机器学习分类器。可以训练机器学习模型,特别是文本分类器,来识别机器人和人类生成的内容。通过对大量标注数据进行学习,这些模型可以识别出内容特征中的微妙差异,从而区分机器人和人类用户。

为了提高识别的准确性,通常需要综合使用多种特征和方法。此外,随着社交机器人技术的进步,它们生成内容的能力也在不断提高,因此持续更新和优化识别算法也非常必要。

2. 基于账号行为特征的识别方法

基于行为特征来识别社交机器人,侧重于分析账户的行为模式和活动特征,而不仅仅是其发布的内容。这种方法认为机器人在频率、时间、互动方式等方面的行为与真实用户存在显著差异。

(1) 分析活动频率和时间模式。社交机器人往往会以超出常人能力的频率发布帖子或进行互动。通过分析账户活动的频率,特别是高频率的重复行为,可以揭示机器人的行为特征。人类用户的社交媒体活动通常会显示出明显的日周期性和周周期性(例如,夜间活动减少)。相比之下,机器人的活动一般不受这些自然节律的限制,展现出 24 小时连续活动的模式。

(2) 评估互动的性质和范围。社交机器人主要用于特定类型的互动,如转发、点赞或发布相似评论,而缺乏真实用户的多样化互动模式。另外,机器人倾向于与特定的账户或账户群体互动,特别是在执行推广或影响舆论的任务时,分析互动的目标和范围可以帮助识别非自然的行为模式。

(3) 关注网络和社群行为。通过分析账户在社交网络中的位置和连接模式,可以识别出非自然的网络结构。机器人账户一般会形成高度集中或隔离的群体,而真实用户通常在社群中有更复杂的参与模式,包括与不同账户的互动和参与多样化的话题讨论。机器人的社群参与度一般较低,或者集中于特定话题。

(4) 利用机器学习和统计模型。根据行为数据提取有意义的特征,如活动频率、时间戳、互动类型、社交网络特征等。使用机器学习算法(如随机森林、支持向量机等)来训练模型,区分机器人和人类用户的行为模式。通过交叉验证等方法测试模型的准确性,提高其在未知数据上的泛化能力。

3. 基于账号关系特征的识别方法

基于账号关系特征的识别方法,着眼于分析社交媒体账号之间的连接模式和互动关系,寻找那些与人类用户行为模式显著不同的特征,这种方法需要构建和分析社交网络图。

(1) 构建社交网络图。首先,需要从目标社交媒体平台收集大量的用户账号及其关系数据,如谁关注了谁,谁与谁有互动等。然后利用这些数据构建社交网络图,图中的节点代表个体用户账号,而边代表账号之间的关系。

(2) 分析网络结构特征。分析网络中节点的度分布。机器人账号一般具有非典型的度分布,如过多或过少的关注者。真实社交网络通常展现出小世界属性,即大多数节点都可以通过较短的路径连接。分析网络的小世界属性,检测异常结构可以发现机器人网络。另外,真实用户的社交网络往往会形成基于共同兴趣或背景的社群。异常的社群结构,如过度密集或完全隔离的群体,可能意味着机器人的存在。

(3) 分析中心性指标。中心性指标(如度中心性、接近中心性、特征向量中心性)可以帮助识别网络中的重要节点。机器人账号经常在这些中心性指标上表现异常,因为它们被设计用来扩散信息或建立特定的连接模式。

(4) 利用图算法进行社群分析。通过应用社区检测算法,可以识别网络中的密集连接群体。机器人账号会形成或加入非常紧密的社区,以促进特定信息的传播。网络的模块性反映了网络中社区结构的清晰度,异常高或低的模块性一般意味着机器人账号的干预。

(5) 综合分析与机器学习。基于上述分析,提取用于机器学习的特征向量。使用提取的特征和已知的标注数据(机器人账号和真实用户账号)来训练机器学习模型,以自动区分机器人和人类用户。

(6) 持续监控与更新。社交网络是动态变化的,定期更新网络数据并重新分析,以捕捉机器人行为的变化。随着新数据的积累和机器人策略的演变,定期迭代更新分类模型,提升其有效性和准确性。

比较而言,基于账号行为特征的社交机器人识别方法具有一定的滞后性和易伪造性,即用户进行过类似水军的行为后,该类方法才能进行识别,并且该类用户特征很容易被修改、掩饰,但是整个网络关系具有一定的稳定性,其特征不容易被用户行为所影响。因此,利用社交机器人账号自身具有的高度聚集性以及与普通用户关系稀疏等特点,能够很好地发现社交领域的规模化"网军"。

# 第十二章

# 舆论专题分析

舆论分析可以广泛应用于风险分析、公共决策分析、市场洞察等典型应用场景之中。本章重点面向应用,融合舆论大数据分析中的各个模块,介绍各类专题分析的重点内容与具体方法。

## 一、舆论风险分析

风险分析是一种用于识别、评估和优先处理在特定情境下可能威胁到组织目标的不确定性的过程。它是风险管理过程的一个重要组成部分,目的在于帮助组织预测和减轻潜在的负面影响。

### (一)风险分析的价值

在当代社会,舆论的力量日益增强,对组织的影响愈发显著。组织必须采取主动措施,识别和管理潜在的舆论风险,以维护其声誉和形象。

1. 提前识别潜在危机

通过综合性的舆论监控和分析,组织能够建立一套有效的预警机制,识别可能引发危机的风险弱信号。这种机制的重点是对社交媒体、新闻报道和公众论坛的实时监控,以及对相关数据进行深入分析,从而预测潜在的风险和问题。在实际操作中,这种预警机制主要体现为定期的舆情报告、实时警报系统和危机预演练习。当潜在风险被识别时,组织可以迅速召集危机管理团队,制定并实施应对策略,从而有效减轻负面影响。

2. 维护品牌和声誉

品牌声誉是组织最宝贵的资产之一。负面舆论会迅速损害公众对组织的信任和忠诚度,但品牌声誉的构建和维护是一个长期且持续的过程,涉及组织所有层面的参与和努力。舆论风险的管理是这一过程中的关键组成部分,它要求组织不仅要应对即时的负面舆论,还要主动塑造和传播正面信息。

3. 优化资源分配

资源分配的优化要求组织在面对舆论风险时,能够基于风险的严重性和紧迫性,合理调配财务、人力和时间资源。通过建立风险评估模型和决策支持系统,组织可以更科学地判断哪些风险需要立即响应,哪些可以长期监控,从而有利于资源的有效利用。

4. 提升决策质量

舆论风险分析为组织提供了关键的市场或社会动态信息,有助于提升决策的信息基础,使决策过程偏向数据驱动和结果导向。在战略规划、公共决策、市场进入、产品开发等关键决策点,组织可以利用舆论分析的结果,评估不同选项的风险和机会,制定更加周全和符合实际情况的策略。

5. 适应法律和合规要求

在某些情况下,对舆论风险的分析和管理也是遵守法律和行业规定的一部分,特别是对于那些对公共安全、环境保护和金融透明度有严格要求的领域。随着法律法规和行业标准的不断变化,组织需要持续监测相关的法律和合规风险,提升其业务和操作的合法性和合规性。

总之,对舆论风险进行分析,使得组织能够更主动、更智能地管理与公众的互动,减轻潜在的负面影响,同时抓住加强声誉建设的机会。

**(二)舆论风险的类型**

1. 声誉风险

声誉风险是指负面事件、谣言或公众舆论的变化,导致公众对一个组织、个人或产品的看法变差,进而影响其声誉的风险。根据其来源和潜在的影响范围,声誉风险可以进一步细分为多种类型。

(1)战略性声誉风险。战略性声誉风险涉及组织在制定和执行其长期目标、决策和方向时遇到的风险。错误的业务决策、不恰当的合作伙伴选择或投资战略失误等,都可能导致利益相关者信任的侵蚀,进而对组织的声誉造成负面影响。

（2）社会责任声誉风险。社会责任声誉风险则反映了组织在履行其对社会和环境的责任方面遭遇的挑战。在当前全球化的商业环境中，公众、消费者和其他利益相关者对组织的社会责任表现持续关注，忽视环境保护、不公正的劳动实践或缺乏社会贡献等行为，会被放大并通过社交媒体等渠道广泛传播，造成公众信任和声誉的严重受损。

（3）操作性声誉风险。操作性声誉风险源自组织内部运营的失败或效率低下，如产品缺陷、服务中断或客户服务不佳等问题，直接影响消费者或公众的体验和满意度，进而损害公众对组织的评价。

2. 政治风险

政治风险的内涵广泛，不仅包括直接的政治行为（如政府政策变化），还包括因政治敏感话题或冲突而引发的广泛社会讨论和行动。

（1）政策与法规变更风险。在政府政策的形成与变动过程中，舆论的力量不容忽视。政策因舆论而进行的突然改变会对企业的合规要求、税务政策以及市场准入条件带来深远的影响。

（2）政治稳定性风险。政治舆论的强烈动荡能触发或者加剧国家或区域内的政治不稳定情况，例如广泛的抗议活动、罢工行为或政变事件。对于在此类地区开展运营的企业而言，这种政治不稳定性对其资产的安全性、员工的福利以及企业的业务连续性会造成显著影响。

（3）国际关系及制裁风险。在国际政治舞台上，政治冲突或紧张状态往往伴随着公众舆论的激烈争辩，这可能导致贸易限制、经济制裁或对投资的限制措施。对于跨国企业来说，这种情况就意味着面临重大的市场及供应链风险。

（4）社会动乱与公众抗议风险。政治事件或决策所引发的公众抗议与社会动乱不仅会对日常运营产生直接影响，还可能迫使企业关闭门店、中断生产流程或造成设施的损坏。

3. 法律与合规风险

舆论引发的法律与合规风险指的是舆论曝光的行为涉嫌违反法律法规、行业标准或社会伦理的情况。

（1）违规行为曝光。当企业的违法或不道德行为，如欺诈、腐败、侵犯隐私权、环境污染等，通过媒体或社交网络平台被揭露时，往往会吸引监管机构的注意并促使其采取行动，进而导致法律诉讼、罚款或其他惩罚。

（2）合规要求变更。在社会舆论的影响下，公共安全、环境保护、数据保护等关键领域的法律法规更新，要求企业必须调整其运营模式和策略，以遵守新的合规标准，忽视这些变化则会招致法律后果。

（3）消费者权益保护。消费者保护问题，诸如产品安全性、广告的真实性以及服务质量，经常成为讨论焦点，消费者的集体诉讼会给企业带来财务损失和声誉损害。

（4）劳工问题。公众对于劳动条件、工资公平性、歧视及骚扰问题的高度关注会引起法律诉讼，触发企业的法律和合规风险。

（5）知识产权侵权。在创意产业、媒介和技术领域，舆论关注往往集中在知识产权侵权问题上，特别是在作品被非法复制或传播的情形下，会引发版权诉讼和商标争议。

（6）契约和商业交易争议。在商业活动中，不透明或不公正的行为，如合同违约、商业欺诈或不正当竞争，也常成为公众关注的焦点，并引起相关的法律和合规风险。

4. 市场风险

对企业而言，舆论引发的市场风险指的是由于公众舆论变化导致的市场行为变化，这种变化会对企业的销售、市场份额、品牌价值和长期发展战略产生负面影响。

（1）消费者信心下降。在负面信息曝光后，舆论会削弱消费者对某个品牌或产品的信任，进而直接导致需求减少和销售额的降低。

（2）市场份额流失。当消费者因不满而转向竞争品牌，企业不仅会在直接受影响的产品或服务上失去市场份额，而且有时会波及企业的其他业务部门，造成更广泛的影响。

（3）投资者信心动摇。对上市公司而言，负面舆论会引发投资者信心的动摇，影响其股价和整体公司估值。投资者对企业未来前景的担忧甚至会促使他们卖出股份，从而加剧公司的财务压力。

（4）融资成本上升。在负面舆论的背景下，企业会面临更加困难和成本更高的融资环境，债权人和投资者对于风险的评估提高，会要求更高的风险溢价。

（5）合作和商业关系受影响。由于负面形象，合作伙伴、分销商和供应商会重新考虑甚至终止合作关系。

5. 行政风险

前文所述的风险主要是针对企业和其他商业组织来说的,对政府而言,舆论还可能带来一些特别的风险,影响政策制定、公众信任、社会稳定以及国内外形象等。

(1) 政策执行风险。政策的成功执行通常需要公众的积极参与和合作,负面舆论会导致政策执行过程中的延迟和不确定性,影响政府响应社会问题的效率和效果。在面临公众抵制和反对时,政府还需要采取额外措施来提高政策的接受度,比如通过宣传教育来增强公众理解,或者对政策进行调整以满足公众期望,而这些额外的努力都会增加政策执行的成本。

(2) 公信力降低。当负面舆论广泛传播,特别是公众对于政府政策或行为的有效性和公平性产生怀疑,会侵蚀政府的公信力。政府被视为社会各阶层之间沟通和协调的桥梁。当这座桥梁的基础——信任受损时,不同社会群体之间的分歧会加剧,社会矛盾加深。

(3) 政治分裂和极化。舆论可能加剧政治分裂,尤其是在具有争议性的议题上。争议性议题往往触及个人的价值观,使得公众意见更加两极分化。在这种情况下,舆论倾向于支持极端立场,减少对中间立场的容忍和支持,使得政治对话变得困难。舆论还可以使政治身份固化,使个人的政治立场成为其社会身份的一部分。当政治辩论变成对个人或集体身份的辩论时,意见分歧就变得更加难以调和。

(4) 国际形象和外交关系风险。国家形象会影响国际社会对该国的看法和态度,是国际关系维护中的一个关键因素。负面舆论,尤其是关于政府的不当行为、环境破坏或社会不稳定的报道,会迅速损害国家形象,降低该国在国际舞台上的声誉和软实力。国际社会的看法受到国内外负面舆论的影响,会导致外国政府重新评估与该国的关系。在极端情况下,国内外的负面舆论可能直接触发外交危机。例如,如果负面舆论涉及国际社会普遍关心的问题,可能会导致紧张关系升级,甚至是国际干预。

(5) 经济影响。舆论对经济政策和管理的质疑会通过多种渠道影响经济的稳定和增长。如果舆论普遍质疑政府的经济政策和管理能力,会导致投资者担忧未来的经济方向和稳定性,从而影响他们的投资决策。股市对经济预期和投资者情绪极为敏感,负面舆论会降低投资者对未来经济增长和企业盈利能力的信心,直接导致股价下跌。此外,市场的不确定性会导致交易波动加剧,进一步影响股市稳定。舆论对经济政策的质疑同样可以影响货币的价值。如果投资者认为政府无法有效管理经济,则会降低持有该国货币的意愿,从而导致汇率下跌。汇率的波动不仅影响国际贸易的成本和竞争力,还会导致资本流出,进一步加剧经济的不稳定。

### (三)舆论风险分析的过程

在舆论领域,对风险的分析是一个涉及监测、识别和评估公众意见动态的过程,尤其是那些可能对组织声誉、品牌形象或运营产生负面影响的意见,其关键步骤如下。

1. 设定监测范围

明确组织关注的关键领域,包括品牌形象、产品或服务、高级管理人员的公众形象等,以及可能影响这些领域的外部因素,如政策变动、市场竞争态势和社会事件等。根据组织的业务领域、品牌、产品、高级管理人员和行业相关话题,设置监测关键词。

2. 建立舆情监测机制

利用社交媒体监控工具、新闻聚合服务和在线论坛分析工具等技术手段,实时追踪与组织相关的话题、讨论和舆情趋势。

3. 舆论风险识别

这个过程旨在尽早发现可能威胁组织声誉、业务运营或财务状况的舆论动态,从而使组织能够提前准备和采取适当的应对措施。

(1)通过深度分析收集到的数据,识别舆论的主要观点、情绪倾向和传播路径。这一步骤的目的是为评估不同观点的影响力和潜在风险级别打下基础,特别是要警惕那些可能迅速扩散并对组织产生重大负面影响的舆论。

(2)评估影响者和关键节点,识别在特定议题上具有影响力的个人或团体,包括意见领袖、社交媒体红人和行业专家等。了解这些关键人物的立场和影响力,可以为组织更准确地评估舆论风险打下基础。

(3)辨识潜在的风险触发事件,包括负面新闻报道、不利的消费者反馈、突发公共事件或其他任何可能由舆论波动所引发的意外情况。

4. 舆论风险评估

对风险进行优先排序是舆论风险分析过程中的关键步骤,旨在确定哪些事件需要首先被关注和处理。这个过程有助于组织有效地分配资源,从而能够迅速且有效地应对最严重的威胁。

（1）确定评估和排序舆论风险的标准。一般基于两个主要维度：一是影响程度，即预计风险成真时对组织造成的损害或影响的大小；二是发生的可能性，即风险在给定时间内发生的概率。

（2）将每个已识别的舆论风险按照其影响程度和发生可能性进行定量化评估，以便进行比较和排序。按影响程度评分的话，可以从1~5或1~10等标度中选择，更高的分数代表更大的潜在影响。按发生可能性评分的话，同样使用一个标度（如1~5或1~10），更高的分数表示风险发生的可能性更大。

（3）结合影响程度和发生可能性的评分，使用风险矩阵来可视化每个风险的相对优先级。风险矩阵通常是一个二维表格，横轴代表发生可能性，纵轴代表影响程度。这样，每个风险都可以被定位在矩阵上的相应位置。

（4）综合考量，确定哪些风险应该首先被关注。这个决策过程还需要考虑组织的资源限制、风险管理能力以及其他相关因素。有时，即使某些风险的综合评分不是最高，但由于其紧迫性（即需要立即响应的风险），也可能被赋予较高的优先级。

（5）根据优先级排序，为每个高和中优先级的风险制定具体的应对和缓解策略。通过这个过程，组织能够在有限的资源下，优先处理那些可能产生更大负面影响的舆论风险。这不仅有助于减轻潜在的损害，也能够提高组织对突发事件的响应效率和效果。

5. 舆论风险分析报告

撰写舆论风险分析报告旨在为组织提供关于潜在的舆论风险的深入洞察、评估和建议，其基本步骤和要素如下所示。

（1）准备阶段。

首先，明确报告的目的是什么，主要的目标受众是谁（如高级管理层、风险管理团队、公关部门等）。

同时，使用各种工具和方法收集相关的舆论数据，然后进行分析，以识别主要的舆论动态和潜在风险。

（2）报告结构。

舆论风险分析报告一般包括三个部分：首先是引言部分，包括了背景信息、目的和目标、分析方法和数据源等;然后是舆论风险分析部分,重点结合数据分析呈现风险分析和评估中的关键发现;最后是应对建议部分,提出针对性和可行性强的措施建议,具体结构如下所示。

**引言**
- 背景信息:简要描述报告的背景,包括进行舆论风险分析的原因、分析的时间范围和数据来源。
- 目的和目标:明确报告的目的和希望达成的目标。
- 分析方法:描述用于收集和分析数据的方法和工具。
- 数据源:列出所有的数据来源。

**舆论风险分析**
- 关键发现:概述分析过程中发现的主要舆论趋势和话题。
- 风险识别:详细介绍每个识别出的舆论风险,包括风险来源、影响的可能性和程度。
- 风险评估:对每个风险进行评估,分析其对组织可能产生的具体影响。基于风险的严重性和发生的可能性,对应对措施进行优先级排序。

**应对建议**
- 应对策略:为每个识别和评估的舆论风险提出具体的应对策略和建议。

(3)审核和完善。

提交报告给同事或专家进行审校,收集反馈意见,并根据反馈对报告进行必要的修订和完善。

我们假设有一个舆论热点:某科技公司出现数据泄露事件,引发舆论广泛关注。下面是关于这个舆论热点的风险分析报告概要。

**舆论风险分析报告**

**背景**

近期,××公司遭遇了一次严重的数据泄露事件,据报道,超过100万用户的个人信息被非法访问和公开。该事件迅速引起了社交平台、新闻媒体和在线论坛的广泛关注。

**目的**

本报告旨在分析该数据泄露事件的舆论风险,评估其对××公司造成的影响,并提出相应的风险应对建议。

**方法和数据源**

分析方法:采用社交媒体监测工具和新闻聚合平台来收集相关讨论和报道。

数据源:主流社交平台、主要新闻网站及技术论坛。

**关键发现**

大量社交媒体帖子和新闻报道聚焦于数据泄露的规模和性质,用户对××的信任度显著下降。

一些影响力较大的技术博主和行业分析师质疑公司的数据保护能力和透明度。

在线论坛上出现了对公司未来产品和服务安全性的担忧讨论。

**风险识别与评估**

声誉风险:公司面临着声誉受损的风险,可能导致客户流失和市场份额下降。

财务风险:数据泄露事件可能引发罚款和诉讼费用,对公司的财务状况产生影响。

运营风险:需要重新评估和加强数据保护措施,导致运营成本增加。

**应对建议**

第一,即刻响应,发布公开声明,承认错误,说明正在采取的措施以及对受影响用户的补偿计划。

第二,加强安全措施,立即审查和加强公司的数据安全和隐私保护措施。

第三,定期更新公众关于改进措施和调查进展的信息,增强透明度。

第四,启动公关活动,重建公众信任,强调公司对数据安全的承诺。

## 二、公共决策分析

公共决策分析是一个应用决策科学和政策分析方法来解决公共政策问题的过程。它的重点是在公共管理、政府决策和政策制定中,对各种可能的决策方案进行系统、量化的评估,以促使决策过程更加明智、高效和公正。其目标是提供一个结构化的决策框架,帮助政策制定者在面对复杂的社会问题、多样的利益相关者以及有限的资源时,做出最优的选择。

在公共决策过程中,舆论分析具有重要的价值。舆论分析能够提升公众意见和需求的可见性,不仅有助于提高决策的质量和实施的有效性,而且可以使决策过程更加开放和透明,吸引公众参与到决策过程中,增强公众对决策过程的信任。不仅如此,公众舆论常常反映出社会的新趋势、新问题和新需求,揭示公众对未来发展的期望和担忧。通过对这些信息的分析,可以理解公众的长期需求,促使政策和服务不断适应社会的变化,为政府提供决策的前瞻性指导。此外,舆论分析能够帮助政府及早识别和理解潜在的社会问题和公众不满,为风险管理和危机预防提供决策支持。

### (一)情报收集和需求识别

在公共决策过程中,通过舆论分析进行情报收集和需求识别是一个系统的过程,目的是从公众的视角获取决策相关的重要信息,以支持更加负责任并且有效的决策。

1. 提炼关键洞察

提炼关键洞察是在公共决策过程中分析舆论数据的一个核心步骤,旨在从大量信息中识别出对决策具有重要影响的关键信息和趋势。

(1)使用文本分析技术,如主题建模(例如 LDA 算法),来识别舆论数据中的主要主题,以帮助决策者理解公众讨论的核心议题是什么。

(2)通过情感分析识别公众对于不同主题的情感倾向和情感类型,以了解公众对特定议题或政策的态度和反应。

(3)分析舆论的时间序列数据,识别讨论的热度变化趋势,以帮助发现哪些议题正在变得更加重要或受到更多关注。

（4）探索不同主题、情感或关键词之间的关联性，了解哪些因素经常一起出现，以揭示公共决策过程中潜在的关联模式或因果关系。

（5）结合定性分析，深入解读数据分析结果背后的含义。通过分析公众的讨论内容、使用的语言和表达的情绪，提炼出关键的洞察，并特别聚焦公众的主要需求、问题、期望和偏好。

（6）使用不同的数据集或分析方法验证初步得到的洞察，提升这些洞察的可靠性和普遍性。

需要说明的是，提炼出的关键洞察应直接对决策过程有用，能够指导政策制定、调整和实施，有助于政策更好地反映公众的意见和需求。这个过程要求综合应用多种数据分析技术和工具，同时结合决策者的经验和直觉，以提炼出真正有价值的洞察。

2. 需求识别和分类

在公共决策过程中，基于舆论数据分析进行需求识别和分类，可以帮助决策者理解公众的需求和期望，以便更有效地制定或调整政策。

（1）在提炼关键洞察的基础上，进一步分析舆论数据，识别公众表达的具体需求和问题。例如，公众可能对某项政策的改进提出具体建议，或对现状表达不满，这些直接陈述可以被视为需求或问题的指示。

（2）将提取出的需求和问题进行分类和编码，根据性质分组。例如，可以按照需求的类型（如经济、社会、环境等）、紧迫性、影响的群体大小等标准进行分类。

（3）对识别出的需求和问题进行优先级排序，考虑其对社会的影响、解决的紧迫性、政策制定的可行性等因素。这一步骤可以通过多准则决策分析方法（如 AHP、SWOT 分析等）来辅助完成。

（4）通过额外的数据源或研究方法（如调查问卷、深度访谈）验证识别出的需求和问题的有效性与普遍性。

（5）将识别和分类的需求整理成报告，详细描述每个需求的内容、利益相关者、优先级等信息，以及推荐的政策响应和行动方案。然后，将需求报告呈现给决策者和公众，收集反馈，并根据反馈进行必要的调整。

通过上述系列步骤，决策者可以系统地从舆论数据中识别和分类公众的需求和问题，为制定更加符合公众期望和社会需求的政策提供支持。这个过程要求分析者具备跨学科的分析技能，包括数据分析、社会学和政策分析等,以保证能够更准确地理解和响应公众的需求与声音。

3. 利益相关者映射

在公共决策过程中,进行利益相关者映射的目的是识别和理解所有与决策相关的群体及其需求、期望和潜在影响,以帮助决策者考虑到不同的视角和利益,提高政策的全面性和接受度。

(1) 明确决策目标和范围,确定需要考虑的利益相关者类型,其中包括直接受政策影响的群体、对政策有影响力的组织以及对政策结果有兴趣的相关方。

(2) 通过分析舆论数据,识别提到或参与讨论的个人、组织和群体,寻找提出需求、问题或意见的利益相关者。

(3) 分析利益相关者的影响力和立场,确定他们对决策过程的影响力(高、中、低)以及他们对于特定议题的立场(支持、反对、中立)。这一步可以通过评估他们在社会中的角色、话语的范围和深度以及参与度等因素进行。

(4) 提取不同利益相关者群体的具体需求和期望,关注他们讨论的主题、使用的论点和表达的情感,以深入理解他们的关切点。

(5) 创建利益相关者地图,使用图表或矩阵将利益相关者按照影响力和立场进行映射,直观地展示不同群体之间的关系和相对位置,以及他们可能对决策过程的影响。

(6) 基于利益相关者地图,分析可能的利益冲突和合作机会,评估协作潜力。需要重点考虑如何通过沟通和协商解决冲突,以及如何利用潜在的协作关系促进决策的实施。

(7) 在决策过程中持续监测舆论和利益相关者的变化,必要时更新利益相关者地图,以提升决策过程的动态适应性和公众参与的持续性。

通过上述步骤,决策者可以基于舆论数据有效地进行利益相关者映射,进而有助于提高公共决策的透明度、合理性和有效性,平衡不同利益群体的需求和期望。

## (二) 提升公共决策的社会支持

公共决策的社会支持是指在政策制定和执行过程中,公众、社会组织、利益相关者以及媒体等对政府决策的认可、接受和支持。这种支持不仅体现为对政策本身的赞同,还包括对决策过程的信任和满意。社会支持的程度直接影响政策的实施效率、公众合作的程度以及政策目标的最终实现。

1. 营造宏观意见气候

意见气候(opinion climate)是指在特定时间和空间内,一个社会群体对于某一事件或政策所持有的普遍意见和态度的总和。这个概念强调的是公众意见的集体性和趋势性,反映了社会对于特定议题的普遍看法、情绪和预期反应。意见气候不仅包括公众的直接反馈,也包括通过媒体报道、社交媒体讨论等间接方式体现出的公众意见倾向。

意见气候的重要性在于可以有效影响个人意见和行为,因为人们在形成自己的观点时往往会考虑到社会大多数人的意见。在一个倾向性明确的意见气候中,与主流意见相反的声音可能会被压制。意见气候的形成和变化受多种因素影响,包括媒体报道、社会事件、公众人物的言论、文化价值观的变化等。在公共决策过程中,政府和决策者会考虑利用意见气候来制定和调整政策,以得到公众的理解和支持,减少执行阻力,提高政策效果。

(1)在政策制定的早期阶段,就要开始与公众沟通,提供关于政策目标、预期效果和可能影响的清晰信息。另外,还要注意提升决策过程的透明度,利用公开讨论、专家意见等,使公众能够看到决策的依据和过程。

(2)在决策信息传播中强调政策的积极影响和成功案例,可以使用具体数据和实例来展示政策带来的好处,并注重利用多种传播渠道,包括社交媒体、新闻发布、公共讲座等,提升针对不同目标群体的信息覆盖度。

(3)建立反馈机制,通过在线平台、公开会议等方式,主动征求公众对政策的意见和建议,让公众感到被重视,并对公众的疑问和担忧给予及时和具体的回应,适时调整政策内容或策略以解决公众关切。

(4)强化公众教育和参与,举办教育活动和培训工作坊,提高公众对决策议题的理解和认识,减少由于信息供给不足造成的误解和恐慌。鼓励和促进公众参与决策过程,如通过公众咨询、工作组和民意调查等形式,提升政策的民主性和公众的归属感。

(5)识别并与社区领导、专业人士和意见领袖合作,利用他们的影响力和信誉来传播政策的积极信息,从而有效营造支持政策的意见气候,提升公众对公共决策的支持度。

## 2. 实施精准舆论引导

不同利益相关者可能因其角色、需求、关切点和信息获取渠道的不同而对政策有不同的反应。在公共决策过程中,需要采取细分和定制化的策略,针对不同类型的利益相关者实施舆论引导,以提升决策的社会支持。

(1) 根据利益相关者的特征、影响力、对决策的态度(支持、中立、反对)进行分类。深入了解各类利益相关者的具体需求、关注点和信息偏好,以便更有效地沟通和引导。

(2) 根据不同利益相关者的需求和期望,定制化信息内容,提升信息的相关性和吸引力。同时根据各类利益相关者的信息消费习惯和偏好,选择最有效的沟通渠道,如社交媒体、专业论坛、会议座谈等。

(3) 为不同的利益相关者提供参与政策讨论和决策过程的机会,如公开座谈会、在线咨询、工作坊等,通过促进不同利益相关者之间的对话和交流,寻求利益平衡和共识。

(4) 采用多元化的舆论引导手段,强调政策的积极效果和成功案例,特别是对某些利益相关者群体的直接益处,同时通过发掘、讲述与特定利益相关者有关的故事和案例,建立情感连接,提高政策的吸引力。

(5) 持续监测不同利益相关者群体的舆论动态,评估舆论引导的效果。根据反馈和舆论监测结果,及时调整沟通策略和信息内容,解决新出现的问题和疑虑。

需要强调的是,在舆论引导过程中,关键在于理解各利益相关者的特定需求和信息偏好,要对决策过程保持高度透明,公开政策背景、目标和预期效果,保持信息的准确性和一致性。

## 三、市场洞察

市场洞察(market insights)是指通过对市场数据的分析获得的深入理解和发现,来指导企业决策、策略的制定和执行。市场洞察不仅仅关注数据本身,更重要的是对数据背后的趋势、模式和潜在机会的解读和理解,以帮助企业把握市场动态,更好地理解消费者行为和需求,识别竞争对手的优势和劣势,发现市场的潜在机会和威胁。舆论大数据分析提供了一种基于数据驱动的方法,可以帮助企业从广泛且复杂的市场信息中提炼出有价值的洞察。

**(一) 消费者洞察**

消费者洞察(consumer insights)是指从消费者行为数据中提炼出的深入理解,以揭示消费者的需求、欲望、动机、偏好和行为模式。它不仅仅是关于消费者如何、何时和在哪里购买产品的信息,更重要的是他们这样做的深层次原因。消费者洞察能够帮助企业制定策略,以更有效地满足目标市场的需求,从而提高品牌吸引力、顾客满意度和市场份额。

消费者洞察的主要组成部分包括:理解消费者购买产品或服务的根本原因,特别是他们的需求、欲望、痛点和期望;观察和分析消费者的购买行为和使用行为,包括购买路径、购买频率和产品使用方式;了解消费者对产品特性、品牌、价格等方面的偏好;洞察消费者与产品、服务或品牌之间的情感联系,特别是品牌忠诚度和消费者满意度;跟踪消费者行为和偏好随时间的变化趋势,以预测未来的市场发展。利用舆论分析提升消费者洞察的效果,关键在于系统地收集和分析来自多个渠道的公众意见和情绪数据,然后将这些数据转化为对消费者行为、需求和偏好的深入理解。

1. 多媒介渠道监测

社交媒体是获得即时反馈和情绪分析的宝贵资源,要监测和分析消费者在社交媒体上的讨论,关注与产品、服务或品牌相关的评论、帖子和话题。在此基础上,还要关注专业论坛、博客和其他在线社区中的讨论,这些平台上往往会有更深入的意见交流。此外,还要注意分析电商平台、专业评价网站和应用商店中的用户评论和评分,了解消费者对产品和服务的实际感受。

2. 深入的洞察挖掘

(1) 消费者需求识别。消费者需求识别是指识别和了解消费者想要什么、需要什么以及期望什么的过程,这是企业进行市场营销和产品开发的基础。消费者需求可以分为三类。第一是功能性需求,指的是消费者对产品或服务的基本功能和性能的需求。例如,消费者购买手机,希望手机能够打电话、发短信、上网等。第二是心理性需求,指的是消费者对产品或服务所带来的心理感受和体验的需求。例如,消费者购买奢侈品,希望能够彰显自己的身份和地位。第三是社会性需求,指的是消费者希望产品或服务能够

大数据与舆论分析

满足其社会关系和社会期望的需求。例如,消费者购买名牌服装,希望能够获得他人的认可和羡慕。

通过舆论分析进行消费者需求识别,关键是利用自然语言处理技术,自动化地从大量数据中提取和分类信息,分析消费者讨论的内容,进而识别消费者的情绪、需求和对特定产品或服务的态度。在这一过程中,要特别关注消费者的需求表达,分析消费者如何描述需求,以及在使用产品或服务时遇到的具体问题;要分析消费者讨论的情绪倾向,正面情绪可能表明需求得到满足,而负面情绪则一般指向存在的痛点或需求缺口。

(2) 消费者行为模式分析。消费者行为模式分析是指研究消费者在购买和使用产品或服务过程中的行为模式和心理特征,可以帮助企业了解消费者购买产品或服务的目的、动机,消费者购买决策的过程以及剖析背后的影响因素。舆论反映了最新的社会动态和公众需求,可以通过舆论分析及时了解消费者的最新行为模式和心理特征。

舆论分析在消费者行为模式分析中的应用非常值得探索。例如,对数据进行分类,可以区分不同的消费者群体和行为模式。分析消费者讨论的内容,比较购买前的研究过程、产品比较、购买决策因素和购后评价,可以识别常见的消费行为模式。分析舆论焦点议题与消费行为的关联,有助于识别消费者行为的触发因素和动机模式。利用时间序列分析识别消费者行为模式随时间的变化趋势,有助于预测未来的消费者行为,为产品开发和营销规划提供依据。

3. 持续监测与集成数据

设置实时监控系统,以便快速捕捉和响应消费者的反馈和情绪变化,并将舆论分析结果与其他市场调研、客户反馈和销售数据整合,构建全面的消费者画像。基于综合洞察,就可以制定或调整产品开发、市场定位、营销策略和顾客服务策略。

(二) 竞争对手分析

竞争对手分析是一种市场研究策略,主要是收集和评估关于现有和潜在竞争对手的信息,以了解他们的业务运作、战略、强项、弱点、市场定位和性能。通过深入分析这些因素,企业能够获得关键的洞察力,帮助制定或调整自身市场策略,以便更有效地与对手竞争。通过分析数字平台上的公共讨论,舆论分析在竞争对手分析中的应用非常广泛,为企业提供了一个强大的工具来监控竞争环境、理解竞争对手,并帮助识别市场机会和潜在威胁。

1. 监测竞争对手的品牌声誉

公共平台上的数据涵盖了广泛的消费者群体和多样的意见,可以帮助企业获得关于竞争对手品牌的多维度视图。不仅如此,社交媒体和其他在线平台上的讨论往往是实时的,这意味着企业可以迅速捕捉到关于竞争对手的最新观点和情绪变化。这种实时性对于及时响应市场变化尤为重要。另外,与传统的市场调研相比,舆论分析提供的是未经引导的、自发的消费者反馈,这些反馈往往更加真实和客观。通过分析真实的消费者声音,企业可以更准确地评估竞争对手的品牌形象和市场表现。

2. 监测竞争对手的产品或服务

舆论分析使企业能够直接考察消费者对竞争对手产品和服务的看法、体验和评价,识别竞争对手产品的优势和劣势,特别是可以了解哪些特性或服务受到欢迎,哪些方面存在不满或投诉,对于优化自己的产品和服务以及制定竞争策略非常有价值。

3. 监测竞争对手的营销策略

利用舆论分析,不仅可以帮助了解竞争对手的营销行为和策略,还能揭示他们与消费者互动的效果。

(1) 内容分析。内容分析主要是深入调查和评估竞争对手在社交媒体上发布的内容,以帮助理解他们如何塑造品牌形象,以及他们向目标受众传递的核心信息和价值主张。具体包括:观察竞争对手如何展示他们的品牌和产品,注意使用的语言风格、图像和视频的类型以及内容的总体调性;分析竞争对手的核心信息,包括他们强调的产品优势、客户价值和独特卖点;识别竞争对手发布的不同类型的内容,如教育性文章、产品演示、客户评价或幕后故事等,了解哪些主题和内容类型最能吸引受众的关注。

(2) 活动分析。活动分析侧重于评估竞争对手的营销活动在社交媒体上的表现和效果,特别是促销活动、竞赛、广告和合作伙伴关系等。具体包括:记录并分析竞争对手开展的不同类型的营销活动,注意活动的设计、目标和执行方式;评估这些活动在社交媒体上的参与度,包括点赞、评论、分享和观看次数等;分析公众对这些活动的反应,以及任何直接的客户反馈;结合其他数据源,尝试评估这些活动对竞争对手品牌认知、客户参与和最终销售的影响。

（3）受众互动分析。受众互动分析的目标是理解竞争对手的目标受众以及他们与这些受众之间的互动模式。具体包括：通过分析受众的互动和参与，探索识别竞争对手目标的受众特征，如年龄、性别、地理位置和兴趣等；分析哪些类型的帖子获得了最高的参与度，包括最受欢迎和最被频繁分享的内容类型；观察竞争对手的发布时间和频率，以及他们如何根据受众的活跃时间调整发布策略。

**（三）趋势预测与机会识别**

舆论大数据分析对于市场机会和趋势分析也非常有价值。它能够提供关于市场动态以及行业趋势的深入洞察，对于企业在竞争激烈的市场中制定策略、抓住机会并保持竞争优势发挥着不可或缺的作用。

1. 市场趋势预测

市场趋势预测是指利用历史数据和分析工具来预测市场未来的发展方向、消费者行为的变化、行业动态以及产品或服务需求的趋势。这种预测可以通过统计分析、机器学习模型或专家判断等方法，基于各种数据来源，包括经济指标、行业报告、消费者调研、社交媒体分析等来完成，其核心目的是抓住市场机会。

舆论大数据分析在市场趋势预测中具有显著的应用价值。具体来说，通过舆论大数据分析，可以捕捉到消费者在社交媒体和各类论坛上的实时讨论和反馈，为企业提供即时的市场反馈。更重要的是，舆论大数据分析不仅可以帮助企业捕捉当前的市场动态，还能通过对历史数据的分析来预测未来的市场趋势和消费者行为。利用机器学习和统计模型，企业可以预测特定事件对市场的影响，或者消费者对某类产品的需求趋势。因此，将舆论大数据分析的洞察应用于市场趋势预测，可以帮助企业做出更为精准和及时的决策。

（1）趋势识别。基于舆论大数据分析进行趋势识别的关键是通过分析时间序列数据，观察社交媒体、在线论坛、评论和博客上关键词和短语的出现频率及其随时间的变化，来识别消费者兴趣、市场需求和行业动向的变化。例如，某个产品特性突然成为讨论的热点，预示着增长的市场需求或消费者兴趣的转变。

趋势识别的重点内容有以下几个方面。第一，频率分析。计算关键词和短语在不同时间段的提及频率，分析其增长或下降趋势。第二，对比分析。将不同时间段的数据进行对比，识别显著变化的点或模式。在此基础上，就可以基于历史数据和当前趋势，使用统计模型或机器学习算法对未来的市场趋势进行预测。第三，情境分析。深入分析关键词和短语出现频率变化的背景，了解是哪些事件、新闻或市场动态驱动了这些变化，探索与趋势变化相关的其他因素，如新产品发布、行业政策更新或重大社会事件等。

（2）模式识别。基于舆论大数据分析，模式识别可以帮助企业深入理解消费者的行为、偏好变化及市场发展的动态趋势。

进行模式识别分析，对相关数据进行预处理与特征提取之后，可以首先通过探索性数据分析，初步观察数据的分布和关联性。这一步可以使用可视化工具，如散点图、直方图、热力图等，帮助识别数据中的潜在模式。然后使用聚类算法（如 K-means、层次聚类等）对特征进行分组，以发现数据中的自然分群。这些分群一般代表对特定事件的反应类型或是市场趋势的不同方面。还可以应用关联规则挖掘技术（如 Apriori 算法、FP-growth 算法等），从数据中发现项之间的关联性。例如，分析消费者讨论中提到的产品特性组合，揭示消费者对产品组合的偏好。对于时间序列数据，可以使用序列模式分析技术来识别事件或行为的时间序列规律，以帮助理解消费者行为的周期性变化或对事件的逐步反应过程。最后，基于识别出的模式和规律，构建预测模型（如 ARIMA 模型、随机森林、神经网络等），用于预测未来的市场趋势。

2. 市场机会识别

利用舆论大数据分析进行市场机会识别，是一个将定量数据与定性洞察结合的过程。首先，需要设定分析目标，明确希望通过舆论大数据分析识别哪类市场机会，如新的消费者需求、未满足的市场需求、新兴的市场趋势等。然后，选择能够反映目标市场和消费者群体的意见和行为的数据源，并做好数据预处理。在此基础上，还需如下关键步骤。

（1）应用自然语言处理技术，分析消费者讨论的情绪倾向，识别正面和负面的意见；利用时间序列分析，追踪关键词和话题随时间的变化趋势，识别增长或下降的兴趣点；使用主题建模技术（如 LDA），从大量文本中提取主题，揭示消费者关注的核心问题和讨论的热点。

（2）根据分析结果，识别消费者需求的模式和变化趋势，尤其是那些未被充分满足的需求或新兴需求；分析竞争环境中的空白点和竞争对手的不足之处，作为进入市场或开发新产品的机会；通过情绪分析和主题建模，发现消费者对现有产品或服务的不满之处，这些都是创新改进的机会。

（3）对识别出的市场机会进行初步评估，并重点考虑市场规模、成长潜力、竞争难度等因素。通过消费者调研、焦点小组讨论等方法进一步验证分析得到的市场机会，提升其真实性和可行性。最后，基于识别和验证的市场机会，制定相应的产品开发、市场进入或营销策略。

除了上述应用场景之外，舆论大数据分析还广泛应用于声誉管理、客户服务与支持、社会研究、文化趋势分析、公共健康监测等诸多领域，并显示出巨大的应用潜力。

# 第十三章

# 数据出真知

舆论大数据分析的本质是一个基于数据来进行知识获取的过程,如何理解和处理舆论数据以及我们如何从中获得知识,是这一过程中的核心问题。

## 一、正当化的真实信念

知识是什么？关于知识的定义在哲学领域内存在广泛的讨论,并没有一个单一的"主流定义"能够涵盖所有哲学家的观点。然而,正当化的真实信念(justified true belief，JTB)理论长期以来一直是知识定义的重要基础,尽管面临着诸如盖蒂尔问题等的挑战。JTB 理论试图通过以下三个条件来定义知识:

第一,命题为真;

第二,个体相信该命题;

第三,该信念是有正当理由的。

基于 JTB 理论,大数据背景下的知识主要关乎数据真实性、分析准确性以及结论可靠性等问题。因此,如何保证从大数据分析中得到的结论既是真实的,又让人们有足够的理由相信其真实性,是一个关键问题。

为此,在舆论大数据的分析过程中,我们要注重数据收集的完整性与代表性,选择能够代表所研究总体的数据,涵盖足够宽广的样本,避免偏差,如性别、年龄、地域等因素。还要尽力做到多源数据的融合,以减少单一数据源可能带来的偏见。

我们要注重数据处理的透明度与准确性。要清晰记录和公开数据清洗和预处理的步骤,以提升分析的透明度和可信度。在模型训练过程中,要注意避免过拟合,让模型在未见数据上也能够保持良好的预测性能。

我们要注重分析方法的科学性与适当性,能够根据数据特性和研究目标选择合适的分析方法,并使用多种验证方法来提升结论的可靠性。还要通过统计学手段验证分析结果的显著性,确保结果不是偶然产生的。

我们要注重结果解释的客观性与全面性,避免主观偏见影响结果解释,基于数据分析结果进行客观的、科学的解释。对于同一结果,可能存在多种解释。应当探讨不同解释的可能性,并基于数据和逻辑进行合理的选择。

## 二、理性主义与经验主义的融合

对于知识来源的看法,一直存在理性主义与经验主义的分野。理性主义(rationalism)强调理性和逻辑推理是获取知识的主要源泉,认为人类的理性思维能力是理解世界和获取知识的关键。理性主义者认为,人们拥有先天的、非经验性的知识,即先验知识。这些知识不依赖于感官经验,而是通过理性思维本身就能够获得。理性主义认为,理性思考能揭示事物的本质和内在逻辑,需要通过演绎推理来获得新的知识。因此,理性主义特别重视数学和逻辑在知识体系中的地位,认为它们是普遍真理和必然性的典范。

经验主义(empiricism)则强调感官经验在获取知识过程中的基础作用。与依靠理性和先验原理来获取知识的理性主义相对,经验主义认为所有知识最初都源自感官体验,并通过感官经验进行验证。具体而言,经验主义认为,知识来源于外部世界对感官的刺激,人们通过看、听、触摸等感官体验来了解世界。因此,经验主义强调观察和实验的重要性,认为观察和实验是验证假说和理论的关键手段。经验主义倾向于否定或减少对先验知识(即在经验之前就存在的知识)的依赖,认为知识应通过经验获得和验证。另外,与理性主义偏好演绎推理不同,经验主义更强调归纳推理的作用,倾向于从特殊的观察中归纳出普遍的原理或规律。

舆论大数据分析强调的是数据驱动,体现了对理性主义与经验主义的融合。数据驱动(data-driven)是一种决策和操作方式,强调利用数据分析和事实证据来引导决策过程,其核心理念在于通过收集、分析和解释数据来优化决策、提高效率和效果。数据驱动的方法强调客观性和可量化的结果以及持续的迭代分析,体现了理性主义与经验主义的融合。这种融合主要表现在通过理性和逻辑的方法系统分析基于经验获得的大量数据,以获取知识和洞察。

舆论大数据分析的基础是大量的数据,这些数据来源于人们的在线行为、社交媒体互动、新闻报道、公共评论等,这些都是经验主义强调的"经验"或"感官观察"的现代等价物。经验主义认为知识来源于经验,而在这个过程中,数据是对广泛社会经验的数字化记录。虽然数据来源于经验,但对数据的分析、模式识别和趋势预测则依赖于理性主义强调的逻辑和推理。数据分析的工具和算法,包括统计分析、机器学习模型等,都是理性工具,用于从数据中抽象出规律、关系和原因。另外,在分析数据时,研究者也会利用先验知识来指导数据处理和模型构建,包括选择哪些变量进行分析、如何预处理数据以及选择合适的分析模型。

在舆论大数据分析中,决策过程基于对大量经验数据的理性分析,而这种基于数据的决策方法超越了单纯依赖直觉或个人经验的传统决策方式,也体现了经验主义和理性主义的结合。大数据分析往往是一个迭代的过程,分析结果可以反馈到新的数据收集和分析中,进而推动分析模型的调整与优化。这个过程既依赖于对经验数据的收集和分析(经验主义),也依赖于对模型和假设的逻辑评估和调整(理性主义)。

### 三、主观性与客观性的融合

舆论大数据分析所依赖的原始数据通常被认为是客观的,因为这些数据反映了用户的真实行为。例如,社交媒体上的帖子、评论和点赞等,都是用户主动产生的行为数据。不过,我们要对舆论大数据分析的客观性有辩证认识。首先,尽管原始数据反映了实际的用户行为,但数据的收集、选择和处理过程中可能引入偏差。例如,某些用户群体在数据中代表性不足,或者在数据清洗过程中误删了重要信息,这都会影响结果的客观性。其次,分析过程也有一定的主观性。研究者在选择数据分析模型、设定参数、解释结果时,都会受到自己知识背景、假设前提和研究目标的影响。这意味着,即使是基于相同的数据集,不同研究者也可能得到不同的结论。不仅如此,数据分析的结果也需要人来解释,这个解释过程也充满了主观性,研究者的价值观、期望和经验都会影响他们如何理解数据分析结果。

因此,舆论大数据分析体现了主观性与客观性的融合。不过,这两者并不是相互排斥的,而是相互补充的。客观数据为研究提供了坚实的基础,而主观分析使得研究者能够将数据放入特定的社会、文化和历史背景中进行解释。理想的舆论大数据分析是找到主观性和客观性之间的平衡,这意味着在保持数据分析严谨性和客观性的同时,也要识别和批判性地考虑分析过程中的主观元素。研究者需要反思自己的假设和分析过程,时刻警惕可能的偏见和局限。

认识到舆论大数据分析中主观性与客观性的融合,对于提高数据分析的质量、促进负责任的数据使用、深化对社会现象的理解以及增强公众对数据分析的信任等,都具有重要价值。这种认识鼓励我们以更加开放和批判的态度来看待数据分析,以寻求更加准确和全面的理解。

承认和理解分析中的主观性和客观性,也可以帮助研究者更深入地理解数据背后的社会、文化和心理现象,而不是仅仅停留在表面的数据模式识别层面。大数据可以揭示人们的行为模式、社交网络的结构以及舆论的流动趋势。然而,仅仅停留在数据模式的识别上,往往无法充分理解这些现象背后的深层次原因和社会意义。通过认识到数据分析中的主观性和客观性,研究者可以更加深入地探索数据背后的社会、文化背景和心理动因。

另外,数据背后的社会现象是多维的、动态的并且充满了复杂性。例如,同一数据模式在不同文化或社会背景中可能有着截然不同的含义。理解分析的主观性和客观性,有助于研究者更加审慎地解读数据,考虑到多种可能的解释和背景因素,避免过于简化或误解复杂现象。

因此,舆论大数据分析的深入不仅需要数据科学的技术和方法,也需要社会科学、心理学、人类学等领域的理论和见解。如数据科学家与社会学家共同探讨数据反映的社会结构问题,或者与心理学家合作分析公众情绪的变化模式。这种跨学科合作使得研究者能够共同构建更加综合的理解框架,不仅基于数据识别模式,还能深入解读这些模式背后的意义和原因。这种合作有助于生成更加全面和深刻的社会洞察,为解决复杂的社会问题提供更加有效的策略和解决方案。

## 四、走向社会深处

在舆论大数据分析过程中,主观性与客观性的融合也反映了建构主义的观点,即知识不是被动地从现实中提取出来的,而是通过个体或集体在特定社会文化背景下的活动建构出来的。首先,舆论大数据是在特定的社会和文化背景下收集的,这意味着数据反映了这些背景中的价值观、信念和偏好。其次,大数据收集和分析工具本身可能带有设计者的文化偏见和技术偏好,这会直接影响数据收集的方式和分析结果的解释。再次,随着社会变化和文化演进,对同一数据的理解也会随之变化。这表明通过大数据分析获得的知识是动态建构的,而不是一成不变的。

这种建构性还体现在舆论大数据分析对于社会的建构作用层面。社会实践和知识本来就具有相互作用,大数据分析在社会中的应用(如影响政策制定、公众意见形成等)本身也是知识建构的一部分。这些应用反过来又会影响社会实践和文化表达,形成一个相互作用的过程。因此,通过舆论大数据分析所获得的知识不仅仅是对现实的反映,也会参与到社会现实的建构之中。例如,政策制定者使用大数据分析来理解公众意见,这些分析结果可能会影响政策的方向,从而塑造社会的发展路径。

舆论大数据分析的社会建构性,强调了数据分析不仅仅是技术活动,也是深深植根于特定社会文化背景的一种社会实践。这种理解促使我们批判性地审视数据分析过程,考虑数据如何收集、分析结果如何解释,以及这些活动如何在更广泛的社会文化背景中产生意义。这不仅有助于提高我们对数据分析结果的理解和应用的质量,也有助于我们更加深刻地理解舆论是如何在社会中被建构和应用的。

舆论大数据分析挑战了传统认识论的界限,提出了一种新的知识建构方式。在这个过程中,知识不仅来源于个别主体的直接经验或纯粹理性的推演,而且通过对大量社会行为数据的集体分析来获得。这种方法强调了集体经验和社会互动在知识建构中的作用,展示了如何从众多个体的行为中抽象出对时代特征的理解。

舆论大数据分析揭示了现实的复杂性和多维性。每一条微博、每个评论、每次点赞都是个体存在的表达,汇集成大数据后展现了社会存在的多样面貌。通过深入分析这些数据,我们可以触摸到社会心理、文化趋势、集体行为的深层动态,从而更全面地理解时代和社会的存在状态。

在进行舆论大数据分析时,道德伦理的考量也极其重要。分析过程中对个体隐私的尊重、数据解读的公正性、分析结果使用的道德责任等,都是必须面对的伦理问题。

舆论大数据分析的过程和结果还可以被视为一种话语实践,它既有可能强化现有的社会结构,也有可能揭示被边缘化的声音,促进社会公正。因此,舆论大数据分析是一种跨越技术和人文的认知实践,它要求我们不仅要掌握数据分析的技术方法,更要深入理解数据背后的社会文化含义,对分析过程和结果进行反思。通过这种跨学科的探索,我们才可以更好地在众声喧哗中触摸时代脉动,深入探索社会的本质,促进知识的进步和社会的发展。

# 术语表

**Deffuant 模型(deffuant model)** 也称为 Deffuant-Weisbuch 模型,是意见动态领域的一个重要模型,由 Guillaume Deffuant 等人提出。该模型旨在模拟个体如何通过局部互动逐渐改变自己的观点,特别关注观点的收敛和极化现象。Deffuant 模型是研究社会意见形成和演变过程的有力工具,尤其适用于分析意见分歧情况下的互动。

**ETL** 即"提取、转换、加载"(extract,transform,load),是一种用于数据集成和数据仓库解决方案的数据处理方法。ETL 涉及三个关键步骤。第一步是提取,即从多个数据源收集数据,目标是高效地捕获原始数据,为下一阶段的处理做准备。第二步是转换,即将提取出的数据进行一系列的处理,包括清洗、标准化、合并、丰富和过滤等,以满足数据仓库的需求。第三步是加载,这是 ETL 流程的最后阶段,主要是将转换后的数据加载到最终目标数据库或数据仓库中,以支持高效的数据查询和分析。

**HK 模型** Hegselmann-Krause 模型是意见动态研究中的一个重要模型,由 Rainer Hegselmann 和 Ulrich Krause 提出。该模型通过数学方式模拟个体在社交网络中意见的更新过程,特别强调社会影响和个体间相互作用的角色,专注于理解个体如何基于局部交互,在连续意见空间上形成共识或分化的群体。

**TF-IDF** 计算衡量词语对文本重要性的方法,由两个部分组成。TF(term frequency)是指词语在文本中出现的次数,IDF(inverse document frequency)是指词语在文档集合中出现的频率的倒数。

**transformer** 最早由 Vaswani 等人在 2017 年的论文 *Attention is All You Need* 中提出。transformer 模型是一种用于处理序列数据(如自然语言文本)的神经网络架构,它通过自注意力机制(self-attention mechanism)来

捕捉序列中不同位置的依赖关系,克服了传统循环神经网络(RNN)在长距离依赖捕捉方面的不足。transformer 模型包含编码器(encoder)和解码器(decoder)两个主要部分,编码器用于处理输入序列,解码器用于生成输出序列。

**层次聚类(hierarchical clustering)** 一种常用于社群发现的技术,适用于揭示网络中多层次的社群结构。层次聚类可以分为两种主要类型:凝聚的(自底向上)和分裂的(自顶向下)。这两种方法从不同的角度构建节点之间的层次关系,最终形成一个层次聚类树(称为树状图或 dendrogram)。

**场域(field)** 在社会科学中,场域是由法国社会学家皮埃尔·布尔迪厄提出的概念。皮埃尔的场域理论认为,社会空间由多个相互交织的场域构成,每个场域都有其独特的规则、资本和权力关系。场域可以理解为一个相对独立的社会空间,其中,个体和群体通过资本运作和权力争夺进行互动和竞争。

**动态网络分析(dynamic network analysis,简称 DNA)** 一种用于研究网络随时间演化性质的研究范式,是对静态网络分析方法的自然扩展和深化,可以更好地理解和研究复杂系统中随时间变化的网络结构和行为模式。

**动态主题模型(dynamic topic model,简称 DTM)** DTM 是一种概率主题模型,可以捕捉文本语料库中主题的演变过程。与传统的静态主题模型不同,DTM 认为,主题不是一成不变的,而是会随着时间、事件、环境等因素的变化而动态演化。其基本假设是:文档由多个主题组成,每个主题由一系列词语构成,主题的概率分布会随着时间的变化而变化,文档的主题比例服从狄利克雷分布。

**度中心性(degree centrality)** 指与该节点直接相连的其他节点的数量。在社会网络分析中,高度中心性的节点可能是意见领袖,因为他们与许多其他节点有直接联系。

**多层网络分析(multilayer network analysis,简称 MNA)** 网络科学的一个分支,研究由多个相互连接的网络组成的复杂系统。在多层网络中,同一个节点可以存在于一个或多个层中,并且不同层的节点之间存在相互作用。

**分布式核查(distributed verification)** 一种集体参与的事实核查方法,由广泛的参与者网络共同协作,以验证信息的真实性。

**峰度**(kurtosis)  统计学中用来衡量数据分布峰部的尖锐或平坦程度相对于正态分布的指标。高峰度表示数据分布的峰部比正态分布更尖锐,而低峰度则表示比正态分布更平坦。

**过拟合**(overfitting)  指一种统计模型或机器学习模型在训练数据上表现出极好的拟合效果,但在测试数据或新的数据上表现不佳的现象。这表明模型过于复杂,以至于捕捉到了训练数据中的随机噪声和特定样本特征,而不是数据的总体趋势或潜在规律,从而降低了模型的泛化能力。

**核心话语**(core discourse)  指在特定文化、社会或组织中被广泛接受和认同的一组话语或叙述,构成了该文化或社会共识的基础。这些话语反映了集体的价值观、信仰和认知框架,对成员的思维方式、行为习惯和决策过程有着深远的影响。

**机器学习**(machine learning)  人工智能的一个分支,通过数据来研究和构建算法和模型,使计算机系统能够从数据中自动学习和改进的领域。这些算法通过识别数据中的模式和规律,从而在没有明确编程指令的情况下进行任务执行和预测。

**计算宣传**(computational propaganda)  指的是使用算法、自动化和人工策划展示等手段,在社交平台上进行的有目的地操控和分发虚假信息的传播行为。

**接近中心性**(closeness centrality)  衡量的是一个节点到网络中所有其他节点的平均距离,接近中心性高的节点可以更快地访问网络中的信息,所以具有较高的影响力。

**聚类系数**(clustering coefficient)  用于量化图中节点及其邻居节点之间团聚程度的一个度量指标。它衡量的是一个节点的邻居节点之间实际的连接数与可能的最大连接数之间的比例。有两种常用的定义方式:局部聚类系数(local clustering coefficient)和全局聚类系数(global clustering coefficient)。对于网络中的某个节点 $v$,局部聚类系数 $C(v)$ 定义为该节点的邻居节点之间实际存在的边数 $E_v$ 与这些邻居节点之间可能存在的最大边数之间的比率。数学表达式为:$C_v = \dfrac{2E_v}{k_v(k_v - 1)}$,其中,$k_v$ 是节点 $v$ 的度。全局聚类系数 $C$ 可通过平均局部聚类系数来定义,即所有节点的局部聚类系数的平均值：$C = \frac{1}{n} \sum_{v \in V} C_v$，其中，$n$ 是网络中的节点总数，$V$ 是节点集合。

**卷积神经网络（convolutional neural network，简称 CNN）** 一种包含卷积计算和深度结构的前馈神经网络，专门设计用于处理和分析二维数据，如图像。通过卷积操作、池化操作和非线性激活函数，CNN 能够有效提取数据中的空间层次特征，并在分类、检测和分割等任务中表现出色。

**决策树（decision tree）** 一种常用的机器学习方法，用于分类和回归任务。它通过创建一个树形结构来模拟决策过程，其中每个内部节点代表一个属性上的决策点，每个分支代表决策规则的输出，而每个叶节点代表一个类别标签（在分类树中）或一个连续值（在回归树中）。决策树不依赖于数据的先验分布，模拟人类决策过程，结构清晰，易于理解和解释，但容易出现过拟合，尤其是对于具有很多类别的复杂树。

**框架（frame）** 在社会学和传播学中，框架是指一种认知结构或解释模式，用于选择、组织和呈现信息，从而赋予事件、问题或现实以特定的意义和解释。框架通过突出某些信息并忽略其他信息，影响人们的感知、理解和判断，塑造社会现实和公众舆论。

**离散化（discretization）** 也称为"分箱"（binning），是指将连续性数据值转换为有限数量类别或"箱"的过程。在数据预处理和数据挖掘中，离散化是一种常用的技术，有助于简化模型的构建，提高算法的效率，以及增强对数据模式的理解。常用的方法有等宽离散化、等频离散化和基于聚类的离散化。

**领域特定语言（domain-specific language，简称 DSL）** 一种专门为了在某个特定领域或任务中提供最佳支持而设计的编程语言或脚本语言。与通用编程语言（如 Java、Python 或 C++）不同，领域特定语言的设计重点是简化和优化特定领域的任务处理，使开发更快、错误更少、维护更容易。例如，SQL 是专门用于数据库管理和数据操作的语言，HTML 是用于创建网页和控制网页内容的标记语言。

**命名实体识别（named entity recognition，简称 NER）** 自然语言处理中的一个关键任务，主要是从文本中自动识别和分类特定的实体，如人名、地点名、组织名、时间表达式、数量、货币值等。NER 是信息提取领域的一个基本组成部分,对于许多 NLP 应用来说具有重要价值。

**模块度优化(modularity optimization)** 一种流行的社群发现策略,用于识别网络中的社群结构。模块度是评估网络社群划分质量的一个指标,它衡量了网络中边的实际分布与随机分布相比的程度。

**偏态(skewness)** 描述数据分布不对称性的统计度量,反映了数据分布相对于其平均值的偏斜程度。偏态可以是正的(右偏)、负的(左偏)或接近零(对称分布)。偏态是描述数据分布形状的重要工具,可以提供数据集中值的分布情况的重要洞见。

**奇异值分解(singular value decomposition,简称 SVD)** 一种在矩阵分析和线性代数中广泛应用的数学分解方法。SVD 将一个矩阵分解为三个特定的矩阵的乘积,揭示了原始矩阵的固有结构和性质,特别是其行和列之间的关系。假设 $M$ 是一个 $m \times n$ 阶的实数或复数矩阵,可以唯一地分解成三个矩阵的乘积 $M = U\Sigma V^*$。其中 $U$ 是 $m \times m$ 阶酉矩阵;$\Sigma$ 是 $m \times n$ 阶非负实数对角矩阵,其对角线上的元素称为奇异值;而 $V^*$ 即 $V$ 的共轭转置,是 $n \times n$ 阶酉矩阵。这样的分解就称作 $M$ 的奇异值分解。

**潜在狄利克雷分配(latent dirichlet allocation,简称 LDA)** 一种基于无监督学习的主题模型识别方法,由 David Blei、Andrew Ng 和 Michael I. Jordan 提出。LDA 将每个文档视为一个概率分布的主题集合,而每个主题被视为一个概率分布的单词集合,使用概率推断技术(如变分推断和吉布斯采样)从文档中估计主题的分布和主题的单词分布。

**社会思潮(social movements or social ideologies)** 指在特定历史时期内,由特定社会群体或阶层倡导并影响广泛社会成员的一系列思想、观念和价值体系。这些思潮往往反映了特定社会群体对社会现实的认知、评价和变革愿望,具有较强的社会动员能力和影响力。

**社会网络分析法(social network analysis,简称 SNA)** 一种研究和分析社会结构的方法,通过量化的手段来研究个体(或称作"节点")之间的关系(或称作"边")以及这些关系构成的整体网络结构。SNA 不仅关注个体,更重视个体之间的联系和这些联系如何影响社会行为和社会结构。它应用于多个领域,包括社会学、人类学、心理学、政治科学、经济学、信息科学等,用于揭示社会关系的模式与影响力的分布。

**社交机器人(socialbot)** 一种人工智能系统,被设计用来与人类用户通过文字、语音或者其他人类可以理解的交互方式进行交流。这类机器人的主要目的是提供信息、娱乐、陪伴，或者帮助人们在社交媒体平台上进行互动。

**深度学习（deep learning）**　一种机器学习（machine learning）方法，通过多层神经网络（称为深度神经网络，Deep Neural Networks）进行数据表示学习和特征提取。这些神经网络包含多个隐层，每一层通过非线性变换逐步抽象和提取输入数据的特征，从而在各种复杂任务中实现高度准确的预测和分类。

**声誉（reputation）**　指个体、组织或其他实体在特定社群或更广泛的社会中，由于其历史行为、绩效和特征所形成的集体评价和社会认知。这种评价通过社会互动、信息传播和群体比较而累积，反映了主体在相关领域的可信度和社会认可度。

**事件组装（event construction）**　指将识别的触发词、实体、参数和角色整合成一个完整的事件结构，从散乱的数据中构建结构清晰、组织有序的事件描述。

**事实核查（fact-checking）**　指对重要社会人士的言论、党派声明、新闻报道或其他公开的非虚构文本中声称为事实的内容，进行准确性核验的活动。

**随机森林（random forest）**　随机森林是一种流行的集成学习方法，由多棵决策树组成，用于解决分类和回归问题。其核心思想是通过组合多个决策树的预测结果来提高整体模型的准确性和稳定性。随机森林通过引入随机性来克服单一决策树容易过拟合的问题，使得模型在多种数据集上都具有很好的性能。

**探索性数据分析（exploratory data analysis，简称 EDA）**　一种以数据为中心的分析方法，旨在通过统计图形、图表和描述性统计量来总结数据集的主要特征，识别数据中的模式、趋势、关系和异常值，而无须预先设定的假设。EDA 是数据分析过程中的一个初步步骤，其目的是通过直观的可视化和基本统计工具，深入理解数据，为后续的建模和假设检验提供依据。

**条件随机场（conditional random field，简称 CRF）**　一种统计建模方法，主要用于预测序列数据的结构。这种模型属于概率图模型的一种，广泛应用于自然语言处理中的各种任务，如词性标注、命名实体识别和句法分析等。例如,在命名实体识别中,模型学习如何根据单词本身及其上下文来标记人名、地点名和组织名。由于 CRF 能够考虑整个句子的上下文信息,因此它通常比简单的局部模型更为精确。

**图论(graph theory)** 数学的一个分支,是研究图(graph)的结构和性质的数学理论,它探讨图的组成元素(顶点和边)之间的关系和属性,以及这些元素如何组织成一个整体结构。图论使用抽象的图形表示方法,来分析和解决包括网络、优化、调度、编码理论、社会网络分析等在内的各种问题。

**网络附加存储(network attached storage,简称 NAS)** 一种专门设计用于在网络上存储和共享数据的设备,通过网络连接,允许多个用户和客户端设备从不同位置访问存储在 NAS 设备上的文件。

**网络密度(network density)** 指在一个网络中,实际存在的边数与理论上可能存在的最大边数之比。对于有 $n$ 个节点的无向图,网络密度 $D = \dfrac{2E}{n(n-1)}$,$E$ 表示实际存在的边数,$n(n-1)/2$ 表示网络中可能存在的最大边数(即完全图的边数);对于有向图,最大可能边数为 $n(n-1)$,网络密度 $D = \dfrac{E}{n(n-1)}$。网络密度的值 $D$ 介于 0 和 1 之间,值越接近 1,表示图中的边越密集,即顶点间有更多直接的联系;值越接近 0,表示图中的边越稀疏,即顶点间联系较少。

**向量化(vectorization)** 指的是利用矩阵运算来代替传统的循环。在向量化中,操作被同时应用于数组中的多个数据点,而不是通过循环逐个应用。这种方法可以显著提高代码的效率和执行速度,特别是在使用支持向量化操作的编程语言和库时,如 NumPy 在 Python 中的应用。

**循环神经网络(recurrent neural network,简称 RNN)** 一种专门用于处理序列数据的神经网络架构,其特点是通过隐藏层的循环连接引入时间依赖性。RNN 在每个时间步上接收当前输入和前一时间步的隐藏状态,更新隐藏状态以反映当前输入与历史信息的综合,从而能够捕捉序列数据中的动态模式和长短期依赖关系。

**隐马尔可夫模型(hidden Markov model,简称 HMM)** 一种统计模型,用于描述一个系统随时间演进而表现出的状态序列,其中,每个状态不能直接观察到(即它们是"隐"状态),但可以通过一些可观察到的事件或数据来间接推断。HMM 在许多自然语言处理任务中得到广泛应用,如语音识别、手写识别、生物信息学中的序列分析等。

**应用程序接口**(application programming interface,简称 API) 一种软件接口,用于两个软件之间进行通信。

**支持向量机**(support vector machine,简称 SVM) 一种强大的监督学习模型,用于分类和回归任务。它最初是为二分类问题设计的,但随后被扩展到多分类问题和其他复杂的学习任务,特别适合于处理高维数据集和非线性分类边界的情况。SVM 因其在高维空间的优势而常用于文本分类任务上,也可以有效地用于图像分类及识别。

**中介中心性**(betweenness centrality) 指在网络中所有成对节点之间的最短路径中,经过该节点的路径数量的比例。具有高中介中心性的节点在网络中占据了重要的"桥接"角色,能够控制不同群体间的信息流。

**众包**(crowdsourcing) 指一种通过开放式的在线平台(如互联网平台),将传统上由特定机构或组织内部承担的任务或项目分发给广泛的、非特定的公众(群体智慧)的做法。这种方法利用集体智慧和多样化的资源,以提高效率、创新性和灵活性。

**自然语言处理**(natural language processing,简称 NLP) 指的是使计算机能够理解、解释、生成和响应人类自然语言,从而能够以一种有用和无缝的方式处理文本或多模态话语,执行各种任务的一系列技术。

**最大熵模型**(maximum entropy model,简称 MEM) 一种概率模型,主要用于自然语言处理和信息检索等领域中的分类任务。该模型的核心理念是:在满足已知约束条件的前提下,选择不确定性(熵)最大的概率分布作为模型预测的基础。换句话说,最大熵模型遵循一种"无偏见"的原则,即在当前信息不足以做出具体判断时,不引入任何未经验证的假设。其原理基于信息论的概念,即在所有可能的概率分布中,熵最大的分布是最均匀、最不确定的,因此在缺乏额外信息的情况下,认为这种分布最可能是真实的分布。最大熵模型广泛应用于各种决策过程中,尤其是当问题的确切概率分布未知时。

# 参考文献

[1] Bernays E. L. Manipulating public opinion: The why and the how [J]. American Journal of Sociology, 1928, 33(6): 958-971.

[2] Bolsover G., Howard P. Computational propaganda and political big data: Moving toward a more critical research agenda [J]. Big Data, 2017, 5(4): 273-276.

[3] Brady H. E. The challenge of big data and data science [J]. Annual Review of Political Science, 2019, 22: 297-323.

[4] Burstein P. The impact of public opinion on public policy: A review and an agenda [J]. Political Research Quarterly, 2003, 56(1): 29-40.

[5] Fan J., Han F., Liu H. Challenges of big data analysis [J]. National Science Review, 2014, 1(2): 293-314.

[6] Fanni S. C., Febi M., Aghakhanyan G., Neri E. Natural Language Processing [M]//Introduction to Artificial Intelligence. Cham: Springer International Publishing, 2023: 87-99.

[7] Fasel D., Meier A. Big Data [M]. Berlin: Springer Vieweg, 2014.

[8] Heath A., Fisher S., Smith S. The globalization of public opinion research [J]. Annual Review of Political Science, 2005, 8: 297-333.

[9] Lippmann W. Public Opinion [M]. London: Routledge, 2017.

[10] McCombs M., Valenzuela S. Setting the Agenda: Mass Media and Public Opinion [M]. Hoboken, NJ: John Wiley & Sons, 2020.

[11] Noelle-Neumann E. The theory of public opinion: The concept of the spiral of silence [J]. Annals of the International Communication Association, 1991, 14(1): 256-287.

[12] Page B. I., Shapiro R. Y., Dempsey G. R. What moves public opinion?[J]. American Political Science Review, 1987, 81(1): 23-43.

[13] Rokeach M. The role of values in public opinion research[J]. Public Opinion Quarterly, 1968, 32(4): 547-559.

[14] Sagiroglu S., Sinanc D. Big data: A review[C]//Proceedings of the 2013 International Conference on Collaboration Technologies and Systems. Piscataway, NJ: IEEE, 2013: 42-47.

[15] Speier H. Historical development of public opinion[J]. American Journal of Sociology, 1950, 55(4): 376-388.

[16] Taber C. S. Information Processing and Public Opinion[M]//Sears D. O., Huddy L., Jervis R. (Eds.). Oxford Handbook of Political Psychology. Oxford: Oxford University Press, 2003: 433-476.

[17] Woolley S. C. Bots and Computational Propaganda: Automation for Communication and Control[M]//Social Media and Democracy: the State of the Field, Prospects for Reform. Cambridge: Cambridge University Press, 2020: 89-110.

[18] Woolley S. C., Howard P. N. Computational propaganda worldwide: Executive summary[EB/OL]. (2017)[2024-06-23]. https://ora.ox.ac.uk/objects/uuid: d6157461-aefd-48ff-a9a9-2d93222a9bfd.

[19] 艾伯特拉斯洛·巴拉巴西. 爆发: 大数据时代预见未来的新思维[M]. 马慧译. 北京: 中国人民大学出版社, 2012.

[20] 陈力丹. 舆论学: 舆论导向研究[M]. 上海: 上海交通大学出版社, 2012.

[21] 诺曼·费尔克拉夫. 话语与社会变迁[M]. 殷晓蓉译. 北京: 华夏出版社, 2003.

[22] 顾肃, 张凤阳. 西方现代社会思潮史[M]. 济南: 山东教育出版社, 2004.

[23] 郭小安. 舆论的公共性与公众性价值: 生成、偏向与融合———一项思想史的梳理[J]. 新闻与传播研究, 2016, 23(12): 53-66.

[24] 何大韧, 刘宗华, 汪秉宏. 复杂系统与复杂网络[M]. 北京: 高等教育

出版社,2009.

[25] 胡百精.中国舆论观的近代转型及其困境[J].中国社会科学,2020, (11):132-148.

[26] 胡海波,王科,徐玲,汪小帆.基于复杂网络理论的在线社会网络分析[J].复杂系统与复杂性科学,2008,5(2):1-14.

[27] 杰拉德·马修斯,罗伯特·恩特曼,韦路,等.新闻框架的倾向性研究[J].浙江大学学报(人文社会科学版),2010,40(02):68-81.

[28] 本杰明·B.莱希.心理学导论[M].吴庆麟等译.上海:上海人民出版社,2010.

[29] 李彪.谁在网络中呼风唤雨:网络舆情传播的动力节点和动力机制研究[M].北京:人民日报出版社,2011.

[30] 刘海龙.沉默的螺旋是否会在互联网上消失[J].国际新闻界,2001, (05):62-67.

[31] 刘建明.基础舆论学[M].北京:中国人民大学出版社,1988.

[32] 刘建明.舆论传播[M].北京:清华大学出版社,2001.

[33] 罗家德.社会网分析讲义[M].北京:社会科学文献出版社,2020.

[34] 麦斯韦尔·麦考姆斯,顾晓方.制造舆论:新闻媒介的议题设置作用[J].国际新闻界,1997,(05):61-65.

[35] 潘祥辉."歌以咏政":作为舆论机制的先秦歌谣及其政治传播功能[J].新闻与传播研究,2017,24(06):68-86,127-128.

[36] 克莱·舍基.人人时代:无组织的组织力量[M].胡泳,沈满琳译.北京:中国人民大学出版社,2012.

[37] 吴宜蓁.危机传播:公共关系与语艺观点的理论与实证[M].苏州:苏州大学出版社,2005.

[38] 许静.舆论研究:从思辨到实证[J].国际新闻界,2009,(10):6-10.

[39] 余秀才.网络舆情研究中的大数据技术使用与问题[J].新闻大学, 2017,(02):112-118+151-152.

[40] 喻国明,王斌,李彪,等.传播学研究:大数据时代的新范式[J].新闻记者,2013,(06):22-27.

[41] 曾润喜,徐晓林.社会变迁中的互联网治理研究[J].政治学研究, 2010,(04):75-82.

[42] 张洪忠,段泽宁,杨慧芸.政治机器人在社交媒体空间的舆论干预分析[J].新闻界,2019,(09):17-25.

[43] 张奇,桂韬,黄萱菁.自然语言处理导论[M].北京:电子工业出版社,2023.

[44] 张涛甫.人工智能推动舆论生态转型及其治理进路[J].学术月刊,2024,56(02):149-157.

[45] 张志安,晏齐宏.新媒体与舆论研究:问题意识及提升路径[J].新闻大学,2017,(05):14-22+146.

[46] 赵云泽,刘珍.情绪传播:概念、原理及在新闻传播学研究中的地位思考[J].编辑之友,2020,(01):51-57.

[47] 周葆华,梁海.大数据时代的计算舆论学:理论、方法与案例[M].上海:复旦大学出版社,2022.

[48] 周涛,柏文洁,汪秉宏,刘之景,严钢.复杂网络研究概述[J].物理,2005,34(1):1-14.

**图书在版编目(CIP)数据**

大数据与舆论分析/汤景泰,崔妮著. --上海：
复旦大学出版社,2024.10. --(网络与新媒体传播核心
教材系列). -- ISBN 978-7-309-17628-5
Ⅰ.C912.63-39
中国国家版本馆 CIP 数据核字第 2024RN9332 号

大数据与舆论分析
汤景泰 崔 妮 著
责任编辑/章永宏

复旦大学出版社有限公司出版发行
上海市国权路 579 号  邮编：200433
网址： fupnet@ fudanpress.com    http://www.fudanpress.com
门市零售：86-21-65102580     团体订购：86-21-65104505
出版部电话：86-21-65642845
上海新艺印刷有限公司

开本 787 毫米×960 毫米  1/16   印张 21.25  字数 337 千字
2024 年 10 月第 1 版第 1 次印刷

ISBN 978-7-309-17628-5/C・455
定价：58.00 元

如有印装质量问题,请向复旦大学出版社有限公司出版部调换。
版权所有    侵权必究